A RODA
e o
Registro

CE035738

A Coleção Roda & Registro reúne livros escritos por Cecília Warschauer a partir de reflexões e pesquisas sobre aprendizagem e formação e de práticas de desenvolvimento pessoal e profissional em diferentes contextos. É o desdobramento natural da aplicação, em escolas e corporações, da metodologia de mesmo nome, reconhecida pela capacidade de colaborar com instituições educacionais e assessorar organizações nos processos de mudança e no desenvolvimento pessoal e profissional de seus parceiros e colaboradores.

Os conceitos de Roda, Registro e Autoformação são a base dessa metodologia. As Rodas alimentam um círculo virtuoso: quanto mais as pessoas conhecem a si mesmas, na interação com os outros e com o meio, mais podem agir em benefício do todo. O Registro concretiza experiências e reflexões sobre as Rodas e tem como focos refletir, por meio da escrita sistemática, sobre a própria situação profissional e pessoal, evidenciar a diversidade e fazer a criatividade coletiva emergir. A Autoformação é um trabalho sobre si mesmo, mas partilhado com outros que vivem o mesmo processo.

Assim, por meio da análise das práticas, o sujeito é capaz de perceber a própria complexidade, compreender a complexidade dos outros e mudar a maneira de pensar, sentir e agir. Então será capaz de estabelecer ciclos de confiança, que podem transformar positivamente os indivíduos e a maneira como se relacionam, além do espaço que compartilham.

CECÍLIA WARSCHAUER

A RODA
e o
Registro

Uma parceria entre professores, alunos e conhecimento

5ª edição
Revista e ampliada

Paz & Terra

Rio de Janeiro | São Paulo

2017

Capa e projeto gráfico de miolo
Miriam Lerner | Equatorium Design

Imagens de capa
© Yellow Stocking/Shutterstock; © Irish_design/Shutterstock

Agradecemos ao sr. Hitoshi Nikaitow, autor de *O pássaro azul*, quadro que aparece na imagem da orelha e no caderno de fotos deste livro.

Ilustrações do caderno de fotos e da página 304
Yan Pinheiro

Ilustrações das aberturas dos capítulos
Jiddu Pinheiro

Texto revisado segundo o novo Acordo Ortográfico da Língua Portuguesa.

Direitos desta edição adquiridos pela
EDITORA PAZ & TERRA
Rua do Paraíso, 139, 10º andar, conjunto 101 – Paraíso
São Paulo, SP – 04103000
http://www.record.com.br

Seja um leitor preferencial Record.
Cadastre-se e receba informações sobre nossos lançamentos e nossas promoções.

Atendimento e venda direta ao leitor:
mdireto@record.com.br ou (21) 2585-2002.

CIP-BRASIL. CATALOGAÇÃO NA PUBLICAÇÃO
SINDICATO NACIONAL DOS EDITORES DE LIVROS, RJ

W261r

5. ed.   Warschauer, Cecília

   A Roda e o Registro: uma parceria entre professores, alunos e conhecimento / Cecília Warschauer. – 5. ed. rev. ampl. – Rio de Janeiro: Paz e Terra, 2017.

   304 p.:il.; 23 cm.

   Inclui bibliografia e caderno de fotos

   ISBN 978-85-7753-371-8

   1. Educação – Metodologia de Ensino: Interdisciplinaridade. 2. Relação Professor-aluno. 3. Pedagogia crítica. 4. Professor reflexivo. I. Título.

17-42802   CDD: 370.71
                            CDD: 37.02

Impresso no Brasil
2017

À Madalena Freire,
a quem devo a iniciação na
Paixão de Conhecer o Mundo e a
opção por dedicar-me à Educação.

E a todos os professores e professoras
que buscam, diariamente,
novos caminhos e sentidos,
junto com seus alunos.

"Aventurar-se causa ansiedade,
mas deixar de arriscar-se é
perder a si mesmo...
E aventurar-se no sentido mais
elevado é precisamente tomar
consciência de si próprio."

Søren Kierkegaard

"Educar os educadores!
Mas os primeiros devem começar
por se educar a si próprios.
E é para esses que eu escrevo."

Friedrich Nietzsche

Sumário

Apresentação à 5ª edição

SUZANA RIBEIRO[1]

A primeira vez que ouvi falar de Cecília foi com muito, mas com muito entusiasmo mesmo! Na verdade, não foi de Cecília, mas também foi. Foi de Cecília que não era Cecília, era Cedibra, mas... era Cecília.

Meu filho, que era aluno de Cecília, me falava assim mesmo. "Mãe, você não sabe, hoje começou uma professora nova, muito, mas muito legal!" Fiquei preocupada, pois ele dizia que essa nova professora se chamava Cedibra, mas que era a Cecília, mas não era. Cheguei a pensar que ele estava com sérias dificuldades. Fui até a escola e então conheci Cecília, que de fato era também Cedibra. Fiquei encantada quando ela me explicou toda a história.

Daí para a frente, Cecília e eu nos encontramos em momentos muito significativos de nossas vidas, fosse para uma ou para outra, como se estivéssemos percorrendo uma espiral e, em alguns pontos ou momentos especiais, fôssemos conduzidas a encontros singulares.

A escolha da escola para meus filhos sempre foi algo muito angustiante, pois sabia que eles seriam impactados fortemente pela decisão que eu viesse a tomar. O impacto poderia ser positivo ou negativo (e este era do que eu tinha tanto medo). A preocupação com a educação, com

---

1. Coordenadora do Projeto Âncora desde 2010. Participou da implantação da Escola do Projeto Âncora, em 2012.

o caminho sinalizado para meus filhos sempre foi muito forte e importante. Ao reler a primeira edição de *A Roda e o Registro*, tive certeza do acerto dessa escolha feita por mim há mais de trinta anos.

Cecília trouxe à tona, já naquela época, uma reflexão muito profunda e atual sobre a educação, a humanidade, a vida. A alegria de saber que meu filho teve a oportunidade de conviver com essa professora traz para mim uma satisfação tão fantástica que chega a faltar a respiração em certos momentos.

Os questionamentos feitos por Cecília na ocasião da primeira edição – há tanto tempo, mas ainda tão atuais –, as reflexões sobre a educação e a condição desumana de vida, o respeito às coisas da natureza, as questões sobre a formação do educador, sobre o cumprimento do papel da escola nos conduzem ao que hoje faz parte dos temas tratados como inovadores de um modo geral, mas principalmente por pessoas que pensam e fazem uma nova forma de educação.

Assim fomos nos encontrando pela vida: no lançamento da primeira edição de *A Roda e o Registro* voltamos a nos ver, no meu aniversário ou no dela, num ou noutro momento importante para meu filho, para ela ou para mim. Cada encontro trazia uma surpresa, uma novidade fascinante, um momento de aprendizado e de alegria, um encontro com a arte, com a vida!

Meu filho, a educação e os livros escritos pela Cecília nos aproximaram definitivamente. *A Roda e o Registro* e *Rodas em Rede* traziam a história da vida escolar do meu filho. Neste último, ainda ajudei na confecção das artes que compunham as aberturas de cada parte de sua tese de doutorado, publicadas nesta edição, como marcadores de livro. Assim, a cada fase dessa amiga e mestra fui aprendendo a aprender sempre e cada vez mais.

Nos últimos anos, eu, como coordenadora do Projeto Âncora, reencontrei Cecília e, ambas unidas pela paixão da aprendizagem, percebemos nossos caminhos se tangenciando novamente.

Hoje, o Projeto Âncora é tido como uma das iniciativas inovadoras por buscar (da mesma forma que Cecília buscava no Crie e com ele) uma nova forma de fazer educação. Os valores que orientam os educadores na atualidade – afetividade, respeito, responsabilidade, solidariedade e honestidade – são os mesmos que norteavam aqueles profissionais no Crie, e por essa razão escolhi aquela escola para meus filhos. Como bem diz José Pacheco, "escolas são pessoas" – e com ele o Projeto Âncora aprendeu muito, assim como com Claudia Duarte, que nos traz a firmeza amorosa na pedagogia, e toda a equipe deste projeto tão inovador. E, se "as escolas são pessoas", é preciso que todos possamos nos dar as mãos em busca de uma escola solidária, comunitária, em que sejamos capazes de sair de cada um de nós e pensar num bem maior: a felicidade comum, o bem viver, o bem conviver, para que desta forma não apaguemos a luz com que as crianças vieram para este mundo.

Tenho certeza de que *A Roda e o Registro* traz uma contribuição significativa para que isso possa – e venha – a acontecer.

Apresentação
à 1ª edição

MADALENA FREIRE[1]

Para mim é motivo de alegria e orgulho fazer esta apresentação ao livro da Cecília.

Rever, reler a aluna num outro patamar de estruturação de seu pensamento provocou-me um sentimento de "avó" que se emociona com o nascimento do neto... Comecei então a rememorar, com gosto de quem observa o crescimento, os momentos cruciais de desequilíbrio e crise, que acompanhei durante o processo de reflexão sobre sua prática.

Um dia Cecília decidiu fazer dois diários: um para sua coordenadora, outro para ela mesma, na luta de resguardar seu espaço de pensamento e autonomia. Naquele momento ninguém previa este produto socializado (agora) em livro!

Os caminhos do processo de construção da reflexão são muitos e *cada um* (individualmente, mas acompanhado por um educador) faz o seu. É neste sentido que o ato de refletir é libertador – porque instrumentaliza o educador (professor, coordenador, orientador) no que ele tem de mais vital: seu pensamento.

O espaço de apropriação do pensamento, de reflexão da criança, se dá no desenho e na construção de seus textos escritos. Essa é a sua lição,

---

1. Desde 1981 dedica-se à formação de educadores com grupos de reflexão e estudo. Autora das obras *A paixão de conhecer o mundo* e *Educador, educa a dor*.

sua tarefa. Tarefa que formaliza, comunica o que sabe, pensa, para assim refletir, rever, aprofundar o que necessita aprender.

O espaço de apropriação do pensamento, de reflexão (teoria e estudo da prática) do professor, se dá no Diário. Este será o registro da reflexão sobre a prática cotidiana, aplicação e planejamento de sua ação junto a seus educandos: crianças, adolescentes ou adultos. Essa é a sua lição, sua tarefa. Tarefa que formaliza, comunica o que praticou, para assim pensar, refletir, aprofundar o que sabe e o que ainda não conhece, o que necessita aprender, aprofundar em seu estudo teórico.

O espaço de apropriação do pensamento do orientador (coordenador) se dá no Diário, com a avaliação e o planejamento de sua prática e junto a seus *alunos: os professores*. Essa é sua lição, sua tarefa, que, do mesmo modo que o da criança, formaliza e comunica o que praticou, para assim pensar, refletir, identificar o que sabe e o que ainda não conhece, e o que necessita aprender e aprofundar em seu estudo teórico.

É nesse sentido que o ato do registro da reflexão, cotidiano, historiciza o processo e instrumentaliza para a conquista do produto: apropriação da teoria que fundamenta esta prática. Somente tendo sua teoria nas mãos, o educador (professor, orientador, coordenador) questiona, recria outras teorias. Nesta concepção, o ato de refletir, estudar, é um permanente rever-se e reler-se através do entendimento do outro. É fonte constante de conflito, mal-estar, desprazer, mas também de muito prazer.

O processo de reflexão envolve a todos. Criança, professor, coordenador, orientador. Cada um no seu espaço diferenciado pensa, reflete e escreve a prática. Estuda e faz teoria, e a reflexão é seu principal instrumento – arma de luta – na construção da disciplina intelectual e apropriação de sua prática e teoria.

Por tudo isso, é chegada a hora de re-inventar essa atual estrutura da escola, buscando, criando espaços para a socialização do pensamento, da reflexão de cada educador (professor, orientador, coordenador), por meio da nossa Roda.

Prefácio

IVANI FAZENDA[1]

A *Roda e o Registro* surge como livro, embora proposto como dissertação de mestrado. Trata-se, entretanto, de uma dissertação pouco convencional nos meios acadêmicos, aquela que antes de ser tese foi livro, antes de ser para a academia foi elaborada para todos os que buscam a compreensão do sentido mais profundo do ato de educar.

Prefaciar este livro/tese ou tese/livro conduz-me, com a alegria própria dos que admiram uma obra de arte, a dizer de Cecília Warschauer, sua autora. Conheci Cecília em 18 de outubro de 1989, saindo da banca de defesa da tese de Célia Haas, uma de minhas orientandas. Lembro-me, como se fosse hoje, da interpelação de Cecília: "Após vários anos de busca, encontro-me finalmente com uma proposta de Educação que me impulsiona a novas pesquisas e me retira da solidão dos meus achados."

Evidentemente, a proposta a que Cecília se referia é a que se encontra presente em cada linha deste trabalho, ou seja, sua própria proposta de vida, que denomino *interdisciplinaridade* – a solidão referida é aquela particular a todos os que têm na interdisciplinaridade seu propósito de vida profissional.

---

1. Membro da Academia Paulista de Educação. Coordenadora do GEPI (Grupo de estudos e pesquisas em interdisciplinaridade) e professora titular da Pontifícia Universidade Católica de São Paulo.

A empatia estabelecida naquele momento, e a partir daquela afirmação tão sincera, conduziu-me a um convite para que Cecília participasse do grupo de estudos sobre interdisciplinaridade que há dois anos eu vinha coordenando semanalmente na PUC-SP. Do ingresso de Cecília no grupo à sua defesa de tese, dois anos se passaram. Dois anos que possibilitaram uma profunda troca, um verdadeiro encontro, um exercício de intersubjetividades, tudo isso culminando no registro e na análise da história de uma professora comum (?), com seus alunos comuns (?), em escolas comuns – uma dissertação de mestrado.

História comum que a maestria de Cecília transformou numa grande produção teatral, de cenários requintados, guarda-roupa criteriosamente escolhido, tenores, barítonos e coro muito afinados e jogo de cena perfeito. Abre-se a cortina, e ato após ato o leitor *aprende* a ouvir o *som* possível de uma música imaginária saída do livro de Cecília. Tal como numa obra de arte, a história conduz cada espectador a rever-se no *jogo* e na *trama* que vai sendo pontualmente apresentada. É o apelo ao simbólico de cada um, através da manifestação totalizante do símbolo que levou Cecília a pensar, *a Roda*.

Roda – muito refletimos sobre esse símbolo que aparece para outros pesquisadores da interdisciplinaridade sob formas variadas, porém idêntico na essência: caracol, labirinto, bolha, túnel. E dessas reflexões, uma hipótese: por ser a interdisciplinaridade uma atitude que convida à busca da *totalidade,* nela, seu símbolo próprio: a Roda, o círculo, enfim, a *mandala* encontrada, tão presente no inconsciente dos pesquisadores atuais quanto nos registros mais antigos das civilizações primeiras.

É Roda, é mandala, é círculo, é movimento que induz e conduz à *produção do conhecimento* – não de um conhecimento qualquer, mas daquele que se registra, se elabora, se alicerça, se amplia e se reconstrói. Conhecimento próprio do ser humano que existe, sempre, em toda a sua vida, tenha ele zero, cinco, dez ou oitenta anos de idade…

A proposta de Cecília, tal como é comum às excelentes proposições interdisciplinares, nasce da *indagação*, da *problematização*, da *dúvida*. Nasce do desejo de caminhar na interrogação e não esvair-se nela; nasce da contradição da *espera* e da necessidade de ir além. Nasce da ousadia da *luta*, da luta entre contrários, do desejo da aquisição de identidades. Nasce de projetos pessoais de vida, porém conduz a projetos de trabalho coletivos. Nasce da alegria e permanece nela até o final...

Abre-se a cortina, encena-se a obra de Cecília, seu cotidiano em sala de aula, na educação infantil, no ensino fundamental ou em qualquer momento de ensino.

A cortina se fecha, em seguida ouvem-se aplausos e, na alegria e na força desses aplausos, a possibilidade de mil outras obras serem encenadas. Obras que já vêm sendo gestadas em outras salas de aula, mas que a impossibilidade de sistematização as impede de serem conhecidas, e todas as outras mais, que ainda virão, afirmando ou negando a utopia vivida por Cecília naquele ano, naquela escola, naquela sala de aula, sincronicamente ocorrida em minha sala de aula da pós-graduação e em tantas outras salas de aula de professores comprometidos, que nesses anos de pesquisa em Educação a vida tem me levado, com prazer, a conhecer.

Montando o cenário

Narrador:
No ano de 1854,
o presidente dos
EUA propôs a compra
das terras indígenas.
Eis aqui trechos
da carta-resposta.

Sabemos que o homem branco não compreende nossos costumes. Uma porção de terra, para ele, tem o mesmo significado que qualquer outra, pois é um forasteiro que vem à noite e extrai da terra aquilo de que necessita. A terra não é sua irmã, mas sua inimiga, e quando ele a conquista, prossegue seu caminho.

Trata sua mãe, a terra, e seu irmão, o céu, como coisas que possam ser compradas, saqueadas, vendidas como carneiros ou enfeites coloridos. Seu apetite devorará a terra deixando somente um deserto.

Chefe Seattle

Vocês devem ensinar às suas crianças que o solo a seus pés é a cinza de nossos avós. Para que respeitem a terra, digam a seus filhos que ela foi enriquecida com a vida de nosso povo. Ensinem às suas crianças o que ensinamos às nossas: que a terra é nossa mãe. Tudo o que acontecer à terra, acontecerá aos filhos da terra. Se os homens cospem no solo, estão cuspindo em si mesmos.

Isto sabemos: a terra não pertence ao homem; o homem pertence à terra. Isto sabemos: todas as coisas estão ligadas como o sangue une uma família. Há uma ligação em tudo.

Uma visão ampliada da ciência

> Se os homens cospem no solo, estão cuspindo em si mesmos.

Os avanços tecnológicos têm transformado profundamente a vida humana. As mudanças são cada vez mais rápidas e profundas. Através dos novos conhecimentos das várias áreas da ciência e da tecnologia, o âmbito de atuação humana aumentou muito.

Mas a voracidade com que o homem se lançou no domínio e na exploração dos recursos naturais levou a desequilíbrios na natureza e ao rareamento de recursos básicos à vida. A poluição do ar e da água, a crise energética, o desequilíbrio ecológico, a descaracterização da individualidade são algumas das consequências da relação que temos estabelecido com a natureza: de exploração para consumo.

O físico francês Michel Batisse, que estudava os problemas de conservação da natureza nos anos 1980, perguntava: "Compreenderão os homens de hoje, ainda a tempo, que não podem romper o cordão umbilical que os prende inexoravelmente a esse mundo natural que estão destruindo, e que se o romperem estarão destruindo a si mesmos? Atendendo aos reclamos das fontes mais sadias de suas diversas culturas, aprenderão eles enfim a viver *com* a natureza?".[1] Quase quarenta anos depois, essas formulações continuam atuais. Conseguiremos, ainda a tempo, aprender a conviver com a natureza e com as diferentes visões de mundo das diferentes culturas?

As dificuldades de convivência com as diferenças somam-se à fragmentação do conhecimento e a crescente especialização da ciência. Esta

---

1. Batisse, Michel. "Uma nova aliança", *Correio* (Unesco). Rio de Janeiro, 8 (10:5), 1980. *Apud* Trinca, Walter. *A arte interior do psicanalista*. São Paulo: EPU/EDUSP, 1988, pp. 91-92.

fragmentação do saber compromete uma visão global da situação, necessária para promover soluções mais eficazes aos problemas que enfrentamos. Edgar Morin trabalhou intensamente nessa questão, propondo uma "religação dos saberes",[2] destacando esse como o grande desafio do século XXI.

Vários campos da ciência têm percebido os limites da especialização e buscam dirigir seus esforços no sentido de superar os males que a excessiva compartimentalização do saber tem causado. Por exemplo, Boaventura Santos diz:

> As tecnologias preocupam-se hoje com o seu impacto destrutivo nos ecossistemas; a medicina verifica que a hiperespecialização do saber médico transformou o doente numa quadrícula sem sentido quando, de fato, nunca estamos doentes senão em geral; a farmácia descobre o lado destrutivo dos medicamentos, tanto mais destrutivos quanto mais específicos, e procura uma nova lógica de combinação química atenta aos equilíbrios orgânicos; o direito, que reduziu a complexidade da vida jurídica à secura dogmática, redescobre o mundo filosófico e sociológico em busca da prudência perdida.[3]

O sistema educacional não escapa da fragmentação do saber, fazendo com que não apenas o conhecimento seja atomizado, perdendo suas relações dinâmicas, como o próprio sujeito do conhecimento seja fragmentado, na medida em que somente alguns aspectos de sua personalidade são considerados e desenvolvidos.

A descaracterização da personalidade global e individual compactua com a manutenção do *status quo,* pois o juízo individual torna-se cada vez

---

2. Morin, Edgar. *A religação dos saberes: o desafio do século XXI.* Rio de Janeiro: Bertrand Brasil, 2001.

3. Santos, Boaventura de Sousa. "Um discurso sobre as ciências na transição para uma ciência pós-moderna". *Estudos Avançados,* vol. 2, nº 2, 1988, p. 64.

mais inseguro de si mesmo e a responsabilidade é coletivizada ao máximo: o indivíduo renuncia ao julgamento, confiando-o a uma corporação.

A mídia assume um papel neste processo. Por exemplo, através de anúncios publicitários que associam a imagem de sucesso e engajamento social ao consumo de certos produtos. Produtos estes que, muitas vezes, deterioram o ambiente durante o processo de fabricação ou no momento de serem consumidos. Lembremos, por exemplo, dos aerossóis, alguns detergentes ou mesmo produtos alimentícios derivados de uma agricultura predatória.

Os aspectos visuais são também usados pela publicidade como chamariz, incentivando a valorização dos aspectos da aparência em detrimento dos benefícios reais que podem oferecer ao homem em sintonia com o meio ambiente (atualmente referido como mundo natural).

A crise global, que atinge todos os âmbitos da vida humana, requer mudanças drásticas nos níveis de consciência individual e coletiva, assim como uma visão ampliada da ciência, para além de sua base tradicional no conhecimento científico (*episteme*). Essa percepção não é nova. Já Aristóteles, há mais de 2.300 anos, falava da existência de cinco formas de se chegar à verdade, como lembra Otto Scharmer. "Temos que ampliar nossa visão de ciência para incluir outras capacidades a fim de alcançar a verdade, incluindo tecnologias (*techne*), sabedoria prática (*phronesis*), sabedoria teórica (*sophia*) e a capacidade para intuir as fontes da consciência e da intenção (*nous*)."[4] Trata-se de uma revolução científica como a proporcionada pelo telescópio de Galileu, que abriu uma nova perspectiva: comprovar a verdade pela observação do universo. Agora o desafio é descobrir novos instrumentos que nos permitam olhar não o que está a distância, mas aquilo que está por trás da lente do observador, e desvendar o seu "ponto cego", onde reside a fonte a partir da qual uma pessoa ou um sistema social

---

4. Scharmer, Claus Otto. *Teoria U: como liderar pela percepção e realização do futuro emergente.* Rio de Janeiro: Elsevier, 2010, p. 13.

opera, como diz Scharmer. Conhecer essa fonte pode ser a única possibilidade de evitar o rompimento do cordão umbilical que nos liga à vida.

Para uma revolução dessa ordem, é necessário outro tipo de atitude. Não mais de dominação e controle, mas de parcerias, respeito e contemplação. Uma atitude que precisa ser aprendida, ensinada e praticada da educação das crianças à dos pesquisadores. Atitude de abertura de vários tipos.

Otto Scharmer[5] fala de abertura da mente, do coração e da vontade. Peter Senge[6] propõe o pensamento sistêmico e o cultivo de nossa inteligência sistêmica inata, pois a interdependência não é uma característica só da economia de um mundo globalizado como o nosso, mas ela existe na natureza que vive em constante fluxo e é infinitamente interligada, como sabem todas as sociedades nativas e agrícolas. Michel Serres[7] argumenta que a natureza deve ser dotada de direitos similares aos concedidos aos humanos, de modo a limitar sua manipulação gananciosa. Daniel Goleman[8] propõe uma aprendizagem social e emocional como complementares ao ensino acadêmico, dirigindo a atenção para nosso mundo interior, de pensamentos e sentimentos, e desenvolvendo a autoconsciência. Os estudos sobre o cérebro e sua plasticidade mostram que há circuitos para a empatia e a autogestão interna que se desenvolvem durante a infância e adolescência e que podem ser cultivados e treinados também na vida adulta, como é o caso das práticas de meditação, cada vez mais difundidas e procuradas.

Trata-se da necessidade de mudanças muito profundas, que implicam a revisão das bases que nos trouxeram até aqui. E, para isso, pego

---

5. *Ibidem.*

6. Senge, Peter. "Compreendendo o mundo mais amplo: pensamento sistêmico & inteligência sistêmica". *In* Goleman, Daniel & Senge, Peter. *O foco triplo: uma nova abordagem para a educação.* Rio de Janeiro: Objetiva, 2015.

7. Serres, Michel. *O contrato natural.* Rio de Janeiro: Nova Fronteira, 1991.

8. Goleman, Daniel. "Focando em nós mesmos". *In* Goleman, Daniel & Senge, Peter. *O foco triplo: uma nova abordagem para a educação.* Rio de Janeiro: Objetiva, 2015.

uma carona no que disse Boaventura Santos.[9] Acredito que as teses que ele delineou ao falar da ciência pós-moderna trazem contribuições no sentido de enfrentarmos os desafios colocados à época atual e podermos, a seguir, pensar na formação humana e na educação escolar: no que queremos e podemos fazer hoje, nas escolas, para a formação das novas gerações. Uma educação que possa fazer frente a esses desafios.

Homem e natureza – a parceria perdida

> A terra não é sua irmã, mas sua inimiga, e quando ele a conquista prossegue seu caminho.

O modelo de racionalidade da ciência moderna é baseado numa visão de mundo em que homem e natureza estão separados. Sob esta concepção, a natureza é vista como totalidade passiva, sem qualquer "qualidade ou dignidade que impeça de desvendar seus mistérios, desvendamento que não é contemplativo, mas antes ativo, já que visa conhecer a natureza para dominá-la e controlá-la".[10]

Este modelo constituiu-se a partir da revolução científica do século XVI e no século XIX se estendeu às ciências sociais então emergentes. Elaborado fundamentalmente por Descartes, tinha como premissa básica a desconfiança sistemática das evidências de nossa experiência imediata, que são a base do conhecimento do senso comum. Além disso, pressupunha que o conhecimento das realidades complexas era

---

9. Santos, Boaventura de Sousa. "Um discurso sobre as ciências na transição para uma ciência pós-moderna", *Estudos Avançados,* vol. 2, n° 2, 1988.

10. *Idem*, p. 49.

impossível pela mente humana. Por isso, conhecer significava dividir e classificar para depois determinar as relações entre o que se separou.

Entendia-se que nas "condições iniciais" reinava a complicação e o acidente, de forma que seria necessário operar sua transformação em parcelas simples para ser possível observar e medir com rigor. Após esta divisão seria possível encontrar as "leis da natureza", reino da regularidade e da simplicidade. Mas, como lembra Boaventura Santos, esta distinção entre condições iniciais e leis da natureza nada tem de "natural".[11] A ideia do mundo regido por meio de leis físicas e matemáticas, cognoscível apenas através de sua decomposição nos elementos que o constituem, transformou-se na grande hipótese universal da ciência moderna: o mecanicismo.

A visão de mundo como um mecanismo foi conveniente à ascendente burguesia, que ansiava por dominar a sociedade através de leis, da mesma forma que o homem pretendia dominar a natureza. As ciências sociais nasceram, portanto, do mesmo paradigma das ciências naturais, aquele que considera as separações homem-natureza e sujeito-objeto.

Boaventura Santos descreve a crise deste paradigma apontando a inadequação de suas principais teses com relação às características dos novos tempos. Para a ciência pós-moderna é impossível a reconstituição do todo a partir do somatório de suas partes. Além disso, o sujeito interfere no objeto observado, comprometendo o rigor absoluto proclamado pelo modelo cartesiano. Mas o que está por trás desta revolução paradigmática é a qualidade integrativa e participativa do homem em relação à natureza, que passa a preferir a compreensão do mundo à sua manipulação.

---

11. *Idem*, p. 50.

Algumas luzes em busca da parceria

> Todas as coisas estão ligadas como o sangue une uma família. Há uma ligação em tudo.

Uma das principais teses da chamada ciência pós-moderna é a de que todo *conhecimento é local e total*. O conhecimento é total porque reconstitui os projetos cognitivos locais, salientando a sua exemplaridade. As teorias e os conceitos desenvolvidos localmente podem emigrar para outros lugares cognitivos, podendo ser utilizados fora de seu contexto de origem. Esta "generalização" ocorre através da qualidade e da exemplaridade. Por esta via, o conhecimento, nascido em experiências particulares, localmente, amplia-se e transforma-se em pensamento total ilustrado. Entendo que o "estudo de caso" é uma das modalidades de pesquisa que pode promover a ampliação do conhecimento nascido localmente.

A fragmentação pós-moderna não é disciplinar, mas temática. A partir dos temas nascidos como projetos de vida local, o conhecimento se amplia à medida que o seu objeto também se amplia, "ampliação que, como a da árvore, procede pela diferenciação e pelo alastramento das raízes em busca de novas e mais variadas interfaces".[12]

Tais colocações mostram as diferenças profundas que separam esta nova visão do conhecimento daquela em que se baseia toda a ciência moderna, principalmente no que se refere à clara e rígida definição do objeto do conhecimento.

Obviamente, também no que se refere aos procedimentos metodológicos, encontraremos grandes diferenças. Por exemplo, enquanto a lógica é a responsável pela organização e generalização no modelo

---

12. *Idem*, p. 65.

cartesiano, a ciência do paradigma emergente utiliza muito a analogia. Maffesoli[13] também atribui à analogia uma alternativa ao tratamento demasiadamente técnico e rígido da ciência moderna, pois ela possibilita aglutinar e ligar situações aparentemente dispersas, processo semelhante ao das "colagens" e outras práticas artísticas. O vínculo analógico se faz através da comparação e serve como ligação entre várias faces de uma representação global. Este procedimento não ignora diferenças: ao contrário, é capaz de integrá-las.

Portanto, em vez de buscar regularidades e homogeneidades, a ciência do paradigma emergente aponta a riqueza existente no particular, no diferente, no atípico, nos processos e nas relações. Por isso, o cotidiano tem sido entendido como um palco propício para pesquisas.

A analogia é adequada ao paradigma emergente por sua capacidade integradora. Aqui, as antigas dicotomias homem e natureza, sujeito e objeto, ciência e arte perdem terreno frente a uma nova visão do conhecimento, que requer cooperação entre as diferentes áreas da ciência num esforço interdisciplinar.

Podemos lembrar que estudos da física das partículas se aproximam dos estudos da psicologia junguiana. O físico Fritjof Capra salienta que "Jung também usou conceitos surpreendentemente semelhantes aos que os físicos contemporâneos empregam nas descrições dos fenômenos subatômicos, em suas tentativas de descrever o inconsciente coletivo".[14] Esta aproximação entre as pesquisas nos ramos da física e da psicologia mostra, por exemplo, a interdependência entre consciência e matéria, de forma a aproximar a realidade exterior e a realidade interior, ou seja, a consciência humana. Segundo estas pesquisas, a aproximação entre consciência e matéria não ocorre conforme o princípio da causalidade, mas pode ser explicada a partir da ideia de sincronicidade de Jung.

---

13. Maffesoli, Michel. *O conhecimento comum*. São Paulo: Brasiliense, 1988.

14. Capra, Fritjof. *O ponto de mutação*. Rio de Janeiro: Cultrix, 1987, p. 353.

Também assistimos à aproximação entre ciência e arte. Por exemplo, o psicanalista e pesquisador Walter Trinca entende que

> ciência e arte constroem uma visão representativa do universo, e os vários campos tendem a se integrar. A psicanálise, que, com métodos próprios, participa tanto da ciência como da arte, tem muito a oferecer e, ao mesmo tempo, a aprender de todas as suas coirmãs mais velhas.[15]

Este mesmo pesquisador refere-se à arte como uma das formas de reencontro da harmonia do homem com a natureza e consigo próprio. Para ele, a arte é um verdadeiro reencontro na medida em que ela corporifica uma relação entre o homem e os valores sagrados da existência, da natureza e do cosmo, retornando, assim, à harmonia perdida em termos de beleza, amor e verdade.

Outra característica da ciência pós-moderna, salientada por Boaventura Santos, é que todo conhecimento é autoconhecimento. Esta tese justifica-se na medida em que homem e natureza, sujeito e objeto integram-se numa mesma totalidade. São cúmplices, parceiros. "No domínio das ciências físico-naturais, o regresso do sujeito fora já anunciado pela mecânica quântica ao demonstrar que o ato de conhecimento e o produto do conhecimento eram inseparáveis."[16] O conhecimento do paradigma emergente propõe um conhecimento não dualista, superando distinções que eram tidas como óbvias, tais como vivo/inanimado, observador/observado, objetivo/subjetivo, corpo/mente.

A concepção de divisão entre mente e corpo tem consequências também no mundo dos grupos e das organizações, como mostra Peter Senge. "Basicamente, criamos organizações que se parecem com o corpo

---

15. Trinca, Walter. *A arte interior do psicanalista*. São Paulo: EPU/EDUSP, 1988, p. 105.

16. Santos, Boaventura de Sousa. *Op. cit.*, p. 67.

no sentido de que obtêm uma existência aparentemente independente fora de nós, e logo nos tornamos prisioneiros dessas organizações."[17] O físico quântico David Bohm dizia: "O pensamento cria o mundo e então diz 'Eu não fiz isso!'"[18] O pensamento sistêmico é uma das luzes para sairmos das prisões em que nos encontramos, por exemplo, ao considerarmos conscientemente

> como nossos padrões de conhecimento e interação se manifestam em grande escala e criam as mesmas forças pelas quais a organização 'está fazendo isso comigo'. E então *completam esse ciclo de retroalimentação.*[19]

Conhecer seria então conhecer(-se) na parceria. Identificar que não estamos separados dos outros, que somos "nós" na grande Rede. Não se trata de apontar para "você" ou para "eles", mas para "nós". Como diz Peter Senge, "uma verdadeira filosofia sistêmica fecha o ciclo de retroalimentação entre o ser humano, sua experiência de realidade e seu senso de participação em todo esse ciclo de tomar consciência e colocar em prática".[20] Isto não significa desprezar o conhecimento que produz tecnologia, mas, pelo contrário, aproveitá-lo com sabedoria (*sophia*), como Aristóteles já havia assinalado.

---

17. Scharmer, Claus Otto. *Op. cit.,* p. 42.

18. *Ibidem.*

19. *Ibidem* [grifos do autor].

20. *Idem*, p. 43.

A educação como caminho

> Vocês devem ensinar às suas crianças que o solo a seus pés é a cinza de nossos avós.

Sabemos que nossa formação não ocorre somente na escola. Ela se dá em todos os locais de convivência, por meio das experiências, de como são assimiladas e se estende durante toda a vida. Mas certamente a escola tem grande papel na formação e na educação das novas gerações. Cabe, então, perguntarmos: a escola tem sido eficiente no cumprimento de seu papel? E qual seria ele numa sociedade com mudanças tão rápidas como a do século XXI? O sistema educacional, tal como está estruturado, tem contribuído para formar pessoas com uma visão ampla e sistêmica? Engajadas, participativas e capazes de cooperar umas com as outras? De conviver, aceitar e dialogar com pessoas diferentes? Pessoas criativas? Conscientes da situação em que vivemos?

O modelo escolar vigente é uma invenção de meados do século XIX. Até então, não havia a ideia de um edifício, de uma sala de aula com determinada estrutura espacial, com determinado mobiliário, nem uma estrutura de divisão de tempos de uma hora, com turmas de alunos divididas por idade, homogeneizando os percursos educativos a partir desse critério. É o que nos conta o historiador da educação António Nóvoa.[21] É também nessa época que surge a ideia de currículo, mais ou menos como a que temos hoje. A estrutura espacial dessa escola já evi-

---

21. Nóvoa, António. "A escola tem futuro?" Seminários de Doutoramento da Universidade de Lisboa, 15 de abril de 2016. Disponível em: <https://www.youtube.com/watch?v=UNoodQPas0o>. Acesso em 11 de abril de 2017.

dencia o tipo de pedagogia proposta, chamada por Philippe Perrenoud,[22] de "pedagogia frontal", na qual é dada a mesma lição, os mesmos exercícios para todos, permanecendo os alunos alinhados uns atrás dos outros, tendo à sua frente o professor e a nuca dos outros alunos. Tal estrutura espacial também demonstra o tipo de relação pedagógica que ali vai se estabelecer: cabe ao professor transmitir aos alunos os conhecimentos que estes devem receber, sem contar com a interação entre eles, mas, pelo contrário, dificultando-a. Paulo Freire, nos anos 1970, faz grande crítica desse modelo, que pretende encher os alunos com "conteúdos que são retalhos da realidade, desconectados da totalidade em que se engendra e em cuja visão ganhariam significação",[23] conteúdos sem relação com sua experiência existencial. Uma educação caracterizada pelo ato de depositar, sendo os alunos os recipientes, e os professores, os depositantes, a que chamou de "educação bancária".

Ainda encontramos esse modelo presente em muitas escolas, em pleno século XXI. Mas os alunos "estão cheios" dessa prática, que premia os que se deixam docilmente encher e os professores que mais depositam,[24] ou que supostamente provam sua capacidade ao reprovar grande número de alunos. Essa escola está desconectada da realidade de um mundo na era da informação, no qual os conhecimentos estão disponíveis onde quer que eles estejam, bastando um movimento de seu polegar, como descreve o filósofo Michel Serres em seu recente livro *Polegarzinha*.[25]

Avancemos um pouco mais nas características desse modelo escolar. As separações entre trabalho e lazer, pensamento e emoção, ciência e arte, vividas em nossa sociedade, são reproduzidas pela escola. E co-

---

22. Perrenoud, Philippe. *Dez novas competências para ensinar.* Porto Alegre: ArtMed, 2000.

23 Freire, Paulo. *Pedagogia do oprimido.* Rio de Janeiro: Paz e Terra, 1982, p. 65.

24. *Idem*, p. 66.

25. Serres, Michel. *Polegarzinha.* Rio de Janeiro: Bertand Brasil, 2015.

meçam cada vez mais cedo. O tecnicismo está presente na organização escolar, imprimindo um caráter utilitarista.

Uma das críticas feitas ao ensino escolar é a de não considerar o desenvolvimento global do indivíduo, dando menor relevância (ou quase nenhuma) aos aspectos afetivos, relacionais e éticos, priorizando a quantidade das informações transmitidas e o desenvolvimento racional, lógico e objetivo. Outra crítica é em relação à fragmentação do conhecimento desde os primeiros anos de escolaridade e que prossegue durante o processo de aprendizado de forma crescente, culminando na profissionalização cada vez mais especializada.

Estas características do trabalho escolar têm contribuído para sua maior despersonalização, assim como incentivado uma programação burocrática e repetitiva da prática em quase todos os níveis do cenário educacional.

O utilitarismo, que acompanhou a revolução tecnicista, fez com que a pessoa passasse a ser definida pela sua produção: a identidade é engolida pela função. Rubem Alves diz:

> Com esta revolução instalou-se a possibilidade de *se gerenciar e administrar* a personalidade, pois que aquilo que se faz e se produz, a *função*, é passível de medição e controle, de racionalização. A *pessoa* praticamente desaparece, reduzindo-se a um ponto imaginário em que várias funções são amarradas.[26]

Assim, o educador-pessoa praticamente desaparece e transforma-se num *funcionário da instituição*.

Esta disciplinarização do trabalho pedagógico afeta diretamente o aluno que se vê, desde cedo, desestimulado a fazer uso de sua voz, de sua potencialidade criativa. Não é à toa que o desenho das crianças, uma

---

26. Alves, Rubem. *Conversas com quem gosta de ensinar*. São Paulo: Cortez, 1982, p. 14.

linguagem tão viva e expressiva, tende a desaparecer após os primeiros anos de escolaridade.

Ana Angélica Albano Moreira diz que o desaparecimento do desenho não está relacionado apenas ao amadurecimento, mas à forma como a criança é alfabetizada:

> O que tenho observado no início da alfabetização, quando pressionada no tempo e pela mecânica que faz repetir formas sempre iguais, é que a criança rompe com o seu desenho. Acontece realmente uma quebra, um corte e a criança para de desenhar, estacionando nesta fase.[27]

A escola como preparação para o futuro exclui o presente, roubando da criança sua própria linguagem plástica e lúdica. A arte é separada da vida, deixando de ser manifestação de vida. O espaço de criação fica reservado ao artista, de forma que "o homem comum perde a possibilidade de criar suas próprias manifestações e passa a consumir a manifestação alheia".[28]

Encontramos na origem da palavra *desenho* seu compromisso com a palavra *desígnio,* de forma que o ato de desenhar é também manifestação de intenção, plano e projeto. No século XVII ela chegou a ser usada no sentido de "desenhar no pensamento, formar uma ideia".[29] De acordo com esta visão, uma atrofia do desenho significaria uma atrofia na capacidade de influir em nosso viver, através da exposição das próprias ideias, do próprio projeto.

Através do desenho a criança vive um ver-se e rever-se. Ao lançar-se no desenho, projeta-se buscando seu próprio projeto de ser. "Existe neste projetar-se um movimento de dentro para fora e de fora para dentro.

---

27. Moreira, Ana Angélica Albano. *O espaço do desenho: a educação do educador.* São Paulo: Edições Loyola, 1984, p. 70.

28. *Idem*, p. 54.

29. Artigas, Vilanova. "O desenho". *Revista do Instituto de Estudos Brasileiros*, nº 3, 1968, p. 27.

A criança, mesmo sem ter uma compreensão intelectual do processo, está modificando e sendo modificada pelo desenhar."[30]

Falamos anteriormente sobre a urgência do autoconhecimento como forma de repropor uma relação com os outros homens e com a natureza. As atividades expressivas e lúdicas são oportunidades para exercitar este autoconhecimento. Através do jogo, a criança conhece a si própria, exercitando o relacionamento com o outro, pois entra em contato com as diferenças entre os parceiros, tendo as regras como intermediárias do processo. Assim, constrói alteridades e a própria individualidade.

Como o conhecimento de si e a expressão das próprias ideias e pensamentos ocorrem através do exercício da palavra, dos gestos, jogos e desenhos, devemos nos perguntar: Que espaço-tempo há na escola para essas atividades?

Lembremos que a organização do trabalho escolar reserva, geralmente, apenas cinquenta minutos para a aula de artes, uma vez por semana! "As atividades lúdicas ocorrem em dias e horários determinados, em que as crianças 'fazem o que querem' com hora marcada ou quando a professora falta e as estagiárias não sabem o que fazer."[31] Além desses, ocorrem fora da sala de aula, no recreio, até que toque a sineta e recomece a "realidade do dever". Esta distribuição dos tempos já é, em si, uma das testemunhas do pouco espaço reservado à expressão individual e criativa na escola.

Essa organização de tempos e espaços, a padronização das atividades e a excessiva programação do cotidiano escolar levam à progressiva desapropriação dos projetos pessoais e de sua expressão. É também o que ocorre com a grande maioria dos professores que abandonaram seu desenho na infância, deixando de desenvolver os canais de expressão de seus desejos e projetos individuais.

---

30. Moreira, Ana Angélica Albano. *Op. cit.*, p. 20.

31. Marcellino, Nelson Carvalho. "A sala de aula como espaço para o 'jogo do saber'". *In* Morais, Regis de (org.). *Sala de aula – que espaço é esse?* Campinas: Papirus, 1988, p. 60.

Ana Angélica propõe como um aspecto da formação dos professores a recuperação deste canal de expressão, pois exercitar o próprio desenho seria uma possibilidade de compreender e permitir o desenho-desejo dos alunos. Exercitar o próprio desenho-desejo pode ser também um caminho para o professor reinventar sua profissionalidade docente para uma escola diferente da que temos hoje. Esse caminho pode levá-lo a descobrir novos rumos para sua prática pedagógica, tão esvaziada de sentido, revertendo o círculo vicioso de estender aos alunos sua própria sujeição a um modelo escolar obsoleto. Acredito que um professor que luta pelos próprios sonhos e se torna sujeito de sua prática terá mais condições de propiciar a mesma procura a seus alunos, ajudando-se mutuamente na construção de uma nova relação pedagógica, enquanto constroem, na sala de aula e fora dela, novas relações com os saberes amplamente disponíveis no mundo atual.

Uma nova parceria entre professores, alunos e conhecimento pode ajudar na reinvenção do modelo escolar vigente, obsoleto e desconectado dos desafios do mundo atual, da realidade existencial dos alunos e das necessidades de formação das novas gerações.

A escola que temos hoje, inventada há 150 anos, não tem sido uma "organização que aprende", em uma época que os estudos sobre as organizações muito avançaram, evidenciando a possibilidade de se reinventarem e se adaptarem às novas demandas de um mundo em mudança. E, especificamente quanto às organizações escolares, às necessidades de formação de professores para o século XXI, que podem se beneficiar desse processo sistêmico de transformação organizacional, pois "os indivíduos mudam mudando o seu próprio contexto de trabalho".[32] E, para se reinventar, uma organização que aprende volta para dentro de si um olhar sistêmico e reconsidera, por meio da autorreflexão, o seu papel no conjunto de sis-

32. Canário, Rui. "Centros de formação das associações de escolas: que futuro?" *In* Amiguinho, Abílio & Canário, Rui (orgs.). *Escolas e mudança: o papel dos centros de formação*, Lisboa: Educa, p. 27.

temas do qual faz parte, colocando suas estruturas e propósitos em causa. Esse é um caminho para a reinvenção da escola. E da educação.[33]

O futuro da escola

Não temos como descrever a escola do futuro, inserida em um mundo que não temos ideia de como será. O que sabemos é que a sala de aula, como a conhecemos, desaparecerá. E levará junto o que sobra da "educação bancária", criticada por Paulo Freire, e a "pedagogia frontal" de que falava Perrenoud. Com o amplo acesso à internet, nos diferentes lugares, inclusive na palma da mão, o saber está disponível a todos, assim como o acesso a qualquer lugar, por meio de GPS.

A "revolução digital" vai pouco a pouco repercutindo na sociedade mundial em todas as suas instituições, abalando seus antigos alicerces. Para enfrentar uma revolução como essa, reformas no ensino são ineficazes. "Provavelmente por não terem ainda se aposentado, os que se arrastam na transição entre as últimas etapas são quem decidem as reformas, seguindo modelos há muito tempo superados."[34] O provérbio turco citado por Edgar Morin em 1992 é, hoje, ainda mais atual: "As noites estão grávidas e ninguém sabe o dia que nascerá."[35]

Teríamos como acompanhar essa gravidez, fazendo-nos partícipes da criação de uma nova escola? De uma nova profissão docente? Teríamos uma ultrassonografia qualquer para nos dar pistas do "futuro que emerge"[36] no que se refere à educação?

---

33. Aprofundo esse assunto na seção "A escola como organização onde se aprende e que também aprende", em *Rodas em Rede: oportunidades formativas na escola e fora dela*.

34. Serres, Michel. *Polegarzinha*. Rio de Janeiro: Bertrand Brasil, 2015, p. 28.

35. Morin, Edgar. *Ninguém sabe o dia que nascerá*. São Paulo: UNESP / Belém: UEPA, 2002, p. 65.

36. Otto Scharmer propõe e analisa em detalhes vinte e quatro princípios e práticas do que

António Nóvoa, historiador da educação e especialista na educação comparada, analisa várias experiências recentes que já rompem com o modelo escolar tradicional e identifica suas inspirações em pedagogias como a de Célestin Freinet, Paulo Freire, nas pedagogias não diretivas, assim como no pensamento de Ivan Illich. Baseado na análise dessas experiências e nas contribuições desses educadores, Nóvoa propõe cinco "C" como centrais para essa escola do futuro. São eles: Cooperação, Criação, Comunicação, Convivência e Capilaridade.[37]

Introduzir lógicas de *cooperação* entre professores, tanto no acompanhamento de grupos de alunos, rompendo com o modelo de um professor para cada turma, quanto na criação de dispositivos de formação partilhada entre eles. Uma formação em contexto, combinando ação e reflexão coletivas. A escola pode ser palco das aprendizagens de todos, alunos e professores. Aprendizagens que não se confundem com consumo de informações, mas se realizam pela *criação* de saberes pela via da pesquisa, de situações de descoberta, das quais participam os alunos, ao mesmo tempo que inauguram novas relações entre si, entre eles e os professores, entre todos e o conhecimento.

A *comunicação* é uma realidade muito forte atualmente. Pelas vias físicas ou virtuais, as crianças e os jovens estão permanentemente em contato uns com os outros. E as escolas do futuro precisam incorporar essa realidade, criando dinâmicas de relação como parte da prática educativa. Dinâmicas que também propiciem o aprendizado da *convivência*, das regras do diálogo, das regras da comunicação, das regras do viver uns com os outros, bases da democracia.

---

chamou de "Teoria U" para guiar a inovação e mudança profundas em direção a um "futuro emergente". Acredito que a Teoria U pode dar muitas pistas aos educadores na reinvenção da escola. Cf. Scharmer, Claus Otto. *Op. cit.*

37. Nóvoa, António. "A escola tem futuro?" Seminários de Doutoramento da Universidade de Lisboa, 15 de abril de 2016. Disponível em: <https://www.youtube.com/watch?v=UNoodQPas0o>. Acesso em 11 de abril de 2017. Morais, Regis de (org.). *Sala de aula – que espaço é esse?* Campinas: Papirus.

E por fim a ideia da *capilaridade* educativa, uma metáfora que Nóvoa utiliza inspirando-se nos vasos sanguíneos que se prolongam por todo o corpo. Da mesma forma, diferentes possibilidades educativas estariam ligadas, não mais restritas a uma escola-lugar, como a escola que temos hoje, mas formando uma teia educacional, ligando as ações das famílias, de entidades de trabalho, associações e grupos de cultura, museus, empresas, igrejas, entidades de ciência e saúde, espaços privados e públicos.

Tendo como norte esses cinco "C", e inspirados nas experiências já em curso no Brasil e no mundo, podemos avançar na invenção de uma nova escola, mesmo que seja a partir da que temos hoje, transformando-a a partir de dentro, a partir das brechas que já existem, pois a programação, a homogeneização e a desapropriação do desenho-desejo não ocupam todos os espaços.

O cotidiano escolar como abertura para novos rumos

É possível descobrir caminhos para a transformação da escola através da noção de vida cotidiana. Analisar as práticas escolares a partir do corte do cotidiano é buscar seus aspectos heterogêneos, geralmente não documentados. E descobrir que a escola não é somente continuidade, mas também palco de resistência. Espaço de ruptura.

A escola é um mundo de contrastes, habitado por outras histórias além da documentada. Neste mesmo cenário coexistem múltiplas realidades concretas, que os vários sujeitos podem identificar e viver como escola, compreendendo que ela é objetivamente distinta de acordo com o lugar onde é vivenciada.[38]

---

38. Ezpeleta, Justa & Rockwell, Elsie. *Pesquisa participante*, São Paulo: Cortez, 1986. p. 22.

As atividades heterogêneas que caracterizam o cotidiano escolar são empreendidas e articuladas por sujeitos individuais (professores, alunos, diretores etc.) que levam para a escola práticas e saberes que provêm de outros âmbitos de suas vidas, de outros ambientes de convivência e de formação, de suas histórias de vida. Vendo por este prisma, torna-se mais prudente a referência a uma escola específica, fruto de cruzamentos e rupturas provenientes de sujeitos específicos, que não são apenas reprodutores, mas também participantes do processo de construção daquela escola. Para favorecer a descoberta de novos caminhos a partir da realidade concreta e da vida cotidiana, em vez de abafar a desordem, proibir os celulares e penalizar a indisciplina, procurar entender o que dizem esses movimentos, "ouvindo o barulho de fundo que vem da demanda, do mundo e das populações, seguindo os novos movimentos dos corpos, tentando explicitar o futuro que as novas tecnologias implicam".[39]

Cada escola é construída diariamente pela interação das pessoas, com histórias de vida singulares, que se apropriam de formas diferentes das coisas, dos conhecimentos e das regras institucionais. Enquanto alguns se apropriam das normas vigentes e dão existência efetiva às sanções e aos mecanismos de controle, obedecendo à rigidez dos espaços e tempos reservados a atividades predeterminadas, outros conseguem abrir espaço para a expressão individual e se apropriam das regras do jogo que são necessárias à sua sobrevivência na escola, sem que isso impeça seu trabalho criativo. Podem até burlar aquelas rotinas e normas em que não acreditam, criando uma forma própria de atuar, estabelecendo, em seu próximo círculo de relações e influências, uma prática alternativa. É a situação, por exemplo, de um professor que, ao fechar a porta de sua sala de aula, cria rotinas próprias que mais se aproximam de suas crenças e das necessidades de seus alunos.

---

39. Serres, Michel. *Op. cit.*, p. 52.

Melhor ainda é quando o professor não está sozinho, mas pode contar com os colegas e outros educadores e especialistas, como coordenadores pedagógicos, diretores e a comunidade de pais, em um projeto de escola, do qual todos fazem parte da elaboração e da reavaliação sistemática das práticas cotidianas. Experiências como essas começam a ser registradas e divulgadas, também no universo acadêmico, como o caso da Escola da Ponte, já citada.[40]

Existe, portanto, espaço para a criação na escola, espaço de luta por uma educação humanista. Espaço, porém, que precisa ser construído mediante ação comprometida. Espaço a ser conquistado.

Repensando os espaços e tempos na sala de aula

Também cada sala de aula é construída diariamente pela interação dos professores e dos alunos que vivem uma teia complexa de relações e contrastes. Registrar suas histórias singulares e analisá-las também permitem avançar no aprofundamento da compreensão das relações ali estabelecidas entre seus habitantes, os saberes que criam e as práticas que inventam, recriando os espaços e os tempos programados.

Por exemplo, analisar o espaço físico da sala de aula (a organização dos materiais, a distribuição do mobiliário e o que há em suas paredes) permite desvelar a relação pedagógica ali vivida. Como diz Madalena Freire,[41] esse espaço pode contar as inúmeras experiências vividas dentro da sala de aula, mas somente o fará se suas paredes não estiverem

---

40. Canário, Rui & Matos, Filomena & Trindade, Rui (orgs.). *Escola da Ponte: um outro caminho para a Educação*. São Paulo: Editora Didática Suplegraf, 2004.

41. Freire, Madalena. "Dois olhares ao espaço-ação na pré-escola". *In* Morais, Regis de (org.). *Sala de aula: que espaço é esse?* Campinas: Papirus, pp. 96-97.

nuas ou decoradas (alienadamente) pelo professor com as figuras da Mônica ou do Pato Donald.

Observar a sala de aula quanto às rotinas e às marcas de conhecimento deixadas nas paredes pelos trabalhos dos alunos ou cartazes feitos pelo professor é explicitar a forma (ou a fôrma) do conhecimento que ali circula.

De fato, forma e conteúdo andam juntos. Não há conteúdo sem forma, nem forma sem conteúdo. Assim como não há prática pedagógica neutra, porque também não existe educação sem compromisso, sem conteúdo. Existe conteúdo sempre, mesmo que de forma não muito clara.

Ser sujeito do conhecimento, nesta concepção de educação, é atuar sobre os espaços e tempos, recriando a rotina. É não se acomodar nos planejamentos prontos e repetidos ano a ano. Significa expor pensamentos e sentimentos, construindo um diálogo entre os programas e os significados. Ser sujeito é agir deixando suas marcas, seus desenhos, sua história registrada, retrato do processo vivido. É construir diariamente seu projeto.

Portanto, construir o conhecimento implica abrir espaços para a criatividade, não mais restrita à aula de artes, mas presente em todos os cantos da escola, transformando também as outras aulas em momentos de expressão individual e coletiva das relações que estão a construir entre elas e o mundo. Relações tecidas por canais diversos, como a sensibilidade, a razão, a intuição, a tecnologia e também a sabedoria, como propunha já Aristóteles.

Por que não permitir que a criança aprenda os conteúdos através da poesia da matemática, da poesia da geografia, da poesia da linguagem? A escola deve abrir espaço para a capacidade da criança de viver poeticamente o conhecimento do mundo. Sendo a arte um discurso incontrolável, ela inquieta e repropõe. Mas também ameaça uma estrutura baseada em disciplinar o conhecimento e ordenar tempos e espaços. Abrir espaço para a arte e a criatividade é também abrir mão de querer tudo (e todos) controlar.

A desordem tem razões que a própria razão desconhece. Prática e rápida, a ordem acaba, frequentemente, aprisionando. Favorece o movimento, mas no fim o congela. Indispensável para a ação, a checklist pode esterilizar a descoberta criativa. A desordem, pelo contrário, areja, como em um aparelho que apresenta folga. E essa folga possibilita a invenção.[42]

Junto à recriação, abre-se também espaço para a recreação, pois o caráter lúdico acompanha o ato criativo, seja de crianças ou de adultos. E acompanha o desenvolvimento humano, como mostra o historiador Johan Huizinga em *Homo ludens*. "É no jogo e pelo jogo que a civilização surge e se desenvolve."[43] Viver o lúdico na escola significa abrir espaço para o prazer, considerando a educação como vida presente, sendo esta a melhor forma para se preparar para o futuro de fato.

A criatividade nas diversas áreas do conhecimento recheia a experiência escolar de prazer, ampliando e aprofundando o sentido da vida. "O 'jogo do saber', praticado com características lúdicas, é uma alternativa para a denúncia da realidade tal como se apresenta, e, assim sendo, a sala de aula, longe de ser espaço de alienação, poderia ser encarado como um dos espaços de resistência."[44] Por outro lado, viver o lúdico na sala de aula significa também desvelar as regras do "jogo da escola". As atividades escolares são, em grande parte, reguladas por quem está de fora, de modo que as regras são impostas aos participantes. Além disso, frequentemente não é o conhecimento, mas o poder que está em questão.

Recriar o "jogo da escola" não significa rejeitar regras nem abolir programas. Também não significa indisciplina, muito pelo contrário. O verdadeiro jogo cria ordem. Uma ordem muito mais eficaz porque

---

42. Serres, Michel. *Op. cit.*, p.53.

43. Huizinga, Johan. *Homo ludens: o jogo como elemento da cultura.* São Paulo: Perspectiva, 1999 (no prefácio).

44. Marcellino, Nelson Carvalho. *Op. cit.*, p. 61.

aceita pelo grupo e elaborada conjuntamente. Trata-se de reconstruir, não de abolir. Uma atitude que requer humildade e coragem, pois jogar significa correr riscos, colocar-se em jogo. Um processo no qual o poder absoluto do professor é questionado, pois professores e alunos tornam--se parceiros na dinâmica de construir conhecimentos.

Outra forma através da qual se rompem as barreiras espaciais e temporais, que cerceiam os conteúdos e as pessoas, é o potencial de contágio que uma experiência criativa e participativa tem. Falar de si, do próprio projeto e ouvir o outro sobre os seus é estabelecer um diálogo sem fim. Um convite permanente que não aceita formalismos e é capaz de invocar os desejos e os projetos esquecidos pelos "funcionários das instituições", despertando o educador neles adormecido, como referia Rubem Alves.[45]

Aprendizagem significativa e projetos

A criatividade não é uma questão de métodos. Não é também apenas um dom natural. Rollo May refere-se ao ato criativo como o resultado da tensão entre a espontaneidade e as limitações:

> A luta contra os limites é na realidade a fonte do produto criativo. Os limites são tão necessários quanto as margens dos rios, sem as quais a água se dispersaria na terra e não haveria rio – isto é, o rio é o resultado da tensão entre a água corrente e as margens. A arte também exige um limite, fator necessário para o seu nascimento.[46]

Um dos limites que o professor encontra para trabalhar os conteúdos de forma significativa e criativa é a programação curricular estabe-

---

45. Alves, Rubem. *Op. cit.*

46. May, Rollo. *A coragem de criar*. Rio de Janeiro: Nova Fronteira, 1982, p. 118.

lecida pela escola ou pelos órgãos normativos do sistema educacional. Mas a exigência formal dos conteúdos a serem trabalhados na escola não é fator impeditivo à criatividade do professor. Pelo contrário, os conteúdos podem ser encarados como as margens do rio que geram a tensão necessária ao ato criativo.

O trabalho por projetos[47] na escola permite associar as questões da realidade experiencial dos alunos – o que lhes é significativo – com os conhecimentos que ampliam sua compreensão da realidade social e as possibilidades para maior atuação, autonomia e pensamento crítico diante dos desafios da vida.

Quanto mais os conteúdos do currículo são aprendidos com significado, mais evitamos que sejam facilmente esquecidos, como nos explica Carlos Byington.

> A partir da dissociação mente-corpo, o Ocidente exportou para o mundo, junto com a tecnologia, uma pedagogia não iniciática [...]. A "vingança" da psique contra essa pedagogia é o esquecimento de uma parte imensa de tudo o que lhe foi imposto sob o rótulo do ensino. O pior disto tudo é que a própria cultura se defende desta dissociação e não se preocupa em perguntar por que as pessoas esquecem essa parte enorme do que lhes foi ensinado, apesar de tantos gastos e esforços por anos a fio.[48]

Também João-Francisco Duarte Jr. salienta que a retenção da aprendizagem, em nível humano, se dá em termos de significação, pois "nossa memória é uma memória de significados, que retém apenas aquilo que fala diretamente à nossa vida. Por isso, um ensino calcado sobre a

---

47. Em *Rodas em Rede*, abordo a utilização de projetos no campo educacional do ponto de vista teórico e prático, exemplificando com as experiências de uma escola estruturada para viabilizar projetos significativos de seus alunos, orientados pelos professores.

48. Byington, Carlos Amadeu. *Dimensões simbólicas da personalidade*. São Paulo: Ática, 1988, p. 24.

memorização mecânica tende a não produzir aprendizagem alguma".[49] Aquilo que não sentimos como algo importante não é retido em nossa memória de significados. É-nos *insignificante*.

Trata-se, pois, de viabilizar processos de construção dos conhecimentos *junto com* os alunos e não *para* os alunos. Processos esses tecidos com a criatividade, as emoções, o lúdico e os significados. E os projetos favorecem essa trama.

Certamente que para viabilizar um trabalho como esse, o professor também precisa estar em processo de aprender. Aprender com os alunos. Aprender enquanto ensina. Aprender com os desafios e problemas que enfrenta, por vezes transformando-os em projetos de sua própria autoformação.

O trabalho interior do professor

Para além do trabalho visível da atividade docente, há alguns trabalhos realizados no interior do professor. Um deles refere-se à sua reflexão, um trabalho de pensar o trabalho de forma sistemática. O outro, ao cultivo da imaginação, contemplação e sensibilidade. E também um trabalho de ordem emocional, ligado ao autoconhecimento e à percepção de seus sentimentos e motivações.

A reflexão sistemática sobre a própria prática ajuda o professor a (re)construir os conteúdos do programa de forma significativa com seus alunos. Em que consiste esta reflexão? Consiste num re-pensar a ação pedagógica, num momento posterior a ela. Neste momento, o professor toma uma distância de seus atos e da realidade da sala de aula, de forma a distinguir-se do vivido para olhá-lo de uma forma particular. Como diz Pierre Furter,

---

49. Duarte Jr., João-Francisco. *Fundamentos estéticos da educação*. São Paulo: Cortez, 1981, p. 29.

Esta distância é necessária se se pretende dar uma significação às próprias ações, isto é, medir as dimensões e as consequências dos próprios atos: colocá-los em totalidades maiores; orientar-se neles. Este esforço de coerência e de lucidez abre o horizonte da ação, permitindo sentir melhor os limites e as possibilidades da ação.[50]

Ainda seguindo o pensamento de Pierre Furter, a reflexão não é uma condição da ação, pois é possível agir sem refletir. Para agir, só pensamos no que fazemos no momento. Já a reflexão é um "pensamento em segundo grau", refletir seria então repensar o que se estava fazendo, o que se fez, ou o que se fará.

Assim, o professor toma consciência das relações entre o que pensa e o que faz, entre suas intenções e realizações, aproximando teoria e prática pedagógica. É um movimento dialético, pois toma a prática pedagógica como sua matéria e devolve à prática uma ação pedagógica mais lúcida, coerente e justa. É um *pensar na ação,* que possibilita ao professor articular os objetivos mais gerais da educação escolar e a realidade concreta de seus alunos.

A distância do vivido permite mudar a própria ação. Não significa alienar-se, mas, antes, tornar-se sujeito do que faz. Um sujeito que exerce a constante crítica de sua atuação, levando em conta a origem e as consequências das próprias atividades. A reflexão é

um esforço de autocrítica, que permite desfazer-se tanto das dúvidas quanto das falsas justificativas e representações. É, ainda, criativo – porque dá segurança na escolha das opções e, consequentemente, maiores possibilidades de realizações.[51]

50. Furter, Pierre. *Educação e reflexão*. Rio de Janeiro: Vozes, 1970, p. 28.

51. *Idem*, p. 29.

A autocrítica é um duvidar da certeza incondicional de suas pressuposições para compará-las, de modo cuidadoso e penetrante, com os fatos objetivos. Por isso, o esforço de autocrítica ajuda na aquisição de objetividade e da consciência das próprias responsabilidades.

A reflexão do professor fortalece sua individualidade e orienta sua ação em sentido inverso à padronização sugerida nos guias curriculares. Ela é também uma ferramenta para sua formação contínua, aproximando formação e pesquisa. A reflexão sobre a prática é, assim, uma prática de autoformação.[52]

Outro trabalho interior do professor é o cultivo da imaginação, que propicia a criação de um universo de novas possibilidades. O psicanalista Walter Trinca fala da arte interior do psicanalista.

> Em que espaço interior vive um artista em momentos de alegria criadora? Seu colorido poderia assemelhar-se ao do espaço interior de um psicanalista, em momentos felizes de seu trabalho? Parece-me que há um fundo comum de onde se alimentam artistas e psicanalistas verdadeiramente sensíveis e criativos. Existem estados de mente no psicanalista que não são muito diferentes dos conteúdos internos que servem de matéria-prima a um pintor ou a um escultor bem inspirados. Eles têm em comum a alegria de conter dentro de si, cada qual a seu modo, a sua arte.[53]

Poderíamos falar também da "arte interior de um professor"? E aproximá-lo de um artista, como faz Walter Trinca com relação ao psicanalista, pelo fato de poderem, a partir desse espaço interior, "captar sutilezas e nuanças, em parecido estado de espírito com que se compõe

---

52. Para aprofundamento, consultar a seção "A reflexão sobre a prática como prática de formação" do livro *Rodas em Rede: oportunidades formativas na escola e fora dela*, publicado pela Paz e Terra, na Coleção Roda & Registro.

53. Trinca, Walter. *A arte interior do psicanalista*. São Paulo: EPU/EDUSP, 1988, p. 5.

uma música de boa qualidade, se pinta, esculpe, escreve, lê ou vê algo que sugere beleza"?[54]

Para esse cultivo da imaginação é necessário ser capaz de um "foco interno", que seria também "a chave para uma vida significativa, para se concentrar na tarefa imediata, ignorando distrações e gerindo emoções inquietantes",[55] como dizem Peter Senge e Daniel Goleman ao pensarem nos desafios da educação atual. Desafios para alunos e professores.

Há também um tipo de trabalho interior do professor que é de ordem emocional, também parte de sua formação contínua. Uma formação não só profissional, mas pessoal, pois "a maneira como cada um de nós ensina está diretamente dependente daquilo que somos como pessoa quando exercemos o ensino".[56] Laborit chega a enunciar: "Será que a educação do educador não se deve fazer mais pelo conhecimento de si próprio do que pelo conhecimento da disciplina que ensina?"[57] Jung refere-se ao autoconhecimento como caminho para a integração da psique, necessária para possibilitar uma efetiva compreensão entre os homens. Esta integração propõe que os conteúdos inconscientes, que também fazem parte da psique, sejam considerados.

A ciência moderna despreza os dados irracionais, inconscientes, considerando a objetividade atrelada àquilo que pode ser medido por parâmetros conhecidos e coletivos, e entende a psique individual como um fenômeno ocasional, destituído assim do que seria a objetividade. No entanto, "o inconsciente é objetivo na medida em que se manifesta sobretudo na forma de sentimento, fantasias, emoções, impulsos e

---

54. *Idem*, p. 6.

55. Goleman, Daniel & Senge, Peter. *O foco triplo: uma nova abordagem para a educação*. Rio de Janeiro: Objetiva, 2015, p. 8.

56. Nóvoa, António (org.). *Vidas de professores*. Porto: Porto Editora, 1992, p. 17.

57. Laborit, Henri. *L'esprit du grenier*. Paris: Grasset, 1992, p. 55. *Apud* Nóvoa, António. *Op. cit.*, p. 17.

sonhos resistentes que não são produzidos intencionalmente, mas nos surpreendem de maneira objetiva".[58]

A valorização dos conteúdos do inconsciente, como parte integrante da psique humana, é de grande importância para a integração entre sentimento e intelecto, entre o que se faz e o que se pensa, de forma a contribuir para uma ação mais coerente, fruto da aproximação entre teoria e prática de vida.

Considerar que o homem é somente aquilo que sua consciência conhece de si mesmo é uma forma de eximi-lo da responsabilidade de muitos de seus atos, pois nem todos provêm de sua intencionalidade consciente. Muitas vezes agimos motivados por dinâmicas inconscientes.

Esta negligência dos conteúdos inconscientes pode levar à sua projeção[59] nos outros. É muito comum, por exemplo, a acusação da responsabilidade alheia pelo desconhecimento dos próprios impulsos inconscientes. Que tipo de educação podemos oferecer (às crianças e aos professores) se não conhecemos nosso próprio autoritarismo?

Acreditar que a aprendizagem é gradual e que o respeito à individualidade e à história de vida são importantes para aquele que conhece, demanda agir desta forma, isto é, respeitando as singularidades próprias de cada um. Não importa se o sujeito do conhecimento é um aluno, um professor ou um coordenador. Apesar de os educadores terem formalmente terminado seus cursos de formação, esta não termina nunca. O cenário da aprendizagem pode ser qualquer um, pois aprender é um processo contínuo, que se estende durante toda vida.

É necessário, então, coerência entre o pensar e o agir. Coerência adquirida, em grande parte, através da reflexão e da consideração de que

---

58. Jung, Carl Gustav. *Presente e futuro*. Petrópolis: Vozes, 1989, p. 39.

59. Projeção é aqui entendida como uma operação pela qual o indivíduo expulsa de si e localiza no outro qualidades, sentimentos ou desejos que ele desdenha ou recusa em si.

aquilo que vemos na realidade exterior pode ser um reflexo de nosso mundo interior, uma projeção de conteúdos inconscientes.

> A falta de compreensão gerada pelas projeções compromete justamente o amor pelos outros homens. Sendo assim, o mais alto interesse da sociedade livre deveria ser a questão das relações humanas, do ponto de vista da compreensão psicológica, uma vez que sua conexão própria e sua força nela repousam.[60]

A coerência interna entre o pensar e o agir deveria ser buscada por todos, independentemente do *status* da pessoa, do poder que sua função social lhe confere. É uma postura que considera os limites da racionalidade humana e que abdica do controle e do domínio da natureza, incluindo a natureza complexa da psique humana. Abdica em nome de sua integração. É uma postura de vida que parte da humildade e do respeito às diferenças individuais e caminha em direção à *participação* em um projeto coletivo.

---

60. Jung, Carl Gustav. *Op. cit.*, p. 49.

Elaborando o roteiro

Análise de práticas – a descoberta de semelhanças em diferentes palcos

Após a apresentação de um amplo cenário científico e educacional, passarei a descrever com minúcias outro cenário, mais particular e íntimo, do qual participei não apenas da montagem como também das aventuras ali vividas. Devido a esta participação, passo a redigir na primeira pessoa.

Trata-se de minha atuação como professora polivalente[1] com classes da 4ª série do ensino fundamental,[2] que assumi em três anos consecutivos, de 1985 a 1987, numa mesma escola. Antes de relatar a experiência vivida com essas classes, falarei dos instrumentos metodológicos utilizados na construção dos conhecimentos, que são também os eixos articuladores deste livro: a Roda e o Registro.

A ideia de aproveitar as vivências profissionais como material de uma pesquisa acadêmica surgiu no final de 1987, quando avaliava as experiências vividas naquela escola como professora. Foi quando imaginei que poderia ser interessante refletir mais profundamente sobre elas e socializá-las.

Desta forma, os registros e as reflexões daquela época não foram feitos com o objetivo de se transformar em material de pesquisa, mas como parte daquela prática pedagógica. A disciplina de registrar o vivido fazia parte da concepção de que a formação do professor não se restringe ao seu curso de formação (magistério, pedagogia, licenciaturas), mas se prolonga durante a atuação docente através da reflexão sobre a prática.

---

1. A professora polivalente naquela escola era responsável pela classe e pelo trabalho de linguagem, matemática e pesquisa. Cada classe tinha também professores de artes plásticas, educação física, música e raciocínio (exercícios lógicos). Em alguns projetos com os alunos, todos os professores participavam.

2. As crianças tinham por volta de dez anos de idade. Na época, denominava-se 4ª série. Atualmente corresponde ao 5º ano do ensino fundamental.

Em 1986, porém, os registros foram feitos também através de fotos e gravações em fitas de áudio, pois eu faria um relato da experiência como trabalho para uma das disciplinas do curso de Pedagogia (USP), onde cursava o 3º ano. Felizmente este material foi guardado e pôde enriquecer as reflexões subsequentes, na pesquisa acadêmica e, posteriormente, fazer parte deste livro.

Para melhor analisar o vivido, precisei afastar-me daquela escola, tão cheia de lembranças e histórias apaixonadas, e buscar outro espaço onde pudesse melhor compreender o que tinha vivido com as crianças naqueles anos. O espaço acadêmico[3] pareceu-me adequado para que, através da distância e do diálogo com teorias, autores e outros educadores, pudesse refletir sobre aquela experiência, inserindo-a em "totalidades maiores", como disse Pierre Furter.[4] Verificar sua relação com a realidade do outro lado dos muros da escola representaria um amadurecimento. E o espaço acadêmico poderia significar não apenas a possibilidade de realimentação para minhas práticas futuras, mas também a possibilidade de uma socialização do vivido e dos conhecimentos construídos num contexto educacional mais amplo, isto é, através de seu registro numa dissertação de mestrado.

Apesar dos estudos teóricos terem sido de grande importância para aprofundar a reflexão da prática, encontrei muitas dificuldades ao tentar relacionar aquelas vivências recheadas de intuição e afetos às teorizações e modelos acadêmicos da época.[5] Entendo esta dificuldade como um reflexo da cisão entre pensamento e sentimento, entre teoria e prática.

Percebo que, de certa forma, esta cisão está refletida nesta pesquisa, por exemplo, na diferença entre o primeiro capítulo, mais impessoal

---

3. Refiro-me à pós-graduação da Faculdade de Educação da USP, onde me candidatei ao mestrado.

4. Cf. "O trabalho interior do professor" no capítulo "Montando o cenário".

5. Refiro-me ao final dos anos 1980, quando pesquisas sobre a própria prática não eram comuns.

e recheado de citações, e os seguintes, redigidos na primeira pessoa, com uma linguagem mais informal. Aliás, o capítulo, "Montando o cenário", foi escrito "para a academia", visando introduzir um contexto científico que pudesse acolher o tipo de narrativa, de concepção de educação e de análise da prática pedagógica que pretendia fazer.

Encontrei as mesmas cisões em mim. E, para superá-las, optei por assumi-las, buscando construir um diálogo, em vez de assumir um caminho e negar o outro. Somos, em parte, lógicos e racionais, mas também emoção, sentimentos e afetos. Entendo que é do diálogo entre estes diferentes aspectos que nasce a vida, como arte e autoconhecimento.

A integração da personalidade e a aproximação entre teoria e prática são bases para uma nova prática pedagógica, centrada na reflexão e no diálogo, para uma nova *atitude* diante dos saberes, dos alunos e de seu processo contínuo de autoformação.

Pesquisar essa prática é o principal objetivo deste trabalho, enfocando não somente a ação da professora primária, mas também da pesquisadora, aproximando ensino e pesquisa. Por isto, falar dos instrumentos metodológicos desta pesquisa é falar também daqueles que utilizava na escola com as crianças: a Roda e o Registro. Para identificá-los como instrumentos-chave da metodologia de pesquisa, retornei a algumas experiências que foram marcantes em minha formação.

A primeira experiência marcante foi o estágio em uma sala do Pré[6] da Madalena Freire, em 1982. Ali observei pela primeira vez a Roda, seu potencial articulador dos conhecimentos, a afetividade e o respeito que circulavam nas conversas. E conheci o Registro, pois Madalena permitiu que eu lesse seu Diário, no qual registrava as reflexões sobre aquela prática. Conheci ali parte do trabalho interior que Madalena

---

6. Antigamente, a Educação infantil era chamada de Pré-escola, sendo o último ano conhecido como Pré. Na estrutura e denominação atuais, o antigo Pré, com crianças na faixa de seis anos, corresponde ao 1º ano do ensino fundamental.

fazia para conduzir aquele trabalho tão criativo, que encantava as crianças e a mim. Eu mesma vinha fazendo Diário há anos, e verificava seu potencial integrador das experiências de vida que observava, narrava e comentava. Ali deu-se minha opção por ser educadora e prestar o vestibular para Pedagogia.

A segunda experiência marcante foi a participação no grupo de formação de educadores, coordenado pela Madalena, no qual discutíamos a prática pedagógica dos participantes, que faziam seus Diários reflexivos como base para o aprofundamento da reflexão individual e das partilhas no grupo. Foram mais de três anos nesse grupo, em paralelo ao curso de Pedagogia. Durante aqueles anos, eram evidentes as diferenças dos dois modelos de formação quanto à relação Teoria-Prática. Totalmente dissociadas em um e integradas no outro.

A terceira experiência foi a participação por três anos da sala da Ivani Fazenda, em seus cursos de pós-graduação na PUC-SP, onde vivenciei uma prática acadêmica muito diferente da que eu conhecera como aluna do curso de Pedagogia e do mestrado na Faculdade de Educação da USP. Ivani conduzia seus cursos sobre interdisciplinaridade também em Roda, mesmo sem usar essa denominação. Por meio do que ela denominava atitude interdisciplinar,[7] cada um de seus orientandos e outros alunos de pós-graduação iam partilhando ali seus Registros reflexivos, nos quais faziam dialogar os textos teóricos que estudávamos e as pesquisas em andamento de cada um.

---

7. Diz Hilton Japiassu, no prólogo do livro de Ivani Fazenda: "Em nossas universidades, é praticamente inexistente a prática interdisciplinar, tanto no campo do ensino quanto no da pesquisa. O que existe, e assim mesmo numa escala bastante reduzida e, frequentemente, de modo inteiramente escamoteado, são certos encontros pluridisciplinares [...] Mesmo assim, tais encontros se realizam apenas como práticas individuais. Neste nível, o interdisciplinar não é algo que se ensine ou que se aprenda. Como bem mostra Ivani, é algo que se vive. É fundamentalmente uma atitude de espírito. Atitude feita de curiosidade, de abertura, de sentido de aventura, de intuição das relações existentes entre as coisas e que escapam à observação comum." *In* Fazenda, Ivani C. A. *Integração e interdisciplinaridade no ensino brasileiro: efetividade ou ideologia*. São Paulo: Loyola, 1979, p. 15.

Farei a seguir uma descrição das práticas de formação de professores-pesquisadores, nos palcos da Madalena e da Ivani.

O grupo de formação da Madalena era uma iniciativa dela, sem qualquer vínculo ou enquadre institucional. Nossos encontros se davam em uma casa que ela alugou para essa finalidade. Participei desse grupo de 1983 a 1986. Era um grupo heterogêneo, formado por professores de educação infantil e dos primeiros anos do ensino fundamental, orientadoras de escola particular, monitoras trabalhando com classes populares, diretora de parque infantil e voluntária da Febem. Às vezes, entrava um novo participante e raramente saía alguém, de modo que o grupo crescia, enquanto as trocas se enriqueciam.

O "currículo" dos estudos ia sendo construído a partir das necessidades da prática de cada um, que era socializada e discutida pelo grupo. Apesar das diferenças da realidade de trabalho dos participantes, aconteciam identificações na fala do outro e surgiam assim os eixos, como Madalena chamava, sobre os quais aprofundávamos as reflexões e construíamos a teoria. Teoria que incluía reflexões sobre Roda e Registro, termos que aprendemos com Madalena e que nos propiciava uma linguagem comum ao discutirmos realidades de trabalho tão diversificadas. Apesar da descontração aparente, pois sentávamos no chão com almofadas dispostas em círculo (sempre com guloseimas no centro), a seriedade e a profundidade das reflexões recheavam as duas horas e meia do encontro, sob a coordenação firme de Madalena: uma estrutura de trabalho com pauta, partilhas, análises das práticas e fechamento, com tarefas para o encontro seguinte.

Nossos encontros semanais, às quintas-feiras, tinham como rotina básica o Registro de tudo o que discutíamos. Cada um fazia suas anotações durante o encontro e, em casa, como tarefa, refletia e escrevia um texto que seria lido no início do encontro seguinte. Além dessas reflexões individuais, havia um rodízio para a apresentação da síntese do encontro anterior, o que propiciava o "aquecimento" do grupo, para logo após serem lidas as reflexões individuais. Além disso, no final de cada semestre, apresentávamos um relatório-síntese do processo vivido naquele período.

Através dessa prática do Registro, íamos construindo o "currículo", expressão da "teoria vivida", pois o relato das experiências alimentava as reflexões e despertava o desejo de buscar bibliografia de apoio, que, por sua vez, ajudava na análise das práticas e realimentava a prática de cada um. Alguns textos das reflexões individuais se imbricavam, pois criávamos intersubjetividades.[8] A partir desses textos compusemos duas compilações, a que chamamos *5ª feira: registros coletivos*, com cópias para todos os integrantes.

O grupo da Ivani era parte de suas atividades no Programa de Pós--Graduação em Supervisão e Currículo da PUC de São Paulo. Apesar da estrutura semestral dos cursos de pós-graduação, este grupo trabalhava junto há mais de três anos, desde 1988, aprofundando, de um semestre para outro, as temáticas ligadas à interdisciplinaridade e as dissertações e teses em andamento, que iam sendo partilhadas com o grupo e enriquecidas. Iniciei a participação em 1990 e permaneci até pouco após a defesa de minha dissertação.

De maneira semelhante à experiência com Madalena, a disposição das pessoas no grupo de Ivani era circular, e o grupo, heterogêneo, participando pedagogos, professores de educação física, geógrafos, arquitetos, uma filósofa, uma artista plástica e uma psicóloga, vários deles orientandos da Ivani. O currículo ia sendo construído no processo de estudo, intermediado pelos autores estudados, pelo diálogo entre os participantes e pelo registro das reflexões. Aqui também o papel do coordenador era o mesmo dos outros grupos: aquele que organiza e alimenta as necessidades

---

8. Por intersubjetividade entenda-se um estágio compreensivo em que se passa a aceitar e incorporar a experiência do outro como complementação de sua própria (cf. Fazenda, Ivani C. A. *Op. cit.*, p. 48).

do grupo. Ivani ajudava a "alinhavar" as práticas individuais das dissertações e teses dos participantes, assim como suas próprias pesquisas.

Também neste grupo, o Registro foi um canal importante para o aprofundamento das reflexões e concretizou-se nas dissertações e teses dos pesquisadores-alunos e também em alguns livros coletivos com textos dos participantes.[9] De forma semelhante à *5ª feira*, esses livros possibilitavam o alargamento da rede de trocas, ao serem publicados, fazendo chegar aqueles conhecimentos construídos a outros educadores e pesquisadores.

Anos mais tarde, já no doutorado, conheci o trabalho de Mireille Cifali, professora da Universidade de Genebra, cuja prática de formação profissional de adultos tinha alguns pontos em comum com o trabalho da Madalena e da Ivani, nomeadamente sobre o papel da escrita das práticas e sua publicação, como caminho para a formação.[10]

A partir das aproximações das experiências vividas com os grupos da Madalena, da Ivani e com as crianças de dez anos, pude alicerçar as bases da pesquisa de mestrado. Percebia que:

1) A experiência grupal dava o consentimento para os projetos individuais se expressarem, sejam eles desenhos ou teses, através das trocas entre os membros do grupo. Era a experiência da Roda.

2) O papel do coordenador enquanto autoridade que garante o espaço individual e alimenta o grupo a partir de sua leitura das necessidades, propondo dinâmicas, trazendo materiais ou lançando desafios adequados.

3) Preocupação com a criação, com a construção do novo. O lançar-se com o grupo na descoberta do mundo, onde cada partici-

---

9. Cf. Fazenda, Ivani (org.). *Práticas interdisciplinares na escola*. São Paulo: Cortez, 1991; Fazenda, Ivani (org.). *A academia vai à escola*. Campinas: Papirus, 1995.

10. Desenvolvi esse assunto na seção "A escrita como oportunidade formativa", em *Rodas em Rede: oportunidades formativas na escola e fora dela*.

pante se constrói como sujeito, enquanto constrói seus conhecimentos do mundo e de si próprio.

4) A reflexão como eixo central deste movimento criativo, de descoberta, no desvendar caminhos a partir das incertezas e dúvidas.

5) O Registro das reflexões enquanto oportunidade de compreensão e aprofundamento das experiências, de construção de bases para a memória, e assim da própria história.

A *reflexão* e o *diálogo* eram os motores do processo criativo e do autoconhecimento. A forma circular dos encontros – nas Rodas – e dos textos escritos – nos Registros – eram práticas comuns nas experiências relatadas, mesmo que tenham ocorrido de forma um pouco diferente em cada grupo, respondendo às suas necessidades e características próprias. Inclusive, num mesmo grupo, houve variações quanto à frequência e à forma dos Registros ou quanto à dinâmica das conversas. Não há, portanto, sentido em copiar uma determinada prática como modelo. Trata-se, pelo contrário, de recriar para que seja significativa para cada grupo específico.

No entanto, conhecer experiências com grupos, principalmente o processo vivido que gerou esta ou aquela rotina, é importante, pois ajuda a compreender seu *método de construção* e os princípios que alimentavam as buscas e as atitudes.

Também com as crianças na escola, a Roda e o Registro marcavam os momentos, por excelência, da reflexão, base para a criação e a construção dos conhecimentos. Com cada classe, novos aprendizados de suas possibilidades. Desenvolverei, a seguir, o que entendo por Roda e por Registro.[11]

---

11. Nos livros posteriores, *Rodas em Rede* e *Entre na Roda!*, acrescento elementos às reflexões sobre as Rodas e os Registros, ao ampliar sua utilização para outros contextos: na formação de professores, no primeiro, e no mundo do trabalho e na vida pessoal, no segundo.

A Roda

Uma característica do que estou aqui denominando de Roda é a de reunir indivíduos com histórias de vida diferentes e maneiras próprias de pensar e sentir, de modo que os diálogos nascidos desse encontro não obedecem a uma mesma lógica. São, às vezes, atravessados pelos diferentes significados que um tema desperta em cada participante. Este momento significa estar ainda na periferia de uma espiral onde as diferenças individuais e as subjetividades excedem as aproximações. A constância dos encontros propicia um maior entrelaçamento dos significados individuais, a interação aumenta e criam-se significados comuns, às vezes até uma linguagem própria. Sinto este momento como a fecundação geradora de vida. Do encontro, nasce o ovo. Das intersubjetividades, nasce o grupo. Encontramo-nos na célula-central da espiral.

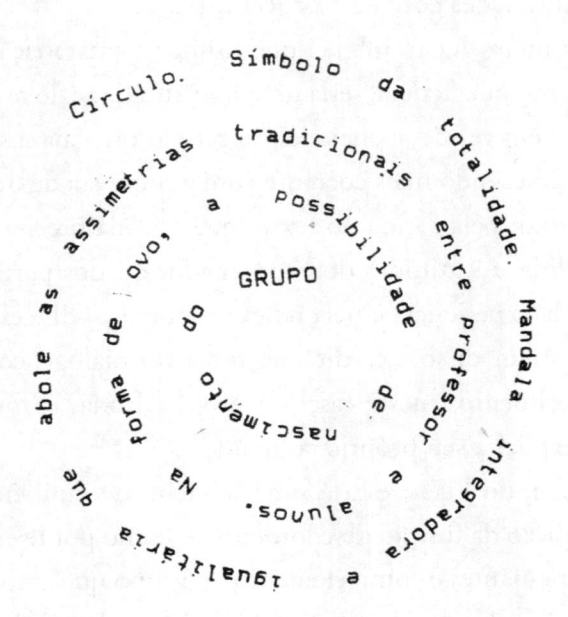

Como explicitei anteriormente, a Roda é uma construção própria de cada grupo. Porém, isso não impede de refletirmos sobre algumas de suas características e implicações. Constitui-se num momento de diálogo, por excelência, em que ocorre a interação entre os participantes do grupo, sob a organização do coordenador (o professor, por exemplo).

Encontrei em vários autores referências ao potencial interativo, criativo e de construção dos conhecimentos pelo diálogo, assim como de outras características e implicações da Roda. Em vez de citá-los linearmente, como é usual em trabalhos acadêmicos, resolvi colocá-los em interação. Com essa finalidade criei um diálogo fictício entre eles, recortando trechos de suas obras. Criei também personagens fictícios (um engenheiro, um pai de aluno, uma professora universitária, uma socióloga e outros) de forma a enriquecer o diálogo, levantando, através deles, outros aspectos importantes a serem destacados. Entro nesta Roda imaginária assumindo a função de coordenadora e dando vida a esses personagens fictícios. Tive algumas intenções com este procedimento.

Em primeiro lugar, julguei que utilizar a imaginação criando uma Roda, mesmo que fictícia, seria uma oportunidade de propiciar um tipo de vivência em vez de apenas elencar teorias que falam sobre ela. Desta forma, estaria sendo mais coerente com a proposta de unir teoria e prática e mostrar, pela forma do texto, que a Roda precisa ser vivida para ser aprendida. As atitudes do coordenador ou dos participantes são, a não ser pela experiência e pela reflexão sobre ela, difíceis de ensinar ou aprender. Além disso, acredito na força do diálogo como construtor dos conhecimentos, neste caso, da própria Roda. A forma de diálogo também explicita seu próprio conteúdo.

Em segundo lugar, esta é uma maneira de também possibilitar a exemplificação da função do coordenador como ponte entre as falas dos vários participantes e como elemento do grupo que amplia os universos individuais na direção da construção de intersubjetividades.

Entendo que é também desta forma que nós, leitores, fazemos (ou deveríamos fazer) qualquer leitura, ou seja, estabelecendo nossos próprios diálogos internos com os autores lidos. Pois não se trata de engolir um texto, mas sim habitá-lo, isto é, interagir com a leitura, criticando, questionando e aprendendo novos conteúdos criativamente. Nesta concepção, cada leitor é quase um autor que reconstrói os conhecimentos lidos a partir de seus próprios referenciais de vida e de outras leituras.

Esta Roda imaginária é uma construção a partir das leituras que fiz e das reflexões sobre várias práticas em Roda, seja como participante ou como sua coordenadora. Reflexões estas também alimentadas pelo diálogo com pessoas que, apesar de não terem publicado livros, têm muito a contribuir com esta discussão (foi inspirada nessas conversas que criei os personagens fictícios). Os textos escritos dentro dos balões são citações das obras indicadas nas notas de rodapé. Não utilizei as aspas tradicionais para não prejudicar a informalidade que quis imprimir ao diálogo.

Muitos autores que também poderiam ter sido incluídos nesta Roda não o foram, pois não seria possível inseri-los todos. Reservei balões em branco para o leitor sentir-se convidado a dar sua contribuição trazendo sua própria reflexão ou a de algum autor que julgue pertinente para a discussão. Fica assim destacada a primeira característica da Roda: a abertura. Abertura para novos pontos de vista. Abertura para o imponderável, e para aprender com ele, como propõe Luis Carlos de Menezes.[12] Abertura da mente, que significa, em última análise, abertura do coração, como ensina Peter Senge.[13]

---

12. Para saber mais, assista a "Aprender com o imponderável: Luis Carlos Menezes at TEDxUSP". Disponível em: <https://www.youtube.com/watch?v=Lbp0tqgQR-s>. Acesso em 17 de abril de 2017.

13. Kahane, Adam. *Como resolver problemas complexos: uma forma aberta de falar, escutar e criar novas realidades.* São Paulo: Editora Senac, 2008, p. 15 (prefácio de Peter Senge).

Convido os leitores a participarem desta Roda, refletindo sobre as opiniões dadas pelos participantes e formulando as suas:

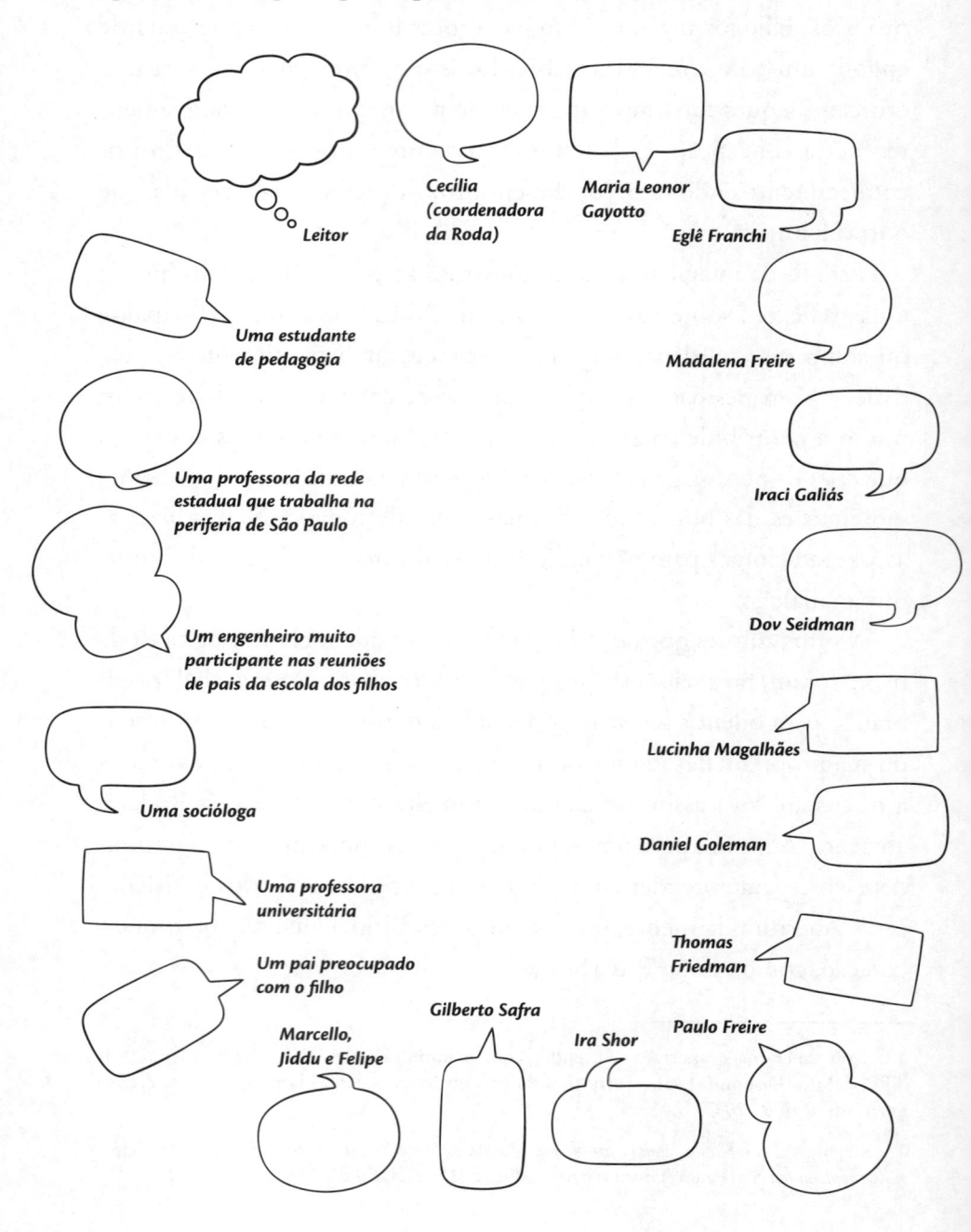

Conforme combinamos em nossas conversas anteriores, a pauta de nossa Roda de hoje é discutir o que é a Roda e tentar construir esse conhecimento juntos, a partir de seu exercício, de sua prática. Quais as suas características? Por que ela é importante? O que a caracteriza? Essas são algumas questões que podem nortear as contribuições de cada um de vocês aqui presentes, que tal? Pensem nas suas experiências de vida e vamos começar a conversa.

Cecília

A gente só transforma o que está no nosso interior quando entramos em contato com o outro.

Maria Leonor Gayotto[14]

Considero que conhecer não é um processo puramente subjetivo e individual: a construção dos conhecimentos é sobretudo resultante de uma intensa interação com os outros.

Eglê Franchi[15]

Sim, e para essa interação, assim como para a comunicação, precisamos ver o outro, estar atentos ao seu ritmo para buscar uma sintonia com ele. A Roda é excelente caminho para aprender a entrar em sintonia com os outros. E poder aprender com eles. A experiência de participar da Roda da Madalena em um de seus grupos de formação de educadores foi uma experiência formativa fundamental na construção de minha identidade pessoal e profissional.

Cecília

---

14. Gayotto, Maria Leonor Cunha *et al. Líder de mudança e grupo operativo*. Petrópolis: Vozes, 1985, p. 58.

15. Franchi, Eglê Pontes. *Pedagogia da alfabetização: da oralidade à escrita*. São Paulo: Cortez, 1989, p. 22.

A identidade do sujeito é um produto das relações com os outros. Nesse sentido, todo indivíduo está povoado de outros grupos internos de sua história.

Madalena Freire[16]

Acho importante destacar que os grupos internos de que fala Madalena são uma referência ao trabalho de Pichon-Rivière, que ela estudou muito. A Maria Leonor também tem experiência com a técnica dos grupos operativos, criada por Pichon-Rivière, não é? O que você destacaria como básico para o funcionamento de um grupo?

Cecília

Um grupo funciona quando tem um objetivo comum. Mas nos momentos de dificuldade é preciso esclarecer o que está acontecendo.

Maria Leonor Gayotto[17]

Sim, esse é o papel do coordenador da Roda! Depois voltamos a ele. Vamos falar mais um pouquinho do processo de construção do grupo, no que Madalena é uma especialista.

Cecília

Um grupo se constrói através da constância da presença de seus elementos, na constância da rotina e de suas atividades. Um grupo se constrói na organização sistematizada de encaminhamentos, intervenções por parte do educador, para a sistematização do conteúdo em estudo.

Madalena Freire[18]

---

16. Freire, Madalena. *Educador, educa a dor*. São Paulo: Paz e Terra, 2008, p. 97.

17. Gayotto, Maria Leonor Cunha *et al. Op. cit.*, p. 76.

18. Freire, Madalena. *Op. cit.*, p. 104.

> Num grupo, as pessoas não precisam pensar igual para atingir um objetivo comum.

Maria Leonor Gayotto[19]

> Um grupo se constrói no espaço heterogêneo das diferenças entre cada participante: da timidez de um, do afobamento do outro; da serenidade de um, da explosão do outro; do pânico velado de um, da sensatez do outro; da serenidade desconfiada de um, da ousadia do risco do outro; da mudez de um, da tagarelice de outro; do riso fechado de um, da gargalhada debochada do outro; dos olhos miúdos de um, dos olhos esbugalhados do outro; da lividez do rosto de um, do encarnado do rosto do outro.
>
> Um grupo se constrói enfrentando o medo que o diferente, o novo, provoca, educando o risco de ousar e o medo de causar rupturas.

Madalena Freire[20]

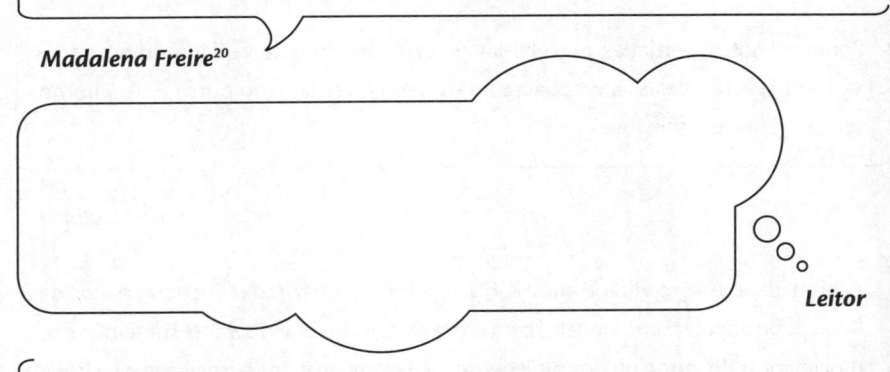

Leitor

> Hoje não vamos aprofundar mais sobre o processo de construção do grupo, pois a Madalena o fez de maneira ampla e profunda, em seu livro *Educador, educa a dor*. Proponho que a leitura do capítulo "Grupo" fique como tarefa para a próxima Roda, pois nos ajudará na análise das práticas de todos. Topam? Madalena, nesse texto, explica, por exemplo, os três movimentos da vida de um grupo. Essa leitura traz elementos muito importantes para quem pretende coordenar Rodas!
>
> Bom, prosseguindo com nossa conversa de hoje, que outra oportunidade preciosa para a formação a Roda oferece?

Cecília

---

19. Gayotto, Maria Leonor Cunha *et al*. *Op. cit.*, p. 77.

20. Freire, Madalena. *Op. cit.*, p. 104.

Podermos pensar, termos às vezes certeza daquilo, ouvir outra coisa e podermos "dar ré" nas nossas próprias convicções fazem parte do exercício humano da humildade, tão complicado.

Iraci Galiás[21]

Sim, a Roda favorece o desenvolvimento de nossa humanidade! E também o autoconhecimento! Ele é importante e a experiência grupal ajuda, pois o confronto com o outro, que é diferente de nós, faz com que nos reconheçamos naquilo que somos e no que não somos, ou no que poderíamos ser, ou no que já fomos.

Cecília

Poder ter nossas verdades, percebê-las às vezes temporárias, poder modificar nossa compreensão delas às vezes ao contato com a verdade do outro é, ao mesmo tempo, difícil e fascinante.

Iraci Galiás[22]

A humildade é aprendizado necessário. E pode ser exercitada. O coordenador da Roda pode oferecer um "modelo" para esse exercício, pois nem sempre sua leitura dos movimentos do grupo ou dos projetos de conhecimentos dos participantes da Roda está correta, de modo que aqueles encaminhamentos, baseados nessa leitura, não estarão adequados. Nesse sentido, o seu "erro" é também uma oportunidade para o grupo, ao percebê-lo humano, em vez de colocá-lo numa posição idealizada. E irreal. Mas isso ocorre desde que o coordenador esteja atento para perceber, verbalizar e dar ré.

O que mais poderíamos destacar como aspectos da Roda? E da prática do diálogo, que é a sua base?

Cecília

---

21. Galiás, Iraci. "Ensinar-Aprender: uma polaridade no desenvolvimento simbólico", *Revista Junguiana*, nº 7, São Paulo, 1989, p. 91.

22. *Idem*, p. 92.

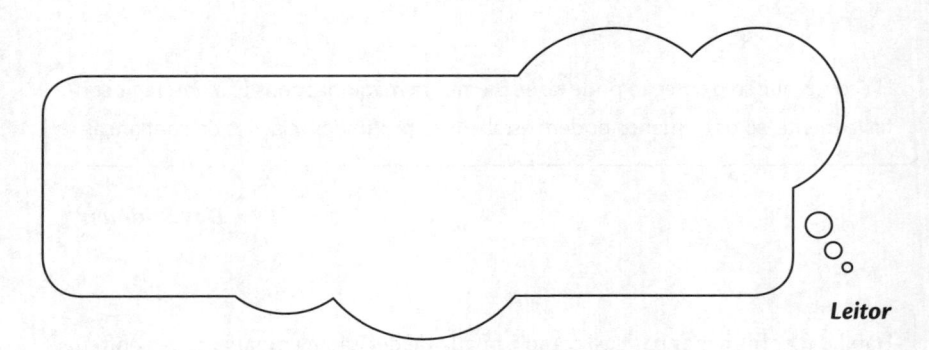

Leitor

Estávamos falando da humildade... e do desenvolvimento de nossa humanidade... Pois a Roda é também espaço de formação de valores: da Generosidade, do Respeito, da Responsabilidade com relação aos outros e a si mesmo. Espaço para viver e praticar a Solidariedade, a Ética e a Colaboração... A Roda é espaço humano, onde vivemos conflitos, que fazem parte... Daí a importância do trabalho interior do professor, um trabalho contínuo de autoformação.

Cecília

O que significa ser homem na época das máquinas inteligentes?

Dov Seidman[23]

Dov Seidman está introduzindo uma questão muito relevante no contexto atual, já transformado pela internet e pelos assombrosos avanços tecnológicos. O que seria o humano e restará humano? Esse futuro que se anuncia vai tornar a Roda e os encontros presenciais sem sentido? A comunicação "na palma da mão", movida pelos polegares, como fala Michel Serres em *Polegarzinha*, vai substituir os encontros "olho no olho"? Dov tem falado e escrito a esse respeito, não é?

Cecília

---

23. Friedman, Thomas Loren. "Hora de se reconectar: na era da inteligência artificial, é preciso ressaltar as virtudes humanas", *O Estado de S. Paulo*, 7 de janeiro de 2017. Trechos de Dov Seidman são citações presentes nesse artigo. Disponível em: <http://alias.estadao.com.br/noticias/geral,hora-de-se-reconectar-na-era-da-inteligencia-artificial-e-preciso-ressaltar-nossas-virtudes,10000098657>. Acesso em 17 de abril de 2017.

Há coisas que só o coração pode fazer. E, embora máquinas consigam interagir confiavelmente, só os humanos podem estabelecer profundas relações de confiança.

Dov Seidman[24]

Habilidades humanas básicas, como tomada de decisão e empatia, talvez enfrentem hoje mais desafios do que nunca, em parte por causa da atração exercida pelos dispositivos eletrônicos.

Daniel Goleman[25]

Daniel Goleman tem estudado o cérebro e descobriu que o "olho no olho" é imprescindível para uma efetiva comunicação, não é?

Cecília

Os circuitos sociais e emocionais do cérebro têm problemas quando estamos on-line porque nosso projeto neurológico espera interações frente a frente, não um e-mail. Quando olho para você, parte do meu cérebro está instantaneamente interpretando milhares de mensagens, e ele me diz o que fazer em seguida para manter a interação operando de acordo. Pela internet não recebo esse feedback.

Daniel Goleman[26]

---

24. *Idem.*

25. Goleman, Daniel. "Sintonizando com outras pessoas". *In* Goleman, Daniel & Senge, Peter. *O foco triplo: uma nova abordagem para a educação.* Rio de Janeiro: Objetiva, 2015, p.50.

26. *Ibidem.*

Mas a comunicação on-line é uma realidade. Então, a questão seria: como minimizar seus efeitos colaterais negativos na comunicação? (rsrs) Também aqui acho que a Roda pode ajudar muito, levando esse tema para as conversas. Com os avanços cada vez mais rápidos da tecnologia, outras mudanças virão, e a Roda pode permanecer um fórum privilegiado para nos ensinar a lidar com o que a realidade nos apresenta, não é? E descobrir, juntos, em Roda, estratégias e antídotos para essas dificuldades na comunicação. Você tem alguma pista, Daniel?

Cecília

O antídoto aqui seria uma combinação de consciência atenta e preocupação empática – fazendo uma pausa antes de enviar uma mensagem on-line para criar empatia com a pessoa que vai recebê-la e considerar como essa pessoa vai se sentir ao ler a mensagem.

Daniel Goleman[27]

Seidman está simplesmente argumentando que a revolução *tech* forçará os humanos a criar mais valores usando o coração. Concordo. À medida que máquinas e softwares controlam mais e mais nossas vidas, as pessoas procurarão mais e mais conexões inter-humanas. São coisas que não se pode baixar do computador: têm que ser transmitidas de um ser humano para outro, à moda antiga.

Thomas Friedman[28]

E "à moda antiga" significa: pelo diálogo, pelo encontro em presença, não é?! Acho que a PRESENÇA, em vez de obsoleta, vai se tornar ainda mais preciosa... Assim como a pedagogia dialógica, que aproxima as pessoas, constrói relações humanas e afetivas. E também permite criar relações entre suas experiências diárias e os conhecimentos produzidos pelos humanos, em todas as áreas, possibilitando aprendizagens significativas...

Cecília

---

27. *Idem*, p. 51.

28. Friedman, Thomas Loren. *Op. cit.*

Quando insisto em que a educação dialógica parte da compreensão que os alunos têm de suas experiências diárias, quer sejam alunos de universidade, ou crianças do 1° grau, ou operários de um bairro urbano, ou camponeses do interior, minha insistência de começar a partir de sua descrição sobre suas experiências da vida diária baseia-se na possibilidade de se começar a partir do concreto, do senso comum, para chegar a uma compreensão rigorosa da realidade.

Paulo Freire[29]

Ops... Paulo Freire falou de "1° grau", uma terminologia que os educadores jovens talvez não conheçam. Hoje a estrutura do ensino é diferente. Temos um ensino fundamental de nove anos. Mas não faz diferença, exatamente porque ele está querendo destacar que, ao trabalhar com qualquer tipo de grupo, deve-se partir de suas experiências de vida, de seu universo de significados. Isso está ligado a outros conceitos, como o de "aprendizagem experiencial", "aprendizagem signifi-cativa"... E a base para esse tipo de aprendizagem é uma educação dialógica! Da qual o silêncio é também fundamental, estou certa?

Cecília

Sim! No diálogo tem-se o direito de permanecer em silêncio! No entanto, não se tem o direito de usar mal sua participação no desenvolvimento do exercício comum.

Paulo Freire[30]

Mas se o silêncio é direito deles, a sabotagem deve ser evitada Uma aula dialógica precisa de uma massa crítica de participantes para tocar o processo para diante e levar consigo aqueles alunos que não falam, mas ouvem.

Ira Shor[31]

29. Freire, Paulo & Shor, Ira. *Medo e ousadia*, Rio de Janeiro: Paz e Terra, 1983, p. 131.
30. *Idem*, p. 127.
31. *Idem*, p. 128.

Vou explicitar aqui um pouco do contexto específico das falas de Paulo Freire e Ira Shor. Eles falam de uma pedagogia situada, na qual professores e alunos constroem juntos os conhecimentos significativos para o grupo. Nessa construção, é necessário respeitar os pensamentos divergentes, inclusive daqueles que não aceitam a aula dialógica, e querem ficar em silêncio. Impor uma pedagogia em que todos tenham que participar da mesma forma, seria, no mínimo, contraditório com os princípios da pedagogia dialógica. Por outro lado, é necessário que o professor evite que esse direito ao silêncio transforme-se em sabotagem do processo.

Que outros significados pode ter o silêncio em uma Roda?

Cecília

O silêncio do grupo é tão fundamental quanto a fala. Ele é um dos "participantes" sempre presentes. Às vezes apavorante, relaxante, outras vezes engraçado. Quando num grupo falante o assunto "morre", é o silêncio que assume a "fala".

Madalena Freire[32]

Vamos aproveitar esse momento de nossa Roda e fazer um pouco de silêncio para olhar para dentro e escutar como esse assunto ecoa dentro de cada um? Para aprofundar a reflexão, proponho que a registrem... Alguns poderão perceber o quão falantes são, ou ao contrário... O quanto se ouvem enquanto falam, ou o fazem quase sem pensar... Ou fazer outras descobertas...

Depois, quem quiser, partilha com o grupo.

Cecília

... Silêncio...

---

32. Freire, Madalena. *Educador, educa a dor*. São Paulo: Paz e Terra, 2008. p. 120.

Alguém gostaria de contar sobre o que refletiu sobre o silêncio em seu Registro?

Cecília

A grande comunicação se dá no silêncio. Essa é a base; é aí que as palavras significam alguma coisa [...] No mundo atual, a maneira como o mundo está constituído conspira contra a possibilidade fundamental do ser humano de encontrar esse silêncio, que é essa chance de estar junto.

Gilberto Safra[33]

Tempos de silêncio num grupo, juntamente com tempos de fala, compõe ritmicamente o pulsar compassado da "música" do grupo. [...]

Movimentos rítmicos entre silêncios, falas, pausas pequenas ou grandes, ruídos na comunicação. Todos esses movimentos fazem parte da composição sonora da vida do grupo.

Função do educador é manter-se acordado, disciplinado para a sua regência.

Madalena Freire[34]

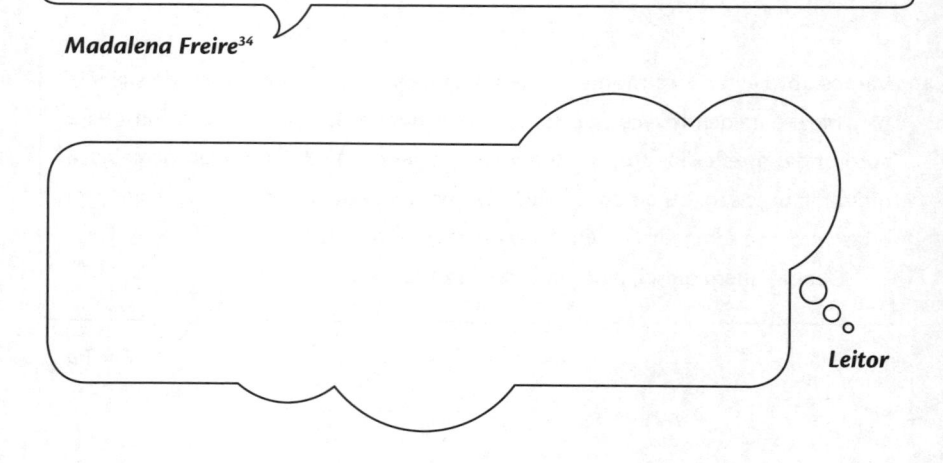

Leitor

33. Perdigão, Andréa Bomfim. *Sobre o silêncio: um livro de entrevistas com vários autores.* São José dos Campos, SP: Pulso Editorial, 2005, pp. 114-115.

34. Freire, Madalena. *Op. cit.*, pp. 120-121.

Um aspecto importante da Roda é que, mesmo quando todos parecem falar do mesmo assunto, cada participante fala a partir de sua própria história de vida, de seus referenciais e experiências. Isso a enriquece e também pode criar problemas na comunicação, a não ser que esteja claro para todos, não na teoria (todos nós concordamos com isso, não é?), mas na prática. Por isso, conhecer a pessoa que fala e suas histórias é tão importante na Roda. Mas também na vida.

Nem sempre temos oportunidades para conhecer bem os nossos interlocutores, então cabe ao coordenador da Roda ajudar a criar essas pontes para possibilitar que haja escuta aberta de todos em suas diferenças. E identificar os ruídos, criando oportunidades para esclarecer o que se passa. Por exemplo, hoje, temos nessa Roda um psicanalista, o Gilberto Safra, e uma psiquiatra, de abordagem junguiana, a Iraci Galiás. Certamente que suas práticas clínicas e também em sala de aula estão por trás de suas contribuições para nosso objeto de estudo aqui, a Roda, não é? Acho que agora podemos falar mais especificamente sobre o papel do coordenador da Roda enquanto autoridade. Cabe a ele, por exemplo, evitar a sabotagem referida por Ira. Como vocês colocam essa questão?

Cecília

Sabemos que a coordenação vive o exercício solitário de sua autoridade que só a ela lhe cabe, como também cada participante, enquanto educando, também o exercita em sua autoridade de educando. Mas há um outro exercício numa concepção democrática em que cada participante é coautor da reunião. Educador enquanto coordenador e coordenando enquanto educando. Numa concepção autoritária delegamos tudo à coordenação e vagamos irresponsavelmente pelos outros e por nós mesmos.

Madalena[35]

---

35. *Idem*, p. 157.

Para mim o importante é que o professor democrático nunca, realmente nunca, transforme a autoridade em autoritarismo. Ele nunca poderá deixar de ser uma autoridade, ou de ter autoridade. Sem autoridade, é muito difícil modelar a liberdade dos estudantes. A liberdade precisa de autoridade para ser livre (rindo).

Paulo Freire[36]

(também rindo) É, pode parecer estranho, mas é isso mesmo. Apesar de algumas simetrias entre o professor e os alunos, existe uma clara definição dos papéis de cada um. E esta construção vai se efetivando à medida que, juntos, constroem os conhecimentos. Porém é o professor que dirige o processo, porque

Cecília

... o professor conhece o objeto de estudo melhor que os alunos quando o curso começa, mas reaprende o material através do processo de estudá-lo com os alunos.

Ira Shor[37]

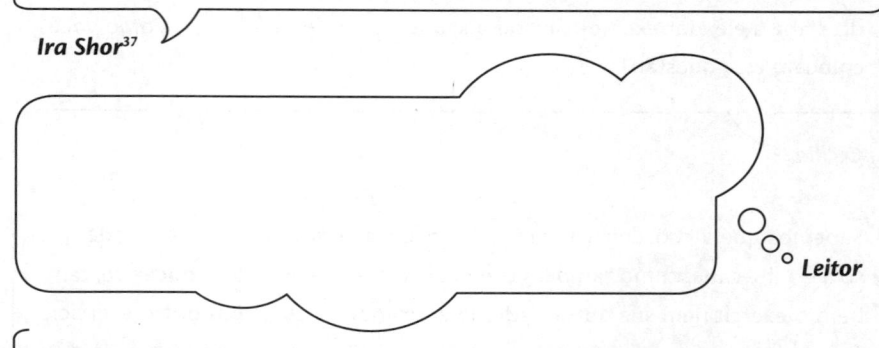

Leitor

O diálogo não é uma situação na qual podemos fazer tudo o que queremos. Isto é, ele tem limites e contradições que condicionam o que podemos fazer... Para alcançar os objetivos da transformação, o diálogo implica responsabilidade, direcionamento, determinação, disciplina, objetivos.

Paulo Freire[38]

36. Freire, Paulo & Shor, Ira. *Op. cit.*, p. 115.

37. *Idem*, p. 124.

38. *Idem*, p. 127.

> Quando o professor assume seu papel enquanto autoridade, mas o faz sem comprometer a atitude participativa, permite a mesma atitude dos alunos (sendo eles adultos ou crianças) e o convite ao diálogo é aberto a eles, para expressarem suas próprias experiências significativas.

Cecília

A roda surgiu no ano retrasado aqui no Crie. A roda é um lugar onde nós discutimos sobre vários problemas do Crie e também problemas dos alunos da classe. Quando um aluno briga ou quer mostrar um livro ou alguma coisa que goste, ele mostra na roda.

No começo do ano, durava 15 minutos, agora ela dura entre 30 e 45 minutos. Isso mostra que a roda é muito importante, e está sendo muito bem aproveitada. Até as outras classes que não faziam roda, agora já estão fazendo. A roda está sendo muito útil para os alunos, assim eles conversam evitando brigas e combinam passeios, trazem novas idéias para a pesquisa, atividades e etc.

Marcello, Jiddu e Felipe[39]

---

39. Marcello, Jiddu e Felipe foram alunos da 4ª série de 1987. Esse texto foi escrito pelos três e passado a limpo pelo Rodrigo, da mesma classe, para integrar o Registro coletivo sobre as vivências significativas daquele ano. Esse assunto será desenvolvido no capítulo "Segundo ato" deste livro.

Mas para que as conversas na Roda não sejam meros "bate-papos", e realmente alimentem a construção dos conhecimentos, é necessário o Registro! Ele é um poderoso instrumento para a sistematização e organização dos conhecimentos. É também a possibilidade de que a Roda não se feche em si mesma, mas se abra para o mundo, pois os textos, produzidos a partir dessas Rodas, podem, por exemplo, atingir outros grupos . De fato a abertura é uma característica importante dos fundamentos da Roda.

Cecília

A abertura para o mundo é mesmo muito importante! Um caso extremo em que isto não acontece é nas seitas.

Um pai muito preocupado com seu filho

É mesmo! Mas voltando um pouco para a importância do Registro, lembremos que registrar é a própria condição de existência da História. Não há História sem Registro. Vocês lembram o que significava o sumiço dos livros em 1984, livro de George Orwell? Por isso, acredito que registrar a própria história é uma atitude que nos faz sujeitos, que nos dá a dimensão de quem somos, do que vivemos, enfim, nos auxilia na apropriação do vivido.

E falando agora mais especificamente do Diário do Professor, o caderno onde registra sua prática e reflete sobre o que vive (sobre sua relação com os alunos, sobre suas propostas para pesquisa etc.), considero-o um instrumento de apropriação de sua história e também auxiliar em seu autoconhecimento.

Cecília

Penso que para o educador, além da vocação e preparo técnico, é fundamental que ele busque o autoconhecimento. Ele terá que lidar com fenômenos tão complexos que, penso, a necessidade de que ele se volte para seu inconsciente, para que ele se conheça melhor, se impõe.

Iraci Galiás[40]

---

40. Galiás, Iraci. *Op. cit.*, p. 97.

Mas Cecília, por falar em História, quais são as raízes históricas destas experiências de Roda e Registro de que você fala e que ocorrem em suas salas de aula?

Uma professora universitária

Como contei para vocês, recentemente, foi com a Madalena, aqui presente, que conheci essa prática, e continuei recriando o Registro a cada nova experiência profissional. Na realidade, e não sei se já falei disso, eu comecei a fazer um diário pessoal aos onze anos, uma prática que ganhou ainda mais força aos dezoito, no momento de pesquisa vocacional. E foi quando conheci o diário profissional da Madalena que tudo ganhou ainda mais sentido, e optei pela área de Educação.

Mas não foi só a Madalena que destacou a importância da escrita, vejamos aqui, em seu livro A *paixão de conhecer o mundo*, uma carta que ela recebeu da Ana Mae Barbosa, uma conhecida arte-educadora. Vou ler um trecho:

Cecília

Lembro-me que foi você quem lançou a ideia, na Escolinha (de Artes de São Paulo), de cada professor escrever todos os dias o relato de suas aulas e o mais minuciosamente possível. Aceita a proposta, levei algumas broncas suas. Agora você programadamente compartilha com seus alunos esta prática, levando-os a sentirem a importância da experiência, que é em si mesma uma forma de avaliação. Você está bem acompanhada. Dewey e Vygotsky falam da necessidade de trabalhar a passagem da experiência direta para a experiência simbólica, e Vygotsky é ainda mais explícito quando valoriza a linguagem escrita, porque é mais cuidadosamente reflexiva que a oral.[41]

Ana Mae Barbosa[41]

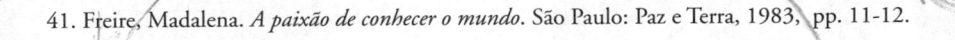

41. Freire, Madalena. A *paixão de conhecer o mundo*. São Paulo: Paz e Terra, 1983, pp. 11-12.

Ah, e por falar em carta, podemos lembrar também das famosas trocas de cartas entre expoentes de diversas áreas do conhecimento. Cartas que, em si, retratam uma história vivida e, ao mesmo tempo, são registros de um conhecimento sendo construído. Um exemplo é a correspondência entre Goethe e Schiller, ou entre Freud e Jung, ou mesmo as belas *Cartas a um Jovem Poeta* de Rainer Maria Rilke Pois é, as cartas são formas de diálogo. E assim a nossa conversa nos leva de volta ao ponto central da Roda: a experiência dialógica.

Cecília

Se formos pensar nas raízes históricas da Roda, ela é bem antiga. Podemos nos lembrar dos índios com suas festas ao redor da fogueira, das reuniões dos chefes da tribo.

Uma socióloga

É, o "espírito" da Roda precede os tempos da educação escolar. Parece ser mesmo arquetípico, isto é, faz parte da história do Homem em diferentes lugares e épocas

Cecília

e pode ser exercida em diferentes ramos de atividade. Lembro-me de quando trabalhei em uma empresa que produzia autopeças. Fazíamos algo semelhante à Roda. Chamava-se Círculo de Controle de Qualidade (CCQ). Os funcionários se reuniam para propor melhorias na qualidade do produto ou nos métodos de sua fabricação. Era um tipo de administração japonesa, que obteve grande sucesso naquela empresa. Não sei se continuam a fazer, pois perdi o contato com eles e mudei de área.

Um engenheiro muito participante nas reuniões de pais da escola dos filhos

Mas voltando à educação, Maria Montessori também propôs um trabalho semelhante, não foi? Ela desenvolveu atividades para as crianças fazerem na Linha. E essa Linha é circular.

Estudante de pedagogia

Sim, mas o enfoque do trabalho na Linha não era o diálogo e a interação das crianças, mas o desenvolvimento motor, a concentração e a atenção, o ritmo e o equilíbrio, lembra-se?

Cecília

Mas Freinet, sim, ele estava preocupado com o trabalho em grupo. Ele chegou a criar a Cooperativa Escolar. Os alunos se reuniam para tomar decisões importantes para o grupo, como fazer planos de passeios e trabalhos, levantar fundos para a compra de papel etc. Uma criança coordenava as reuniões e outra era o redator das sugestões, dúvidas e decisões.

Estudante de pedagogia

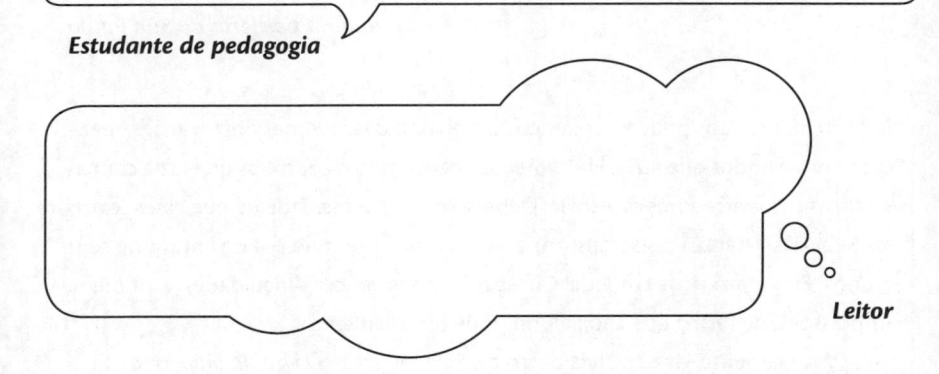

Leitor

Bem lembrado! De fato, as ideias de Freinet estão na base das Rodas e Registros. Sabem como ele iniciou o seu trabalho? Registrando diariamente tudo o que ouvia de seus alunos, seu comportamento diante de situações novas. Com isso ia conhecendo seus interesses, problemas e a personalidade de cada um. Essas descobertas, essencialmente práticas, avivaram sua curiosidade e seu desejo de saber mais sobre educação. Passou a estudar a obra de Rousseau, Rabelais, Montaigne e, sobretudo, Pestalozzi. Foi assim que pôde prestar o exame que o habilitou a exercer a função de professor, pois ele não havia terminado a Escola Normal por causa da guerra!

Sua curiosidade o levou, em 1924, ao Congresso da Liga Internacional para a Educação Nova, onde ouviu Cousinet apresentando suas primeiras experiências sobre trabalho em equipe. Ouviu também Ferrière, Claparède e Bovet, mas percebeu que aquelas experiências eram aplicáveis nas escolas que tivessem boas instalações, que pudessem adquirir o material especial necessário à atividade da criança, o que não correspondia à sua realidade de trabalho na aldeia. Com isso, Freinet sentiu-se só.

Cecília

É assim que me sinto quando vou a um Congresso onde são apresentados trabalhos maravilhosos. Mas não sei como aproveitá-los em minha realidade de trabalho.

Uma professora da rede estadual que trabalha na periferia de São Paulo

Mas Freinet foi, aos poucos, criando seu trabalho baseado nas observações, registros e nos estudos que fazia. Ele começou registrando os passeios que fazia com as crianças pelos arredores da escola. Depois, sentiu necessidade de que esses textos saíssem das estantes e se transformassem no próprio material de leitura de seus alunos. Eles eram ricos em vida! Conseguiu, após vencer dificuldades, a primeira impressora, de forma que cada aluno pôde ter o seu texto.

Paralelamente, desenvolvia outro tipo de registro, o *Livro da vida*, onde ficavam gravados os momentos de mais vivacidade do grupo, escritos por eles mesmos. As crianças ilustravam com desenhos, colavam folhas impressas e coloriam. Também discutiam o que era mais importante escrever, e assim iam colecionando páginas de vida.

De fato, vale a pena aprofundarmos o estudo de Freinet. Vamos voltar a ele em Rodas futuras? Poderíamos também estudar Vygotsky, o que vocês acham?

Nossa!! Vocês viram que horas são? Fiquei aqui me deliciando em contar a história desse grande educador e nem vi as horas passarem!

Falar é só começar. O diálogo é interminável e se prolonga à medida que os temas vão se articulando e se desenvolvendo. Assim também o conhecimento, que vai sendo construído e se amplia, de modo semelhante ao alastramento das raízes das árvores, "em busca de novas e mais variadas interfaces", como disse o Prof. Boaventura de Sousa Santos, naquele belo texto que estudamos recentemente, "Um discurso sobre as ciências na transição para uma ciência pós-moderna", lembram-se? Esse texto vale a pena ser relido. Essa pequena citação está na p. 19 da edição que estudamos.

Cecília

Na escola onde eu trabalho, estamos tentando viabilizar uma assembleia dos alunos. Eu gostaria de contar o que estamos fazendo e as dificuldades que estamos encontrando. Vamos também colocar esse assunto em pauta futura de uma de nossas Rodas?

Uma professora da rede estadual que
trabalha na periferia de São Paulo

Lógico que sim! Vai ser ótimo! Vamos iniciar agora o fechamento da Roda de hoje e combinar tarefas para a próxima?

O eixo de nossa conversa foi a Roda, e o da próxima será o Registro, como já havíamos combinado.

Como tarefa, proponho que cada um, cada uma, retome suas anotações sobre os aspectos da Roda dos quais tratamos hoje e prepare uma reflexão em forma de texto para partilharmos na próxima, ok? Procurem trazer elementos da prática de vocês. Iniciaremos nosso próximo encontro com essa partilha. E aí já passamos a aprofundar sobre o Registro.

Para encerrar, que tal se a Madalena e a Lucinha, que ficou quietinha até agora, lessem suas reflexões poéticas, que têm tudo a ver com nossas conversas? Trechos ao menos... topam?

Cecília

Eu não sou você e você não é eu.
Mas sei muito de mim
vivendo com você
e você sabe muito de você
vivendo comigo?

Eu não sou você e você não é eu.
Mas encontrei comigo e me vi
enquanto olhava para você,
e você se encontrou e se viu
enquanto olhava para mim?

Eu não sou você e você não é eu.
Mas foi vivendo minha solidão
que conversei com você
e você conversou comigo na sua solidão,
ou fugiu dela e de mim?

Eu não sou você e você não é eu
Mas sou mais eu
quando consigo te ver mais,
porque você me reflete no que eu sou
e no que eu não sou.

Eu não sou você e você não é eu.
Mas somos um grupo
enquanto somos capazes de
eu ser eu e você ser você.

Madalena Freire[42]

---

42. Em 1985, Madalena apresentou essa versão de seu texto no grupo de formação de educadores. Publicou uma versão ampliada, em seu livro, já citado, *Educador, educa a dor*.

> *Quando registro, me busco.*
> *Quando me busco, registro.*
> *E monto assim a minha história.*
> *História nascida e escrita*
> *com dificuldade,*
> *quando se foi educada*
> *ouvindo uma outra história,*
> *história do silêncio,*
> *da não expressão,*
> *do não conflito.*
> *Por esta razão,*
> *repensar,*
> *refletir,*
> *registrar,*
> *é também RE-AGIR.*
> *Contra essa história irreal,*
> *contra a mornidão,*
> *contra o sono.*
> *É agir pelo meu sonho*
> *que é pensar e*
> *transformar a*
> *Realidade.*

Lucinha Magalhães[43]

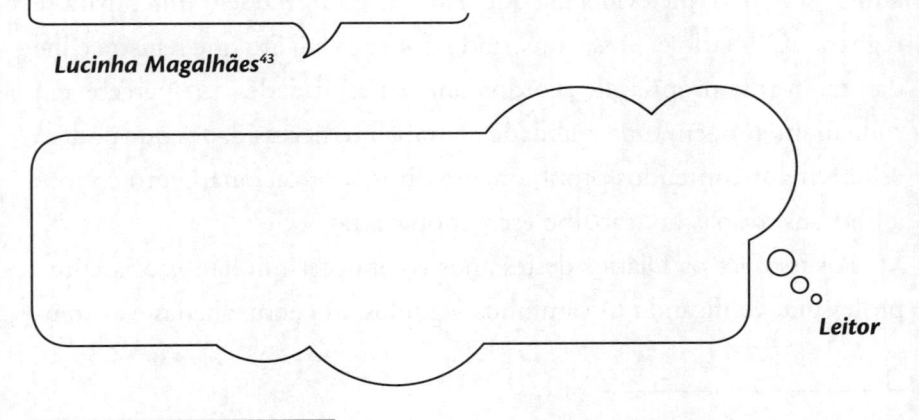

Leitor

---

43. Lucinha Magalhães fez parte do grupo de formação, coordenado pela Madalena, na mesma época que eu. E trabalha, há décadas, formando educadores.

O Registro

Registrar é deixar marcas. Marcas que retratam uma história vivida.

Em minha atividade como professora, vivi dois tipos de Registro. Um individual, em que refletia sobre a prática em sala de aula, o Diário.[44] Outro coletivo, que ia sendo construído conjuntamente com os alunos, sendo colado na parede ou arquivado para utilização futura conforme os interesses e características da classe. Assim, este tipo de Registro tomou diferentes formas nas diferentes classes com as quais trabalhei.

Explicitarei a seguir os motivos pelos quais atribuo tanta importância ao Diário e em que sentido acredito que ele possa auxiliar na busca de caminhos que aproximem teoria e prática pedagógica.

Registrar a própria prática pode ser um rico instrumento de trabalho para o professor que busca reconstruir os conhecimentos junto com os alunos, porque o retrato do vivido proporciona condições especiais para o ato de refletir.

Desde 1983, quando trabalhava com crianças da educação infantil, registrava a prática no Diário. Entretanto, sua forma foi mudando de ano para ano, o que evidencia que não existe um modelo único para se registrar. O Diário é, pois, construído por cada sujeito que registra e lhe dá uma forma própria, de acordo com as necessidades que percebe em cada momento, em cada realidade de trabalho, necessidades que podem se referir aos conteúdos propriamente ditos, ao relacionamento com os alunos, às rotinas do trabalho escolar ou outras.

Por isso, ler os Diários destes anos é conhecer minha história como professora, verificando os caminhos seguidos, as encruzilhadas e as solu-

---

44. Este Diário nada tem a ver com o tradicional Diário de Classe usado para anotar a frequência dos alunos e o conteúdo de cada aula. O Diário a que me refiro não tem qualquer vínculo institucional nem é lido por ninguém. É instrumento unicamente do professor.

ções encontradas. Verifico que nos primeiros anos a maior preocupação era a de descrever fatos, atividades e comportamentos, meus e dos alunos. Posteriormente, passei a registrar mais os pensamentos sobre os fatos, sobre os sentimentos e sobre os próprios pensamentos, além das avaliações do vivido e os planejamentos. Portanto, a reflexão sobre a prática foi se aprofundando e, através dela, pude encontrar soluções criativas para os problemas que apareciam. As descrições continuavam ocorrendo, porém serviam como embasamento e alimento para as reflexões.

Apesar das diferentes formas que o Diário foi assumindo, continuava representando a lembrança dos objetivos, sonhos e projetos, na tentativa de sua realização, mesmo que através de um "trabalho de formiga". Era, portanto, um espaço de luta. Uma luta contra os limites do tempo, para poder sentar ao final de cada dia e refletir sobre o trabalho. Uma luta "contra a mornidão, contra o sono", numa construção paciente.

Este espaço-tempo para a escrita da leitura do vivido auxilia a observação e a reflexão porque, a partir das vivências expostas no papel, é possível adquirir certa distância delas, necessária para o ato reflexivo. Vê-las de fora auxilia, por exemplo, na percepção do significado que está por trás de algumas brincadeiras ou falas dos alunos, porque ajuda a recolocá-las em contextos maiores, dificilmente percebidos no momento em que ocorreram na sala de aula. Pois ali estamos envolvidos não apenas afetivamente, como também ligados em várias atividades e pensamentos ao mesmo tempo: nos conteúdos e nas atividades da aula, nos materiais necessários, nas dificuldades individuais dos alunos, na elaboração da lição de casa, no horário de corrigi-las, na reunião de pais e outras.

Este artesanato intelectual, feito diariamente através da prática do Registro, ajuda a construir a memória compreensiva, que é diferente daquela repetitiva e mecânica. Ela não é só uma recordação do aprendido, mas um ponto de partida para realizar novas aprendizagens. Segundo

Cesar Salvador,[45] uma das condições para realizar aprendizagens significativas é o resgate das aprendizagens prévias e o seu relacionamento com os conteúdos novos. Também Cipriano Luckesi fala da importância da memorização para a construção dos conhecimentos e refere-se a ela como um processo ativo.

> Memorização não significa pura e simplesmente reter alguma coisa, mas encontrar ativamente os mecanismos pelos quais se pode guardar na memória alguma coisa. É mais fácil memorizar a tabuada quando se entende seu mecanismo: a multiplicação é a soma sucessiva do mesmo número.[46]

Lembremos também da importância do *significado* da aprendizagem como aspecto necessário para incluí-la na memória.[47] Acredito que não só na aprendizagem das crianças o *significado do conhecimento* é algo importante. Também na *formação do professor*, que se processa continuamente em sua atuação docente, a aprendizagem significativa é um objetivo a ser buscado e é conseguido através da ligação entre as aprendizagens e vivências prévias e os novos conhecimentos. Entendo que o exercício do Diário é uma oportunidade de construção da memória compreensiva, na medida em que intermedeia estes dois polos. Assim, o Diário é também um instrumento que alimenta a ligação entre teoria e prática.

Explicando de outra forma: o Registro ajuda a guardar na memória fatos, acontecimentos ou reflexões, mas também possibilita a consulta quando nos esquecemos. Este "ter presente" o já acontecido é de especial importância na transformação do agir, pois oferece o conhecimento de situações arquivadas na memória, capacitando o sujeito a uma resposta mais

---

45. Salvador, Cesar Coll. "Bases psicológicas". *Cuadernos de Pedagogia*, nº 139, Barcelona: Ed. Fontalba, 1986, pp. 12-16.

46. Luckesi, Cipriano Carlos. *Filosofia da educação*. São Paulo: Cortez, 1990, p. 102.

47. Cf. seção "Aprendizagem significativa e projetos" no capítulo "Montando o cenário".

profunda, mais integradora e mais amadurecida – porque menos ingênua e mais experiente – de quem já aprendeu com a experiência. Refletir sobre o passado (e sobre o presente) é avaliar as próprias ações, o que auxilia na construção do novo. E o novo é a indicação do futuro. É o planejamento.

Por isso o Registro no Diário, enquanto dinâmica constante do avaliar e planejar, é motor propulsor da construção dos conhecimentos. Conhecimentos significativos tanto para os alunos, por auxiliar a ligação entre suas atividades espontâneas e os conteúdos, quanto para o professor, no que se refere à sua autoformação, pois o ajuda a relacionar as teorias com sua prática e vice-versa.

O Registro permite que vejamos a historicidade do processo de construção dos conhecimentos, porque ilumina a história vivida e auxilia a criação do novo a partir do velho. Oferece segurança porque relembra as dificuldades anteriores e a sua superação, dando coragem para enfrentar novos desafios e dificuldades, que, como as anteriores, poderão ser superadas.

A vivência do Registro, sob esta perspectiva, nos remete ao campo da humildade, através do aprendizado de conviver com a dúvida, com as incertezas. E com isto favorece uma apropriação do crescer com a coragem necessária para abandonar certezas antigas e caminhar na direção do novo, da criação.

Sinto que escrever o Diário, após um dia de trabalho que despertou dúvidas ou aborrecimentos ou mesmo apatia, é como um chamado à criação. É um momento de introversão marcado pelo silêncio do mundo externo. Esse silêncio é necessário ao ato criativo, pois silenciar os ruídos das agitações do cotidiano é criar oportunidade para deixar que as intuições e inspirações se manifestem. Um movimento semelhante ao do poeta que luta com a ausência de sentido, "até que o silêncio responda, e que o Não Ser seja".[48]

---

48. May, Rollo. *Op. cit.*, p. 81.

Em minha prática, a escrita do Diário representava esse silêncio criativo que ajudava a alimentar as atividades do dia seguinte, marcando o retorno à prática. Representava a *busca dos sentidos* que, na sala de aula, habitavam entre mim e os alunos. Era como se abrisse espaço para conhecimentos diferentes daqueles aos quais tinha acesso pela via consciente e racional. Podia tomar conhecimento de sentimentos dos quais não suspeitava. Mas, para abrir esse espaço era necessário ter disciplina. Uma disciplina de alternância entre as atividades do cotidiano e a reflexão. Disciplina de viver a alternância entre a cidade e a montanha que habitam em nós.

Falando especificamente sobre o ato de escrever, através do qual ocorre o Registro, gostaria de destacar alguns aspectos que foram importantes durante o trabalho com aquelas classes.

A escrita do Diário caracterizou-se pela informalidade e pela proximidade com a linguagem oral. Era uma escrita solta, que não seria lida por ninguém, de modo que não havia qualquer repressão quanto ao vocabulário usado, nem preocupação com normas gramaticais ou ortográficas. Também não direcionava os pensamentos para que fossem coerentes com os anteriores, deixando fluir a escrita da maneira mais espontânea possível. Às vezes, começava o registro com uma afirmação e terminava negando-a, pois, enquanto refletia, a visão da situação mudava, por considerar outros pontos de vista e outros aspectos da situação.

Através do exercício continuado da escrita, fui conquistando uma maior intimidade com a articulação das palavras no papel e comecei a sentir vontade de aprimorá-la, sem que isso viesse a prejudicar a espontaneidade e o deixar fluir necessários para atingir os objetivos propostos pela prática do Registro.

O interesse por melhorar a escrita nasceu de dois lados. O primeiro, através do prazer que o ato de escrever começava a despertar, principalmente naqueles dias em que espontaneamente surgiam imagens belas que me ajudavam a dizer o que queria. Com elas o texto ganhava beleza e não apenas utilidade. De outro lado, a intensa atividade de ensinar a escrita padrão para os alunos fazia com que eu estivesse mais atenta ao emprego da norma culta. Acredito que um razoável domínio das regras gramaticais e uma fluência na escrita (o que se adquire praticando…) são importantes para o professor. Como encorajar seus alunos a viver uma aventura que ele mesmo não viveu?

E por que o professor e vários outros profissionais sentem dificuldades para escrever e preferem falar?

Entendo que uma possível explicação pode estar nas raras oportunidades que esses adultos teriam encontrado de exercitar a escrita como linguagem solta e sua, desde os anos dos aprendizados escolares até hoje. Será que tiveram incentivos (ou permissão) de experimentá-la como expressão de seus próprios pensamentos e sentimentos, de libertar seus sonhos e expressar seus projetos através desse canal?

Acho que outra possível explicação para as dificuldades com a escrita está no fato de que escrever compromete muito mais do que falar ou pensar. Ideias faladas ou pensadas são fugazes. Já com a escrita é diferente. Podemos mudar nossas ideias, mas as anteriores estão registradas. Talvez por isto encontremos dificuldades em escrever aquilo de que não temos certeza. Escrever o que "vem à cabeça" (e ao coração) é perigoso, pois não obedece, necessariamente, a uma ordem lógica ou linear, expondo contradições ou possíveis incoerências do autor, presentes em seu inconsciente. Isto o deixaria vulnerável a críticas, dentro de um contexto onde a valorização recai somente sobre o que é lógico e objetivo, primados do nosso pensamento cartesiano.

O exercício de fantasiar e imaginar livremente também é algo perigoso, pois não temos controle sobre as imagens. Além do suposto perigo que representam, não são vistas com seriedade: "Imagine só um professor 'imaginando coisas'!" Porém, por mais que evitemos o exercício da imaginação, ele faz parte da vida e acabamos imaginando mesmo sem querer. Por que não usá-lo a nosso favor, de forma a alimentar a criatividade, em vez do desgaste em escondê-lo? Seria, a meu ver, o mesmo esforço de querer esquecer os sonhos noturnos em vez de aproveitar seus ensinamentos. E o Diário pode ser um local também para estimulação das imagens, num sonhar acordado (e por que não?). Num segundo momento, podemos reler o que foi escrito com outros olhos, aí sim procurando "pescar" possibilidades de concretização dos sonhos.

Por tudo isso, acredito que a escrita possibilite o acesso a camadas mais profundas de nós mesmos que, sem esse registro, poderiam não chegar ao nosso conhecimento.[49] Porém, possibilita também o conhecimento de aspectos muitas vezes indesejados e sombrios. Mas, uma postura de abertura e determinação pela ampliação do (auto)conhecimento pode iluminar o caminho para a conquista de uma coerência interna, integradora, e contribuir para a aproximação entre o idealizar e o concretizar, entre o pensar e o agir. Pode contribuir, portanto, para o autoconhecimento, tão necessário como vimos.

Conhecer nosso lado sombrio ajuda na tolerância em relação ao outro. Então, o autoconhecimento possibilita o encontro com o outro como ele é e não como gostaríamos que ele fosse para satisfazer a nossa própria incompletude. Pode ser, então, um caminho para não sermos presas fáceis de nossas projeções.

Felizmente, ao olhar para o interior de nós mesmos com o auxílio do Diário, não encontramos apenas nossos aspectos sombrios, mas também recursos de que não suspeitávamos, que revelam uma fonte pessoal de força para enfrentar problemas que antes pareciam insolúveis.

Apesar de o Diário do professor não ter os mesmos objetivos que o Diário Intensivo de Ira Progoff,[50] percebo semelhanças, por

---

49. O Registro não é nem a única nem a melhor forma de entrar em contato com as dimensões inconscientes. A psicoterapia, a análise dos sonhos e as atividades artísticas são, sem dúvida, meios mais eficazes de conhecer estas dimensões. Estas práticas, no entanto, exigiriam outras condições e lugares para serem realizadas. Saliento, apenas, que a prática do Diário pode contribuir um pouco nesse sentido.

50. Ira Progoff colaborou em várias obras importantes de psicologia nos EUA e desenvolveu um método de utilizar de maneira intensiva o diário íntimo para unificar a personalidade e

exemplo, quanto ao autoconhecimento e à exploração dos diálogos interiores como acesso à poesia interior de cada um. A introspecção, através do Diário, possibilita aproximarmo-nos de "uma poesia, uma beleza, um conteúdo espiritual, que estão completamente ausentes de nossa civilização, justamente por causa da desconfiança com relação à subjetividade".[51]

Enxergar a poesia na própria vida não seria um primeiro passo para enxergar a poesia da matemática, a poesia da geografia, enfim, a poesia dos conteúdos trabalhados na escola?

As rotinas da Roda e do Diário

De acordo com a prática e a fundamentação teórica de Madalena Freire,[52] uma rotina de trabalho é importante para a estruturação de um grupo de crianças (e também de adultos!). Rotina de trabalho significa organização, sistematização e disciplina. É através da rotina que o tempo e o espaço se estruturam para a criança (a hora da Roda, a hora do lanche, a arrumação das mesas e dos materiais etc.). A rotina orienta a criança a se organizar dentro de um espaço e tempo determinados.

Porém, a rotina deve ser flexível, de modo a organizar os espaços e os tempos conforme as novas necessidades que surjam, caso contrário, torna-se mecânica e sem sentido. Cabe ao professor "ler" essas necessidades e criar – com os alunos – os momentos e locais próprios para a nova organização, isto é, a rotina de trabalho.

---

realizar uma espécie de autoterapia. Sua obra *Ata Journal Workshop: The Basic Text and Guide for Using the Intensive Journal* é citada em Nin, Anaïs. *Em busca de um homem sensível.* São Paulo: Brasiliense, p. 97.

51. Nin, Anaïs. *Op. cit.*, p. 99.

52. Freire, Madalena (org.). *Rotina: construção do tempo na relação pedagógica.* Série Cadernos de Reflexão. São Paulo: Publicações do Espaço Pedagógico, 1998.

Em meu trabalho com as 4as séries, a Roda era um momento privilegiado da rotina para a "leitura" dos desejos e das necessidades. Era na Roda que avaliávamos e planejávamos as atividades, reconstruindo a própria rotina, quando necessário. Mas, para isso, minha reflexão no *Diário* e a reflexão conjunta com as crianças na *Roda* eram os alicerces da construção.

Sendo assim, a rotina diária variou de classe para classe e em cada nova etapa de crescimento dos grupos de alunos.

Com uma das classes, por exemplo, tivemos uma época em que fazíamos duas Rodas diárias, uma no início e outra no final do dia, com funções diferenciadas (como veremos no "Primeiro ato"). Depois, passamos a fazer uma Roda só, mais longa. Em alguns dias específicos, chegamos a fazer também uma Roda após o recreio, quando algum assunto urgente pedia espaço.

Apesar da frequência das Rodas e das atividades nelas desenvolvidas variarem, a participação do meu Diário era uma constante. Levava-o sempre para o seu centro, onde permanecia aberto enquanto conversávamos. Sentados em círculo no chão sobre o tapete que conseguimos, o ambiente era mais aconchegante. Era no Diário que anotávamos a pauta dos assuntos que seriam discutidos, o que passava a ser feito pelas crianças quando adquiriam organização para tal. Era também ali que eu anotava as conclusões a que chegávamos, as regras que estabelecíamos ou as providências e livros que eu não poderia me esquecer de levar no dia seguinte.

Assim, as crianças iam se apropriando desse instrumento-símbolo da reflexão, onde eu fazia minhas "lições de casa" diárias. Muitas vezes contei ou li trechos das reflexões ali registradas.

A Roda e o Diário, então, se articulavam. A Roda era o momento de socializar minhas reflexões, tecidas no Diário, mas também das reflexões das crianças, que também chegaram a ser registradas, principalmente em 1986, nos Caderninhos de Avaliação, uma espécie de Diário das crianças. Em 1987, a apropriação pelas crianças deste momento aconteceu de outra forma, criaram o Caderninho da Roda, no qual anotavam observações e, principalmente, a pauta dos assuntos, tarefa assumida cada dia por uma criança.

Apesar de utilizarmos o Diário nas Rodas, fazendo algumas anotações, era em casa, após cada dia de trabalho, que ele revelava sua grande utilidade. Esta era a minha "lição de casa". Iniciava, via de regra, anotando quem havia faltado para verificar se alguma providência deveria ser tomada caso isto se repetisse por vários dias (mandar bilhete, enviar a lição de casa através de um irmão, pedir para a secretária da escola telefonar para sua casa etc.). Em seguida, anotava os acontecimentos do dia, refletindo sobre eles, avaliava-os e construía o planejamento para o dia seguinte.

Apesar da intenção de registrar todos os dias, às vezes não o fazia, por motivos diversos, que iam desde a falta de tempo e uma certa preguiça, até resistências de encarar as dificuldades vividas com os alunos ou com a estrutura da escola. Além disso, alguns dias eram mais marcados pela descrição de atividades coletivas ou atitudes individuais dos alunos, enquanto em outros a reflexão era mais intensa, enfocando o processo vivido de forma mais abrangente, traçando possíveis rumos futuros.

Além dos registros (quase) diários, fazia algumas *sínteses do processo vivido,* semanal ou mensalmente, mas sem regularidade. Apesar de sentir a importância de que essas sínteses fossem feitas de forma mais sistemática, não consegui esta organização. Apenas a síntese bimestral, mais geral, em forma de relatório para a escola, foi prática regular (sua elaboração era facilitada pelas sínteses menores, semanais ou mensais). Este relatório, além de servir à escola e aos pais, servia como um resumo do vivido que me auxiliava na continuidade do processo.

O planejamento e a avaliação – práticas cotidianas

Também o ato de planejar fazia parte da rotina do Diário. Entendo o planejamento como uma construção contínua do professor. A avaliação e o planejamento cotidiano ajudam-no a recriar sua própria prática, enriquecendo sua atividade profissional e ganhando mais segurança. Concordo com José Carlos Libâneo quando destaca a necessidade dos planos estarem continuamente ligados à prática, devendo ser sempre revistos e refeitos, pois a ação docente ganha eficácia na medida em que o professor vai acumulando e enriquecendo experiências ao lidar com as situações concretas do ensino.

> Agindo assim, o professor usa o planejamento como oportunidade de reflexão e avaliação de sua prática, além de tornar menos pesado o seu trabalho, uma vez que não precisa, a cada ano ou semestre, começar tudo do marco zero.[53]

Durante aqueles três anos de trabalho com as 4as séries, os planejamentos foram se diferenciando. Apesar de partir sempre dos objetivos e conteúdos propostos pela escola para cada unidade específica (bimestre, mês ou quinzena), a forma de planejar as aulas variou. Em 1985, primeiro ano de contato com o ensino fundamental, meu planejamento era acompanhado de pesquisa, tanto para o (re)conhecimento dos conteúdos a serem trabalhados, quanto com relação às metodologias específicas das matérias. Apesar das pesquisas darem suporte para a criação, o desejo de receber algumas receitas prontas ainda era grande, pois me defrontava com inseguranças e ansiedades pela falta de prática.

Em 1986 e 1987 o "tom" dos planos de aula já foi outro. Minha expectativa era conseguir relacionar mais os conteúdos básicos

---

53. Libâneo, José Carlos. *Didática.* São Paulo: Cortez, 1991, pp. 225-226.

com aqueles temas carregados de significado e interesse dos alunos (provenientes de minhas "leituras" das brincadeiras espontâneas e de nossas conversas). Para isso, o plano entregue no início de cada unidade para a coordenadora ia sendo reconstruído diariamente, de modo que ele tornou-se mais uma proposta do que um plano a ser seguido fielmente. Esta construção dava-se diariamente no momento da escrita do Diário: no fim do registro dos acontecimentos, reflexões e avaliações do vivido, organizava o dia seguinte escrevendo a lápis a sequência das atividades, confrontando com o plano entregue à coordenação.

Essa construção diária do planejamento chegou a ser, muitas vezes, compartilhada com as crianças durante a Roda. Podíamos, assim, inverter a ordem de alguns assuntos, de forma a tentar relacioná-los com os temas de interesse, carregados de significado. Pudemos, por exemplo, trabalhar leitura oral e redação na própria Roda, que nesses dias durava mais tempo, a partir dos livros trazidos pelas crianças ou dos textos escritos sobre acontecimentos do dia anterior, feitos como parte da lição de casa, em 1986; ou ter várias aulas de matemática seguidas, num mesmo dia, adiando aulas de linguagem, como no caso em que o Sistema Métrico Decimal foi desvendado durante as medições do mobiliário para o cenário do teatro com a classe de 1987.

O Diário também ajudava a observar o desempenho individual das crianças, pois fazia ali alguns comentários delas. Estas anotações ajudavam a redigir os relatórios individuais, também feitos bimestralmente. Eram relatórios avaliativos sem, no entanto, atribuir notas. Descrevia o desempenho de cada uma, tanto em relação aos conteúdos quanto a sociabilidade, iniciativas e interesses demonstrados.

Entregava esses relatórios às crianças, que os liam em classe, de forma que podíamos comentá-los individualmente, antes de serem entregues aos pais. Afinal, a avaliação fazia parte do trabalho diário com as crianças, fazia parte do processo, de Rodas e Registros. Os cadernos e fichas,[54] outras formas de registrar e construir os conhecimentos, também eram avaliados. Mesmo sem atribuir notas, fazia comentários e anotações, apontando o que precisava ser refeito ou corrigido. Dessa maneira, as avaliações tinham como objetivo indicar as "setas do caminho",[55] para promover aprendizados, e não classificar ou reprovar.

O Diário do professor ajuda então não só a construir uma maior coerência interna, através da observação das próprias ações no confronto com as ideias defendidas, mas também a construir pontes entre diferentes territórios: entre as "matérias escolares", através de uma atitude interdisciplinar; entre escola e vida, através de aprendizagens significativas e entre a(s) teoria(s) e a prática do professor, abreviando a distância entre ensino e pesquisa, entre o professor e o pesquisador.

Situando atores e palcos – os alunos, as classes e a escola

É importante destacar algumas características da escola a que pertenciam as salas de aula das quais falarei adiante. Era uma escola particular de São Paulo, localizada no bairro de Pinheiros. Uma escola pequena, com cerca de 160 alunos distribuídos em sete classes de educação infantil (duas no período da manhã e cinco à tarde) e as quatro primeiras séries do ensino fundamental, funcionando no período vespertino, uma classe de cada série. A 4ª série era, portanto, dos alunos mais velhos dessa escola, que deveriam mudar para outra no ano seguinte, uma situação que causava orgulho por um lado e, por outro,

---

54. Não utilizávamos livros didáticos. As fichas eram o material pedagógico desenvolvido pela escola e eram renovadas periodicamente, quando necessário. Continham textos para leitura e interpretação, e exercícios de diferentes tipos e áreas do conhecimento.

55. Jussara Hoffmann aprofundou essa abordagem da avaliação em vários livros, já evidente no título de um deles: *Avaliar para promover: as setas do caminho*. Porto Alegre: Mediação, 2001.

ansiedade. Nas 1ª e 2ª séries a média era de 15 alunos por classe, mas nas turmas de 4ª série esse número era muito reduzido, devido a uma evasão que se iniciava na 3ª série, motivada pela ausência de continuidade ali do ensino fundamental.

Como consequência da evasão, as classes de 4ª série tiveram em 1985, 1986 e 1987, respectivamente, dez, dez e oito alunos.

Geralmente, classes pequenas favorecem o professor quanto a um conhecimento mais individualizado de seus alunos e um maior "controle" da classe e da situação de aprendizagem. Do ponto de vista dos alunos, entretanto, a presença do professor fica muito mais marcante e a variabilidade de trocas entre seus pares fica prejudicada.

Em turmas maiores, pelo contrário, as trocas podem ser enriquecidas pela diversidade entre os vários colegas da classe.[56]

Em 1986 e 1987, o número exageradamente reduzido de alunos propiciava uma cristalização dos papéis que cada um desempenhava na dinâmica grupal. Isto acontecia, por exemplo, através da rotulação de uma criança a partir de uma característica que a evidenciava no grupo, o que a levava a restringir suas possibilidades de ser.

Em função dessas características das duas classes, seria de vital importância incrementar a troca entre as crianças, possibilitando que experimentassem diferentes papéis em projetos coletivos e intensificando o autoconhecimento. A Roda seria então uma prioridade.

A descrição das vivências das duas classes de 4ª série, que aparece nos próximos capítulos, "Primeiro ato" e "Segundo ato", respectivamente, foi feita a partir de três fontes principais: do resgate de memória, das anotações em meu Diário e dos materiais diversos das crianças, entre textos, desenhos, bilhetes e fotos. A transcrição dos trechos do Diário

---

56. Não estou considerando aqui as situações extremas: quando um professor muito autoritário consegue exercer grande controle, mesmo sobre classes muito numerosas, nem o oposto, em que a falta de diretividade pode acarretar indisciplina e um clima insatisfatório para a aprendizagem, mesmo com um número muito reduzido de alunos. Nesses dois casos, não há liberdade.

foi feita da maneira mais fiel possível, sem preocupação com correções gramaticais ou sintáticas, de forma a permanecer a linguagem espontânea, mais próxima à oral, utilizada nesses registros.

Obviamente não seria possível, nem produtivo, inserir todo o material disponível na descrição. A seleção foi feita procurando enfocar a problemática até aqui levantada. Portanto, priorizei nas descrições as atitudes em relação ao conhecimento, tanto da professora quanto dos alunos, mas também a relação estabelecida entre ambos. A partir desse direcionamento, escolhi três principais eixos: a Roda, o Diário, e a construção da autoridade, que considero clarificadores da relação estabelecida entre os sujeitos e deles com o conhecimento.

Acredito encontrar na descrição uma boa forma de aproximar o leitor da vivência desta atitude, pois ela pode propiciar que ele participe do cotidiano, como um convidado que participa das Rodas, ouvindo as falas e refletindo, a partir de suas próprias experiências de vida. Integrá-lo mais amplamente significaria registrar suas reflexões, inserindo sua voz no diálogo, realimentando o crescimento grupal.

A escolha de 1986 e 1987 como palcos da descrição teve como razões:

a) Os Diários desses dois anos trazem, além das descrições do vivido, as reflexões suscitadas por elas. Nos anos anteriores, os Diários eram quase que exclusivamente descritivos. Passar a registrar as reflexões foi um movimento espontâneo, que foi se intensificando aos poucos e acabou por explicar as transformações que vinham ocorrendo em mim: de uma formação docente baseada quase que exclusivamente na prática[57] para a busca de um aprofundamento teórico, mesmo que, sempre, em profundo

---

57. Assumi a primeira classe em 1983, numa turma de educação infantil, sem ter frequentado um curso de formação de professores. Naquele ano, iniciava o curso de Pedagogia e a participação no grupo de Madalena Freire.

diálogo com as práticas. Esse aprofundamento teórico se dava junto com uma conscientização da teoria imersa em qualquer prática e do diálogo com pensadores e atores das áreas de Educação e de outras, como da Psicologia, Sociologia e Filosofia, por exemplo. Esse caminho me levou aos cursos de pós-graduação, em que eu poderia encontrar interlocutores diversos e avançar em meu amadurecimento profissional.

b) Selecionei os dois anos, e não apenas um, por perceber que eles se complementavam, ao destacar diferentes aspectos daquela atitude, denominada "atitude interdisciplinar" pela Ivani Fazenda e seu grupo de pesquisas na pós-graduação, do qual fiz parte durante três semestres. A prática de 1986 evidenciava, principalmente, a importância da Roda e da participação individual em projetos coletivos, através do autoconhecimento. A de 1987 trazia evidências da reflexão sobre o ato de registrar e sobre a reconstrução da autoridade do professor (da professora, no caso). Aproveitei, inclusive, essas características do trabalho de cada ano para direcionar a descrição e a interpretação: em 1986, mais centradas na Roda e, em 1987, no Registro.

c) A descrição do vivido com as duas classes é uma oportunidade para salientar que cada classe é única, diferente das outras, mesmo em condições semelhantes de trabalho. Por exemplo, as duas classes eram de uma mesma escola e de uma mesma série (o que significa cobranças semelhantes com relação ao conteúdo e aos objetivos) e tiveram a mesma professora, que enfatizava, nos dois casos, a importância da Roda e do Diário. Apesar de todas essas semelhanças, a dinâmica e os rumos do trabalho com cada uma foram diferentes. Observar os rumos próprios que cada classe seguiu é, então, uma oportunidade para pensarmos na questão dos modelos e padrões que, muitas vezes, acabamos seguindo sem levar em conta as características individuais que encontramos entre os alunos e aquelas próprias de cada classe.

É importante ressaltar que as vivências desses dois anos fazem parte de um processo que já vinha se desenvolvendo anteriormente. Algumas das experiências vividas com essas classes iniciaram como recriação de anteriores. Porém, depois de algum tempo, através dos significados e caminhos próprios seguidos por cada classe, aquilo que era "velho", tomado de empréstimo de vivências anteriores, transformava-se em algo original. É neste sentido que as experiências anteriores são a mola da criação.

Falarei um pouco da 4ª série de 1985, ano que antecedeu os dois que serão relatados, para verificar que muitas peças dos "cenários" de 1986 e 1987 já vinham sendo construídas desde minha entrada na escola, em 1985, ano em que atuei, pela primeira vez, com classes do ensino fundamental.[58]

Os primeiros ensaios no ensino fundamental

O ano de 1985 foi marcado pela adaptação aos espaços da escola, às rotinas de trabalho, pelo conhecimento das pessoas, da estrutura e funcionamento do ensino fundamental e dos conteúdos da 4ª série. Mas foi marcado também pelas expectativas e dúvidas que trazia: seria possível desenvolver um trabalho com significado no ensino fundamental, que não se restringisse a transferir informações, mas que fizesse

---

58. Antes desta escola, havia trabalhado em outra, em seus primeiros anos de existência, com crianças de quatro anos, também fazendo a Roda e escrevendo Diário, que funcionavam como "alicerces" para elaboração diária dos planejamentos. Mas ali não havia qualquer parâmetro curricular, de modo que o trabalho com as 4ªs séries representava um grande desafio, pois haveria conteúdos mensais obrigatórios que determinariam, em grande parte, os planejamentos.

sentido na vida das crianças? Como e quando trabalhar com a Roda, tendo matérias a serem dadas em aulas de cinquenta minutos? Daria para conciliar o prazer e a criação com o conteúdo exigido? Como lidar com a autoridade do professor de forma a não tolher a espontaneidade e o espaço de criatividade das crianças? Eu não queria ser a "bruxa" que destrói o prazer e a vitalidade das crianças.

Juntamente com essas expectativas e a inexperiência com o ensino fundamental, que me faziam estranhar desde a escrita na lousa (que nunca saía reta) até as carteiras enfileiradas e todos olhando para mim, enfrentei uma primeira classe particularmente difícil. Era um grupo com crianças de personalidades fortes, algumas repetentes, que questionavam muito, num clima de ansiedade e agitação. Alguns elementos intensificavam essa situação: a escola acabava de mudar de casa, e de bairro, e chegava uma professora novata ao pequeno grupo docente. Muitas mudanças ao mesmo tempo. Não sei o quanto a inexperiência e a insegurança da novata contribuíram para esse clima.

Como é possível supor, foi difícil construir minha autoridade junto a esse grupo, isto é, definir os papéis de cada um, pois era justamente essa a dificuldade deles, e a minha também.

Com medo de ser autoritária, e povoada pelas expectativas de uma maior participação das crianças no processo de aprendizagem, caí, em vários momentos, no extremo oposto. Acabava assumindo uma postura "espontaneísta", esperando demais das crianças quanto à organização, deixando de dar a elas os referenciais necessários. Com a desorganização daí resultante, via-me obrigada a gritar ou tirar um ou outro da sala. Tentando fugir do autoritarismo, acabava me tornando presa dele. Crescia o desafio de desvendar como poderia assumir o papel da professora. Essas experiências mostravam-me que fadas não existem.

Foi um ano muito difícil, sendo checada a todo momento pelas crianças e pela responsabilidade assumida. Diariamente eram várias as situações de conflitos e confrontos. Era um objeto que sumia da carteira de alguém, pego por outro, implicâncias variadas, reclamações do barulho e da bagunça que impedia a concentração dos que tentavam estudar, que por sua vez me cobravam providências e soluções. Que eu não tinha. Lembro-me de um episódio que foi marcante. Um deles afanou minha borracha, num ato de provocação. A pendenga levou semanas. Eu percebia que não poderia deixar passar aquela situação sem assumir as rédeas. A posse da borracha era também a posse simbólica do poder. Eu levei o assunto ao grupo de formação da Madalena Freire, no qual aprendia que o professor tem que assumir sua autoridade no grupo. Sem isso, surgem lideranças para ocupar o lugar da autoridade vacante. E a baderna se instala. Eu intuía que o desfecho do episódio da borracha estaria relacionado com a confiança que poderiam depositar em mim para ajudá-los nas questões de relacionamento e para ensinar-lhes algo (uma capacidade que eu também não tinha certeza de possuir, pois era minha estreia como professora e estudava os conteúdos curriculares em paralelo). Eu percebia que minhas reações e atitudes me expunham diante do grupo todo. Expunham minhas fragilidades para lidar com situações como aquelas (e que habilidade têm as crianças para identificar fragilidades nos outros!). Eles não sabiam, mas eu engolia o choro na frente deles e desabava na sala da coordenadora pedagógica.

Quase desisti no final do primeiro semestre, quando procurei (e encontrei) outro emprego. Na hora H resolvi ficar, pois percebia que "fugir" não adiantaria. Não se tratava apenas das características das crianças, sem limites ou respeito, mas também de minhas próprias dificuldades de assumir e ser autoridade.

Felizmente, contava com uma rara e especial ajuda: a cumplicidade da coordenadora pedagógica daquele ano que, incondicionalmente, me apoiava, sem deixar de criar oportunidades para que eu percebesse e experimentasse outras formas de agir. Sua atuação me dava o consentimento para a procura do novo, assumindo comigo propostas diferentes, como a de fazer a Roda e outras que inventávamos. Tais propostas desenvolvidas dentro de uma única classe poderiam representar ameaças à estrutura e padronização tão comuns nas instituições. Seu modelo de coordenação marcou-me profissionalmente e me guiou quando, anos depois, assumi a função de coordenadora em outras escolas.

Além de apoiar propostas inovadoras, Lidia encarava meus "erros" como partes necessárias do aprendizado do ser professora e autoridade. Ela me acompanhava e proporcionava um afastamento emocional e um olhar a distância, favorecendo minha reflexão sobre o que eu vivia. Como diz Pierre Furter, "refletir é olhar a própria ação de uma maneira particular e a distância. É tomar uma certa distância para melhor julgar o que se está fazendo, ou o que se fez, ou o que se fará".[59]

Lembro-me, por exemplo, da polarização entre meninos e meninas e da proposta da Lidia: fazermos um baile, pois aquela polarização poderia ser manifestação do desejo de se conhecerem e se aproximarem do sexo oposto. Lançada a ideia do baile, a mobilização das crianças foi imediata. "Um baile à noite na escola?" Tinham muito trabalho pela frente. Nascia um projeto coletivo e muito o que conversar nas Rodas para conseguir realizá-lo. A energia e o desejo de conhecer foram canalizados e meu papel na organização das conversas ganhava novo sentido e propósito.

Lidia foi educadora, no sentido verdadeiro da palavra, acreditando que a escola não é lugar de educação só das crianças, mas também dos profissionais que ali trabalham. Assumindo minha formação, estava também se comprometendo e se arriscando.

Atribuo a essa parceria a transformação progressiva da relação pedagógica estabelecida com os alunos. O enfrentamento das dificuldades com relação à autoridade foi se dando diariamente, através das vivências em Roda, das aulas com as crianças, dos registros no Diário, das conversas sistemáticas com a coordenadora e das partilhas no grupo da Madalena.

---

59. Furter, Pierre. *Educação e reflexão*. Rio de Janeiro: Vozes, 1970, p. 28.

No final do ano, havíamos conseguido não só a definição dos papéis e a organização do grupo, como a execução de projetos coletivos. Projetos esses que não foram apenas o resultado da organização, senão também um de seus responsáveis, pois foram oportunidades das crianças experimentarem a divisão das tarefas. Nessas ocasiões, cabia a cada uma a responsabilidade pela execução de uma tarefa, obedecendo ao prazo combinado. Do mesmo modo, era uma oportunidade para que eu assumisse a direção e organização geral das tarefas individuais. Entre esses projetos, houve atividades em sala que lidavam com os conteúdos, como a atividade de fazer um bolo, em que aproveitávamos para trabalhar com os sistemas de medida e outros aspectos do currículo, além das festas e dos passeios.

Conseguimos também construir um vínculo forte, não só entre as crianças, mas também delas comigo. Um vínculo que beirava a amizade. Um dos canais dessa construção foi a escrita. Desde o início do ano, escrever e ler as redações eram as atividades prediletas. Organizamos as redações de todos em um fichário coletivo, com uma divisória para cada um. Folhear e ler as redações eram atividades disputadas quando os alunos acabavam uma tarefa. Também escreveram textos coletivos, registrando algumas dessas atividades (Figura 1).

Além das redações individuais e coletivas, a escrita era usada regularmente como canal de comunicação. Por exemplo, escreviam bilhetes como resposta aos relatórios individuais de avaliação (aqueles entregues aos pais). Ou então, quando alguma criança precisava faltar, escrevia um bilhete para a classe que era, muitas vezes, respondido e enviado a ela através de um irmão juntamente com a lição de casa (Figura 2).

Figura 1 – Texto coletivo contando a atividade de fazer um bolo

a Massaroca Maluca

a Cecília, nossa fessora, encucou d'! agente estudar gramas e quilos. Então arranjamos uma maneira interessante de trabalharmos se divertindo. Cada um de nós trouxe um ingrediente para fazer o bolo. a Bia estava pesando a farinha, quando Christiano pôs a mão na farinha. Quando a massa do bolo já estava pronta e já havia colocado na forma, Pedro alertou a Cecília de que o fermento não tinha sido posto na massa. Quando a massa já estava pronta, descemos correndo com a Cecília e na porta da cozinha ela levou um escorregão. Enquanto o bolo assava, fizemos uma fila para mexer o glacê. Depois subimos para a classe e juntamos a idade de todos e o resultado foi 131 que aproveitamos o número 131 para servir de velinhas para por em cima do bolo.

Cecília cortou o bolo em quadradinhos pequenos e distribuímos um pedaço para cada um.

No fim do bolo, Bia lembrou que não tínhamos colocado as velinhas. Cantamos parabéns e o bolo estava uma delícia!!!!!

Figura 2 – Bilhete justificando a falta à escola

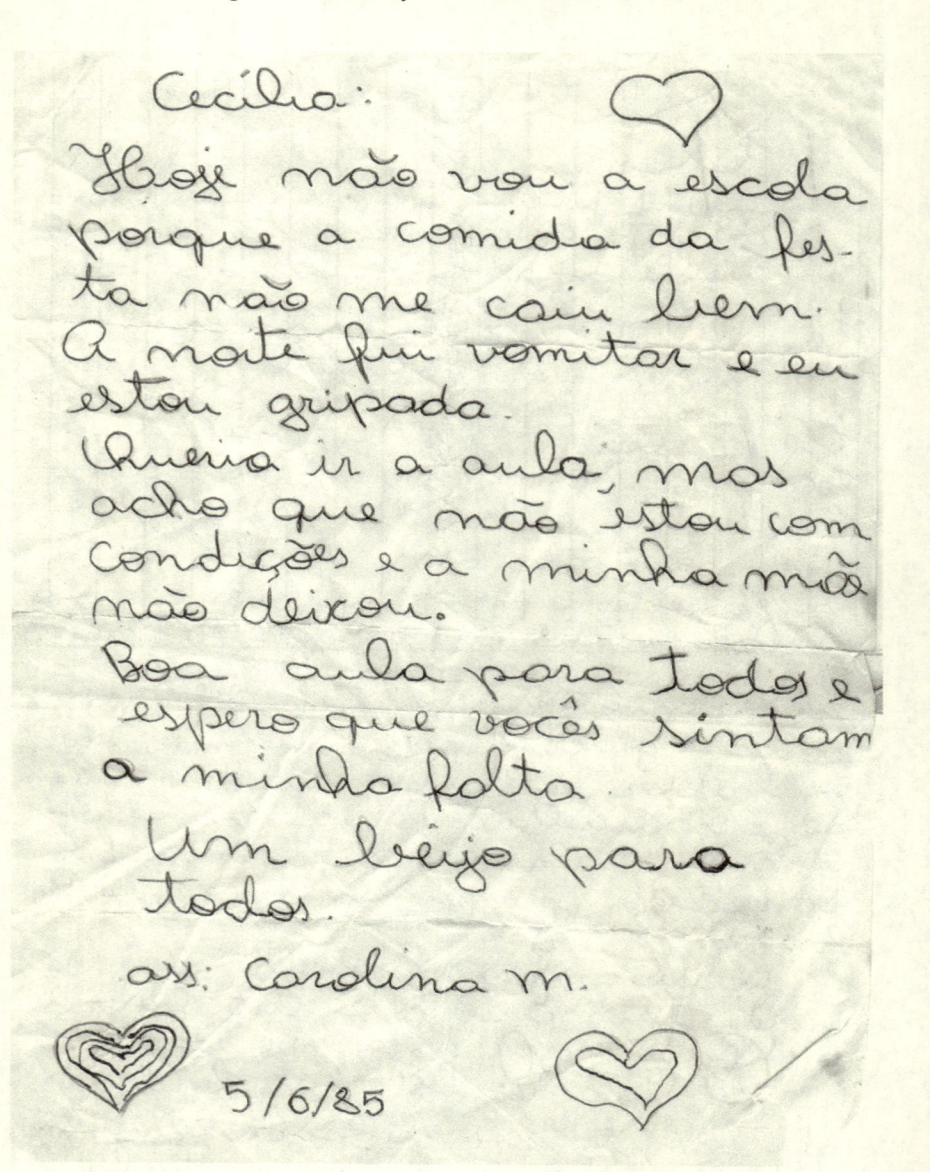

A troca de correspondências foi um importante veículo de aprendizagem. Por exemplo, as cartas e os cartões que recebi durante as férias de julho, quando planejava sair da escola, mostravam que, apesar de todas as dificuldades, tínhamos vivido experiências significativas e não apenas escolares e chatas. Uma delas, por exemplo, serviu como incentivo para que eu ficasse na escola, como o trecho do bilhete: "Com ou sem vontade de fazer uma coisa que é necessária, dou tudo o que tenho" (Figura 3). Parecia que esta aluna havia sentido meus planos (ou poderíamos falar em sincronicidade?).

Em outra carta, no final do ano, observei que não só para mim tinha valido muito a pena "assumir e aguentar a barra" (Figura 4).

Ficou a lição de que vale a pena enfrentarmos as dificuldades e os desafios, pois são a mola do crescimento.

Mesmo após terminarem as aulas, a troca de cartas com algumas crianças prosseguiu até 1987, quando já estavam na 6ª série em outras escolas (Figura 6).

Avaliando o trabalho desse ano e observando a importância e a utilidade que a escrita teve como veículo e vínculo entre o grupo, como Registro das experiências significativas e como experiência significativa ela própria, planejava promover várias dessas oportunidades para a próxima classe que assumisse.

Além desse aspecto, verifiquei ser não apenas possível o trabalho com a Roda, como também muito enriquecedor, pois havia contribuído tanto em relação à construção dos vínculos e à definição de papéis, como também na articulação dos conteúdos em direção às aprendizagens significativas com os projetos interdisciplinares.

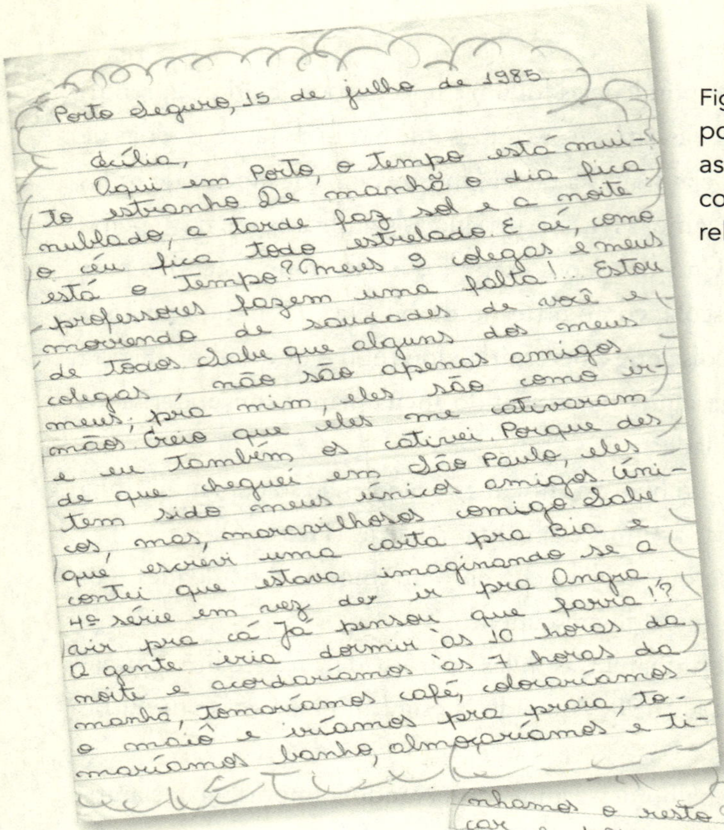

Figura 3 – Carta escrita por uma criança durante as férias de julho, com comentários sobre o relatório individual

Porto Seguro, 15 de julho de 1985.

Cecília,

Aqui em Porto, o tempo está muito estranho. De manhã o dia fica nublado, a tarde faz sol e a noite o céu fica todo estrelado. E aí, como está o tempo? Meus 9 colegas e meus professores fazem uma falta! Estou morrendo de saudades de você e de todos. Sabe que alguns dos meus colegas, não são apenas amigos meus; pra mim, eles são como irmãos, creio que eles me cativaram e eu também os cativei. Porque desde que cheguei em São Paulo, eles têm sido meus únicos amigos únicos, mas, maravilhosos comigo. Sabe que escrevi uma carta pra Bia e contei que estava imaginando se a 4ª série em vez de ir pra Angra vir pra cá. Já pensou que férias!? A gente iria dormir às 10 horas da noite e acordaríamos às 7 horas da manhã, tomaríamos café, colocaríamos o maiô e iríamos pra praia, tomaríamos banho, almoçaríamos e ti...

...raríamos o resto do dia pra brincar e passear por aí. Mas, só estou imaginando. Porque Porto Seguro é muito longe de São Paulo. Até se vê logo.

Beijos

Luana

bilhete do relatório

Adorei o meu relatório individual e acho que você me ajudou muito a receber estes elogios e essas coisas boas que você escreveu nele. Se ajudei meus colegas durante o 1º semestre deu o melhor que pude. Porque com ou sem vontade de fazer uma coisa que é necessário eu dou tudo que tenho. Você também é uma professora maravilhosa.

Beijos

Lu

TE ADORO

Figura 4 – Carta escrita no final do ano[60]

---

60. Chubri foi o apelido carinhoso que as crianças dessa classe me deram.

Figura 5 – Carta escrita por um aluno no final do ano

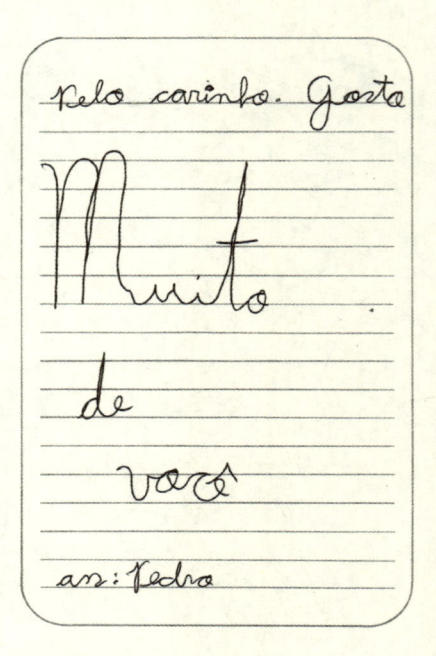

Figura 6 – Carta escrita por uma criança em 1987
quando estava na 6ª série em outra escola

Percebo que as dificuldades enfrentadas com esta classe estavam relacionadas com a coincidência dos desafios das crianças e meus: enfrentar a(s) autoridade(s). Esta postura das crianças era muito clara em suas colocações e manifestações de rebeldia, características da pré-adolescência (vivida por elas com intensidade). Em mim, esta postura evidenciava-se na crença, ingênua, de que abrindo espaço para a expressão e crítica das crianças, estaria abolindo o autoritarismo do professor. Era uma necessidade comum, uma sincronia. Com a oportunidade de vivê-la, pude aprender que a autoridade engloba o ser bruxa e o ser fada. Uma ou outra sozinha seria perigoso. Mas, juntas, se equilibravam e podiam promover aprendizagens e encontros importantes, onde, quem sabe, existisse mesmo alguma coisa de magia.[61]

A dosagem de minha autoridade e do espaço das crianças nos encaminhamentos do dia a dia foram desafios que marcaram os três anos de trabalho naquela escola. Acredito que estejam relacionados com o desejo de aprender o que não consegui nos anos de minha educação. Cresci durante anos da ditadura militar, época em que o silêncio e o medo despertado pelo autoritarismo estavam por todos os cantos, inclusive nos corredores do colégio de freiras onde estudei. Somente vinte anos depois, quando lá retornei como orientadora pedagógica, fiquei sabendo que o livro *Brasil: nunca mais* foi escrito numa pequena construção, dentro daquele colégio e durante os anos em que lá estudava. Como orientadora pedagógica, convivendo com algumas daquelas freiras e profissionais que lá ainda permaneciam, percebia a repercussão ainda viva no que se referia a lidar com a autoridade, e diferenciá-la do tão doído autoritarismo vivido na pele, em alguns

---

61. Refletindo agora, ao revisar o livro para sua 5ª edição, trinta anos depois daquelas vivências com as crianças, acredito termos tocado numa função transcendente (do ponto de vista junguiano), responsável pela construção da qualidade daqueles vínculos pessoais, por associar conteúdo consciente e inconsciente. Tivemos alguns reencontros recentes da classe, após terem se separado por três décadas. E pudemos nos emocionar ao resgatar aquelas vivências. O episódio da borracha ainda era lembrado por alguns deles.

casos, literalmente, senão daqueles educadores e de meus pais, mas de muitos de seus amigos.

Após aquele primeiro ano, no qual a balança pendia exageradamente para o lado das crianças, parti para uma nova oportunidade de construir e conhecer-me como autoridade. Esta oportunidade se deu junto a outra classe, a 4ª série de 1986.

Primeiro ato

O desenho na página anterior foi feito por um aluno, em 1986, como parte de um livro construído coletivamente, expressando o momento da Roda. Atores do primeiro ato: *Alexandre, Ana, Âmata, Fábio, João, Marcelo, Ricardo, Sami, Thiago, Yan e Cecília.*

Introdução

A descrição que se segue tem como objetivo contar cenas do cotidiano vivido com a 4ª série de 1986. O enfoque principal será dado à forma como o conhecimento de si e do mundo foi sendo construído à medida que o diálogo entre todos se processava. Por isso, o principal cenário deste "ato" é a Roda.

Da organização do trabalho à construção de intersubjetividades

Este novo grupo de crianças trazia características muito diferentes do anterior. Era formado, em grande parte, por filhos de intelectuais e artistas, o que caracterizou o clima do grupo: crianças muito criativas e interessadas pelo conhecimento de modo geral. Traziam quase todos os dias novas ideias para pesquisas e curiosidades sobre o mundo. Certamente eu também estava mais disponível e aberta para ouvir e incentivar estes desejos do que no ano anterior. Novamente, houve coincidência quanto aos meus próprios desafios que, naquele ano, eram centrados na verificação da possibilidade de aprendizagens significativas no ensino fundamental, diante de um currículo obrigatório, isto é, na aproximação dos conteúdos escolares e dos significados da vida das crianças (e meus).

Esta nossa sincronia de significados fez com que o encontro de uma rotina de trabalho se tornasse o maior desafio, pois, a cada novo dia, novas ideias surgiam, vindas das crianças ou de mim. E, assim, a rotina de trabalho era constantemente ameaçada pelos novos desejos. Felizmente, eu contava com uma ajuda: o conhecimento dos conteúdos que seriam trabalhados com a 4ª série, durante todo o ano, pois aprendera durante o trabalho com a classe anterior.

A segurança proporcionada pelo conhecimento dos conteúdos ajudou-me em duplo sentido. Por um lado, a conduzir, com firmeza, o processo que vivíamos e, por outro, a ouvir as novidades levadas pelas crianças e observá-las em suas atividades e brincadeiras espontâneas. Dessa maneira, o casamento entre os conteúdos e os interesses das crianças em atividades significativas foi muito facilitado.

Nesse contexto, a organização do trabalho diário e o respeito às rotinas estabelecidas foram os eixos dos primeiros meses com a nova classe, no sentido de que eu conseguisse garantir a efetivação dos projetos, para que não ficássemos maravilhados pelas possibilidades de criação sem nada realizarmos.

Iniciávamos o dia com uma Roda de quinze minutos e o encerrávamos com outra, também de quinze minutos. Além dos assuntos variados que caracterizavam as duas Rodas, cada uma tinha uma finalidade. Na primeira, ocorria a organização das atividades do dia, e, na segunda, a avaliação do vivido.

Nestes primeiros tempos de organização de nosso dia a dia, procurava fazer com que a Roda fosse compreendida em sua importância e seriedade, sem que a descontração das conversas e o fato de estarmos sentados no chão fizessem com que aquele momento fosse confundido com um "vale tudo".

Algumas dessas preocupações estão expressas nesses trechos do Diário:

25/02/86

É incrível como eu estou mais organizada! E como isso reflete neles!! Eles são realmente "mais positivos", "mais para cima" que os do ano passado (muito preocupados com disputas entre si e comigo), mas é nítida a diferença do quanto eu os posso ajudar este ano do que eu podia no ano passado [...]

> 06/03/86
>
> [...] Acho que esta minha postura mais aberta possibilita um maior questionamento de minha autoridade [...] mas preciso compensar isto com muita FIRMEZA e... construir esta autoridade junto [...]

Nesse segundo ano de trabalho com a mesma faixa etária, as questões com relação à autoridade não me mobilizaram tanto. Dois fatores contribuíram nesse sentido. O primeiro fator foi o de que eu, interiormente, já tinha me trabalhado um pouco, no ano anterior, adquirindo a convicção de que é necessário assumir o papel da autoridade organizadora do grupo e condutora do processo. Outro fator refere-se às características dessas crianças, que não estavam, como as anteriores, tão mobilizadas para contestar autoridades.

Neste ano, diferentemente do anterior, procurei limitar os momentos de conversas e questionamentos à Roda. Assim fui conseguindo organizar a dinâmica da classe, garantindo tanto a participação das crianças quanto a minha autoridade.

Um exemplo: recebemos um recado dizendo que o professor de educação física não daria a sua aula, que seria a última do dia. Diante disso, surgiu a expectativa das crianças do que faríamos naquele horário: se iríamos para a quadra ou trabalharíamos na classe com os estudos. Trecho do Diário:

> 19/03/86
>
> Não teve Ed. Física. Saquei vontade de aproveitar o horário para (estudo do) Halley e outros para futebol. Perguntavam-me várias vezes o que faríamos e eu dizia: "Vou pensar, coloque sua proposta na Roda." Isto está sendo ótimo, porque fico com tempo para pensar direito e observar a classe, os reais interesses. Assim fica mais na minha mão (sou a autoridade que decide). No entanto, no momento da decisão podemos fazê-la juntos a partir da necessidade que retrato para eles (vontades e necessidades), o que garante a liberdade (e não o autoritarismo).

Retratei o interesse pelo Halley e o futebol e... eles próprios (Thiago) propuseram dividir o tempo da aula (o mesmo que eu havia pensado...).

Nesta situação, ao mesmo tempo que garantia a organização e a continuidade da atividade que fazíamos, não aceitando discutir o assunto no momento em que recebemos o recado, o espaço para o diálogo estaria garantido na Roda do final do dia (antes do horário da educação física).

Era interessante notar a sintonia que ganhávamos enquanto grupo a partir da organização, do aprendizado da espera, do ouvir e do observar. Chamo de sintonia a concordância de pensamentos (e sentimentos) entre os membros do grupo, independentemente de terem sido explicitados. Esta sintonia fazia com que, no momento em que um verbalizava seu desejo, outros identificavam e aceitavam como se já fizesse parte deles.

Vários foram os momentos em que essas "coincidências"[1] ocorreram. Por exemplo, quando alguém ia dar uma ideia nova e o outro a expressava antes. Nessas ocasiões, brincávamos que a ideia havia sido "roubada da cabeça". Entendo essa sincronicidade de ideias como uma amostra da sintonia de significados e da construção de intersubjetividades.

Outra situação que evidencia essas sincronias, decorrentes da vivência grupal, ocorreu em meados de março, quando estávamos sentados em Roda e cada um lia sua redação, que era seguida pelo comentário dos outros. João propôs que juntássemos as redações que seriam escritas até o final do ano para fazer um livro de recordações. Alexandre completou, sugerindo fazermos cópias para que cada um pudesse ter o livro todo.

Apesar de a ideia ter surgido ali e ter sido dada pelas crianças, eu já vinha, há algum tempo, pensando numa forma de encaminhar o trabalho com as redações dessa classe, de modo a aprofundar a experiência com

---

1. Refiro-me ao tipo de coincidência que liga eventos pelo significado, para além da probabilidade de acasos. Essas são as "coincidências significativas", ou sincronicidades, definidas por Carl Gustav Jung.

a classe anterior, que as reuniu no Livro de redações da 4ª série. Eu não havia falado nada do que pensava, nem mostrado o livro do ano anterior. A proposta de fazer um livro com cópias para todos era a solução que eu procurava para que cada um pudesse levar, no final do ano, algumas marcas concretas da construção do grupo.[2] Além disso, essa proposta era um primeiro encaminhamento para prosseguir aprofundando o trabalho com os registros da prática, que havia iniciado no ano anterior.

A partir das ideias lançadas e absorvidas pelo grupo, pude alimentar o desejo (também meu) de intensificar as trocas entre todos. Levei o Livro de redações da classe de 1985 para a Roda do dia seguinte, o que serviu de incentivo e alimento para o projeto que acabava de nascer.

Avaliar e planejar – a rotina diária das Rodas

Ao lado da firmeza com que segurava as rédeas do processo de aprendizagem, tanto nas aulas com as carteiras enfileiradas, quanto nas situações de Roda, a participação das crianças foi crescendo durante o ano. Sem abrir mão da autoridade necessária, íamos cada vez mais conseguindo dividir as responsabilidades quanto ao conteúdo. Isto acontecia na medida em que a motivação e o desejo de saber cresciam.

No início do ano, o planejamento das atividades não era partilhado. Eu comunicava, na Roda inicial, a sequência das atividades do dia e, na Roda final, avaliávamos o que efetivamente tínhamos vivido. Inicialmente, as observações das crianças, nos momentos de avaliação, restringiam-se ao comportamento e às atitudes, sem qualquer preocupação com o andamento dos estudos. Eu, porém, ia dando esse referencial, avaliando do ponto de vista do rendimento dos conteúdos. Às vezes, já

---

2. No final do ano anterior, as crianças não quiseram desmontar o livro para cada um ficar com a sua parte, nem sorteá-lo. Ficou comigo para que pudesse ser lido quando visitassem a escola.

ia introduzindo o planejamento do dia seguinte, em função da avaliação feita. Nessas ocasiões, eu ou alguma criança registrava o que estava sendo dito (Figura 1).

Com este procedimento, trabalhávamos a ideia de que cabia a nós mesmos a responsabilidade do vivido, assim como dos encaminhamentos futuros. Tínhamos como agir sobre o nosso fazer. Não éramos espectadores, mas atores e roteiristas. Sendo a direção assumida por mim.

Planejamento – revendo fôrmas, inventando novas formas

Com o passar do tempo, o planejamento das atividades foi sendo progressivamente partilhado com as crianças, que sugeriam outras formas de trabalharmos algum conteúdo ou propunham inverter a ordem das atividades do dia. Nesta época, começamos a escrever a sequência combinada, o "Horário", na parede, para ser consultado e nos localizarmos temporalmente. Estávamos em meados de maio.

Em agosto, a parceria professor/alunos cresceu e pudemos usufruir da cumplicidade construída de maneira mais intensa. Já estava claro para todos que tínhamos um conteúdo obrigatório a ser cumprido mensalmente, o que restringia o tempo para a execução dos projetos paralelos, que cresciam dia a dia: fazer livros, tabelas para o jogo de futebol, inventar lições e passá-las no mimeógrafo,[3] pesquisar sobre o corpo humano, sobre novas técnicas de desenho, sobre o cometa Halley etc.

---

3. Mimeógrafo era uma copiadora à base de álcool, que utilizava uma matriz escrita em estêncil e continha uma folha de carbono. Ela funcionava com o uso de uma manivela, que fazia rodar o estêncil em um rolo central. Na época dessas classes de 4ª série, esse sistema de reprodução começava a ser substituído pela fotocopiadora Xerox. Com isso, conseguimos que uma dessas máquinas, que não seria mais usada pela escola, fosse deixada com a 4ª série para seus projetos, como o de inventarem lições de casa e passá-las no mimeógrafo. Voltarei a esse assunto mais adiante, ao contar sobre o *Livro do mimeógrafo*.

Figura 1 – Avaliação do dia e planejamento para o dia seguinte, registrado por um aluno no Diário

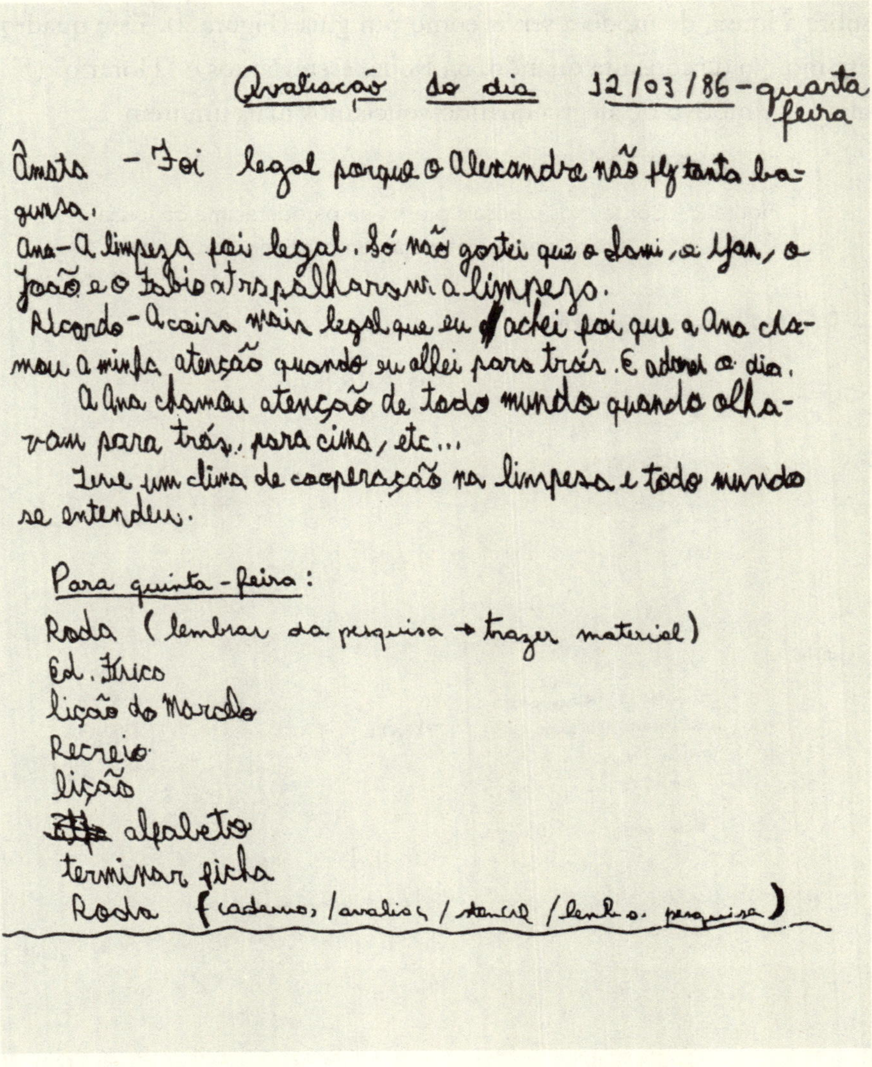
Avaliação do dia 12/03/86 - quarta feira

Âmata - Foi legal porque o Alexandre não fez tanta bagunça.

Ana - A limpeza foi legal. Só não gostei que o Dani, o Yan, o João e o Fabio atrapalharam a limpeza.

Ricardo - A coisa mais legal que eu achei foi que a Ana chamou a minha atenção quando eu olhei para trás. E adorei o dia.

A Ana chamou atenção de todo mundo quando olhavam para trás, para cima, etc...

Teve um clima de cooperação na limpeza e todo mundo se entendeu.

Para quinta-feira:

Roda (lembrar da pesquisa + trazer material)
Ed. Física
lição do Marcelo
Recreio
lição
alfabeto
terminar ficha
Roda (caderno / avaliação / stencil / lembr. pesquisa)

O limite imposto pelos conteúdos era um dado de realidade que precisava ser respeitado, principalmente porque em outubro começariam os "vestibulinhos" para a 5ª série em outras escolas.

Passamos, então, a assumir, conjuntamente, a responsabilidade pelo cumprimento dos conteúdos e a organização do dia. Cabia a mim fixar, mês a mês, um quadro com os conteúdos de matemática e linguagem[4] sobre a lousa, de modo a servir como um guia (Figura 2). Esse quadro era motivo de consulta quando, na Roda, escrevíamos o "Horário" (Figura 3) e motivo de alegria quando vencíamos mais um item.

Figura 2 – Conteúdos mensais presos na parede acima da lousa: "Guia" para os planejamentos diários

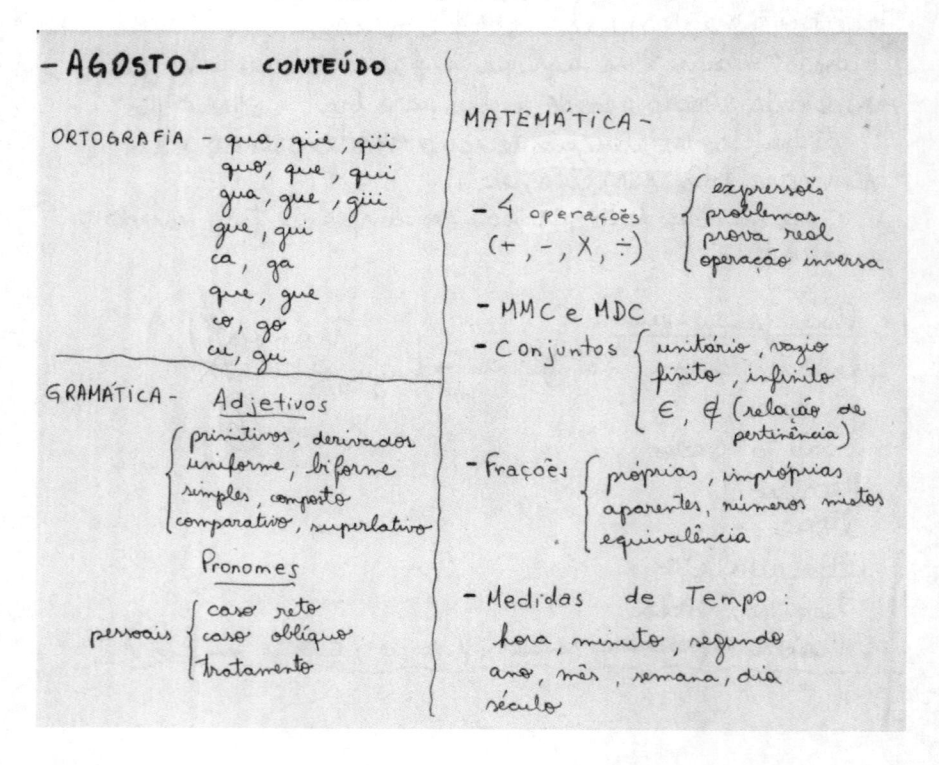

---

4. A obrigatoriedade dos conteúdos a serem trabalhados restringia-se a essas duas áreas. Quanto a Estudos Sociais e Ciências, a proposta da escola era a de desenvolvê-los através de projetos de pesquisa feitos a partir dos interesses demonstrados pelas crianças sem ter conteúdos específicos. O objetivo era aprender a fazer pesquisa.

Figura 3 – "Horários" pendurados na parede com a sequência
das atividades do dia, feitos a partir do "Guia":
os conteúdos mensais presos acima da lousa

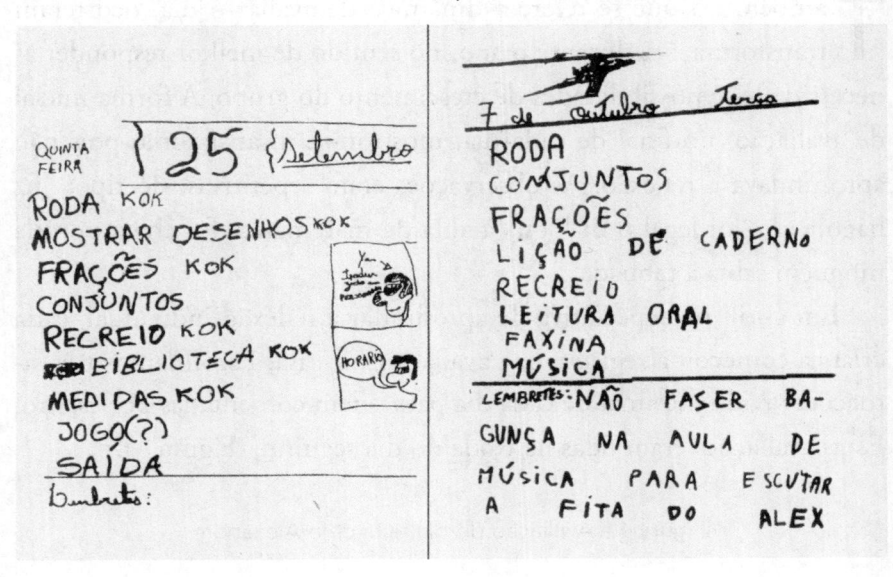

A responsabilidade e o sentimento de estar (se) conduzindo (e não apenas sendo conduzidos) fizeram com que aumentasse a mobilização para o melhor aproveitamento do tempo, de forma que, juntos, vencêssemos os conteúdos e encaminhássemos os nossos próprios projetos, cheios de vida.

Algumas vezes conseguimos integrar o trabalho com os conteúdos e os nossos projetos, mas nem sempre. Veremos alguns exemplos mais adiante. De qualquer forma, apesar da utilização frequente de técnicas tradicionais de trabalho (por exemplo, fichas mimeografadas com exercícios repetitivos, reaproveitadas ano a ano), estava claro que aquela era a forma que dispúnhamos para ensinar e aprender aquela matéria, até que pesquisadores (ou nós mesmos) descobríssemos uma maneira mais interessante.

Esta sistemática de planejar cada dia, tendo como base o quadro dos conteúdos mensais pregados acima da lousa, serviu-nos até o final do ano.

Avaliação – novas formas para cada novo momento

Também no que se refere à dinâmica de avaliar o dia, ocorreram transformações durante o ano, no sentido de melhor responder às necessidades e possibilidades de crescimento do grupo. A forma inicial de avaliação, no final de cada dia, mostrou-se insatisfatória, pois não aprofundava a reflexão. As observações eram repetitivas, do tipo: "fiz bagunça", "foi legal o dia" ou "a aula de matemática foi chata porque ninguém sabia a tabuada".

Em abril, na expectativa de aprofundar a reflexão individual, cada criança começou a registrar sua avaliação em casa. Escolhíamos três situações vividas no final de cada dia para serem comentadas por escrito. Estas avaliações eram lidas na Roda do dia seguinte (Figura 4).

Figura 4 – Avaliação do dia feita pelo Alexandre

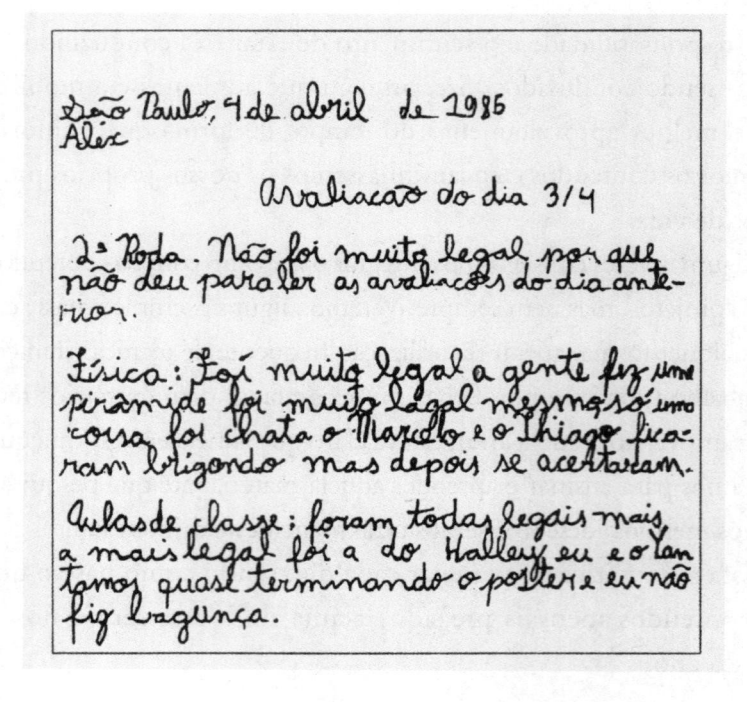

Em meados de maio, mudamos novamente o jeito de avaliar o dia. Percebi que seria hora de alguma mudança, pois frequentemente as crianças deixavam de fazê-la, quando se expressavam: "não deu tempo" ou "esqueci". Refletindo, através da escrita do Diário, sobre o que ocorria, pensei que estas falas poderiam significar algo mais do que a dificuldade e preguiça que a escrita teria mobilizado. Talvez estivessem explicitando a diminuição de motivação e interesse. Procurei, então, uma nova forma, ao mesmo tempo mais desafiante para o novo momento do grupo, e que aprofundasse a reflexão. Registrei, como proposta que lançaria na próxima Roda, a ideia de escrever sobre um assunto apenas, da escolha de cada um, porém, mais longo e descritivo, em vez dos comentários sobre as três situações.

Quando, na Roda do dia seguinte, propus que "avaliássemos as nossas avaliações", explicitando o que eu observava sobre a falta de motivação, sem falar inicialmente de minha proposta, três crianças levantaram a mão para dar sugestões: "As pessoas podiam escrever sobre coisas diferentes..." As três que levantaram a mão iam dar a mesma sugestão! E era justamente o que eu iria dizer também! Desta vez a sincronia foi múltipla... Com esse novo encaminhamento, os textos de avaliação ganharam novamente grande empolgação.

Nessa época, deixamos de fazer a Roda final e, nos últimos cinco minutos, cada um escolhia a atividade ou situação sobre a qual escreveria. Esta era uma das tarefas da lição de casa. Estes textos eram lidos na Roda do dia seguinte, agora com um tempo maior, 45 minutos de duração. Deste modo, iniciávamos o dia com a avaliação do anterior, o que veio a aproximar ainda mais os momentos de avaliação e planejamento.

Estes textos de avaliação do dia significavam o registro da observação e reflexão individual sobre algum aspecto do cotidiano. Eram escritos em caderno especial, escolhido por cada um. Era o Caderninho de Avaliação, ao qual eu não tinha acesso, portanto estavam livres de meus palpites quanto a organização, capricho ou ortografia. Eram de uso particular de cada um, levados à Roda apenas para serem lidos.

Além de "soltar" e desenvolver a escrita, os textos de avaliação do dia possibilitavam um aprofundamento da visão individual. A ênfase já não estava nos comentários do tipo: "foi legal", "gostei disso", "não gostei por aquilo". A valoração passava a ser fundamentada em justificativas baseadas nos fatos, organizados pela descrição. A leitura desses textos já era um convite para os comentários dos outros e a exposição de seus diferentes pontos de vista. Esta dinâmica dava ao texto, nascido individualmente, a dimensão do grupo.

Nesse processo, como professora, eu desempenhava um duplo papel. De um lado, o de garantir, sempre, o respeito pelas opiniões dos outros. De outro lado, o de destacar alguns aspectos do relato, conduzindo e aguçando o olhar no sentido de apreender mais globalmente e com maior coerência as situações. Isto poderia ocorrer através de exemplos de situações semelhantes, vividas pelo grupo, ou criando situações hipotéticas para a reflexão. Os textos impulsionavam as discussões, que funcionaram, muitas vezes, como espelho das atitudes de cada um. Texto individual que vai ao grupo, que, por sua vez, o devolve aos indivíduos.

Dos textos individuais ao nascimento do primeiro livro coletivo

Em junho, iniciamos a execução do projeto, nascido em março, de fazermos um livro. Embora a proposta inicial se referisse às redações, os textos de avaliação eram vividos com tanta empolgação que a decisão foi fazer o livro com elas. Ele seria levado à reunião de pais com o relatório bimestral, pois ali estava registrada a história vivida pelo grupo.

A primeira tarefa do livro foi individual: cada um fez uma pesquisa nos Caderninhos de Avaliação, procurando as avaliações mais importantes, ou de que mais havia gostado. Depois, passaram-nas a limpo, de forma que, fora do caderninho particular, eu pude ler e anotar as revisões a serem feitas obedecendo às normas da língua culta.

Assim, junho foi um mês de intenso trabalho com a linguagem escrita: sequência das ideias, gramática, ortografia, pontuação, parágrafos, além do capricho na letra e a organização na folha. Eram textos que vinham e voltavam, pois eu não escrevia o que estava errado, apenas indicava o local e o tipo de erro,[5] utilizando o Código das Correções (Figura 5), inventado por todos.

Figura 5 – Código de Correções, inventado pelo grupo
para identificar o tipo de "erro" nos textos

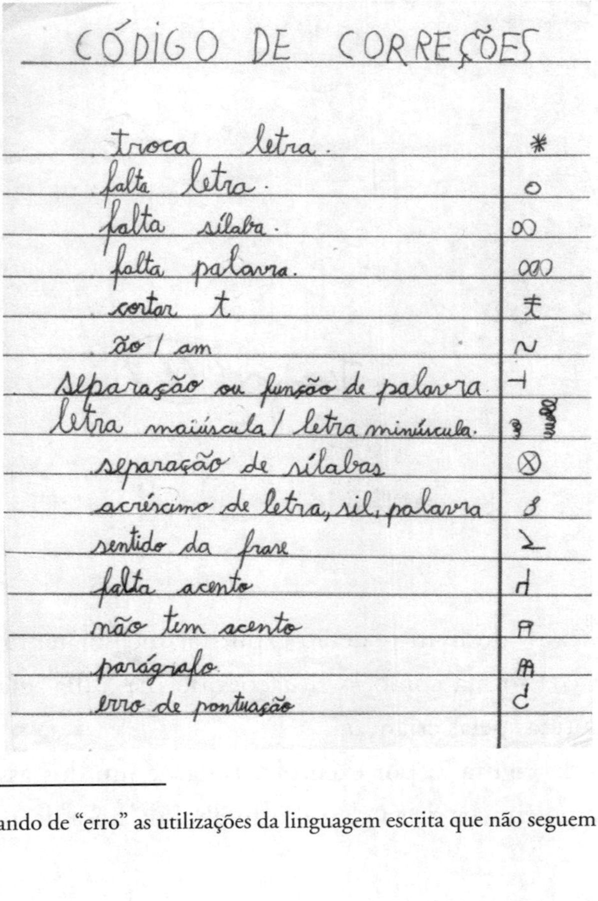

CÓDIGO DE CORREÇÕES

troca letra.	*
falta letra.	o
falta sílaba.	∞
falta palavra.	∞∞
cortar t	ŧ
ão / am	~
Separação ou junção de palavra	⊣
letra maiúscula / letra minúscula.	
separação de sílabas	⊗
acréscimo de letra, síl, palavra	ȣ
sentido da frase	⊻
falta acento	⊓
não tem acento	Π
parágrafo	₥
erro de pontuação	⸗

5. Estou chamando de "erro" as utilizações da linguagem escrita que não seguem a norma culta.

Nesse corrigir e recorrigir os textos entrava o lúdico, num jogo de descobrir os erros. Um jogo que desafiava, mesmo que trabalhoso.

Esta foi uma das atividades em que conseguimos integrar o trabalho com os conteúdos obrigatórios e os nossos projetos paralelos. Mas a integração também se deu entre os alunos, que cooperavam uns com os outros, passando a limpo, ajudando na correção, retocando o desenho do outro ou na organização dos textos em capítulos.

Figura 6 – Capa e índice do *Livro de avaliações* onde foram reunidos textos de avaliação do dia

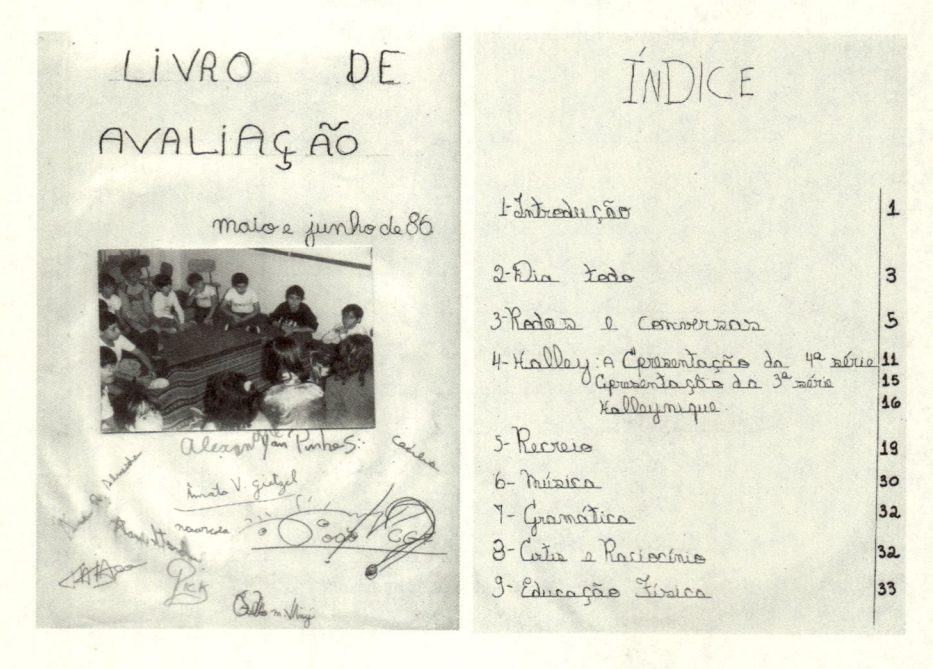

Alguns textos do livro poderão explicitar melhor tanto o seu conteúdo quanto a forma como as situações do dia a dia estavam sendo vistas e discutidas pelas crianças.

O texto da Figura 7, por exemplo, trata de um dos assuntos mais discutidos e polêmicos desta classe: o futebol da hora do recreio. Nele percebemos como a descrição dos fatos possibilitou um espaço para a reflexão individual, iniciada, neste caso, por: "E eu me pergunto..." A leitura desta reflexão incentivou que os outros também se colocassem em seus diferentes (ou semelhantes) pontos de vista.

Percebemos neste texto que quase todos os personagens são tratados pelo nome próprio. Eles são os alunos da 3ª e da 4ª série, que se autodenominavam "os grandes". No entanto, um personagem é tratado por "menino". Este é um dos "baixinhos", isto é, crianças pertencentes às outras classes. O uso da quadra pelos grandes ou pequenos causava polêmica que, sendo levada à Roda, através das avaliações, propiciava discussões sobre justiça, liberdade e diferenças individuais.

Tentar entender o ponto de vista do outro já não é fácil. Aceitá-lo e respeitá-lo é ainda mais difícil. Mas, muitas vezes, as devolutivas do grupo, sob a mediação firme da autoridade, ajudaram nesse movimento. Insere-se nesse contexto a avaliação reproduzida na Figura 8.

Já este texto mostra que a mesma criança que expulsara "o menino" da quadra dizendo: "Sai moleque, dá o fora", agora defendia os "baixinhos" das agressões de um colega "grande". Apesar da mudança de sua atitude em relação às crianças pequenas, ainda "foi bruto" quando se dirigiu ao outro colega.

O autor do texto explicita a visão de alguém que esteve fora da briga, podendo enxergar que "os dois erraram", um por agredir os pequenos e o outro por usar de agressividade ao defendê-los. Assim, a visão de um terceiro auxiliou para que os envolvidos se vissem melhor (Figura 9).

Situações como essa aumentam a sintonia com outras pessoas, desenvolvem e ensinam a empatia. Pesquisadores e educadores têm enfatizado sua importância neste início do século XXI, mostrando que aprendizagem social e emocional complementa a vida acadêmica.[6]

---

6. Goleman, Daniel. "Sintonizando com outras pessoas". *In* Goleman, Daniel & Senge, Peter. *O foco triplo: uma nova abordagem para a educação.* Rio de Janeiro: Objetiva, 2015, pp. 39-57.

Figura 7 – Texto de avaliação do dia escrito pelo Sami

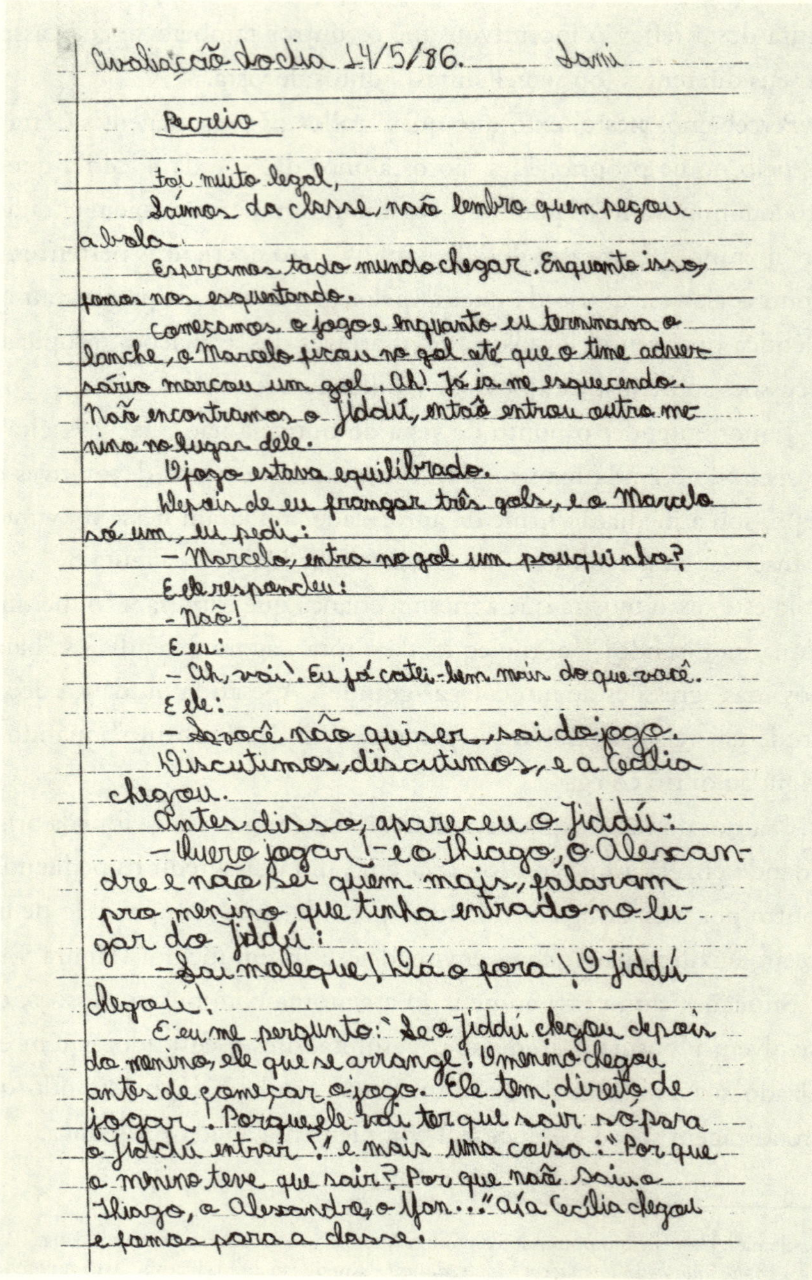

Avaliação do dia 14/5/86.   Sami

Recreio

foi muito legal.
Saímos da classe, não lembro quem pegou a bola.
Esperamos todo mundo chegar. Enquanto isso, fomos nos esquentando.
Começamos o jogo e enquanto eu terminava o lanche, o Marcelo ficou no gol até que o time adversário marcou um gol. Ah! Já ia me esquecendo. Não encontramos o Jiddú, então entrou outra menina no lugar dele.
O jogo estava equilibrado.
Depois de eu frangar três gols, e o Marcelo só um, eu pedi:
— Marcelo, entra no gol um pouquinho?
E ele respondeu:
— Não!
E eu:
— Ah, vai! Eu já cati-bem mais do que você.
E ele:
— Se você não quiser, sai do jogo.
Discutimos, discutimos, e a Cecília chegou.
Antes disso, apareceu o Jiddú:
— Quero jogar! – e o Thiago, o Alexandre e não sei quem mais, falaram pro menino que tinha entrado no lugar do Jiddú:
— Sai moleque! Dá o fora! O Jiddú chegou!
E eu me pergunto: "Se o Jiddú chegou depois do menino, ele que se arranje! O menino chegou antes de começar o jogo. Ele tem direito de jogar! Por que ele vai ter que sair só para o Jiddú entrar! e mais uma coisa: "Por que a menina teve que sair? Por que não saiu o Thiago, o Alexandre, o Mar..." aí a Cecília chegou e fomos para a classe.

Figura 8 – Texto de avaliação do dia escrito pelo João

Figura 9 – Ilustração de um texto sobre briga no futebol do recreio, feita para o *Livro de avaliações*

Além de retratar aspectos da forma de agir de uns e outros, a distância possibilitada pelo ato de refletir permitiu enxergar também as atitudes específicas de alguns indivíduos com o grupo. Cada indivíduo não pode fazer o que quiser porque "os outros que não estão envolvidos são prejudicados" (Figura 10):

Figura 10 – Texto de avaliação do dia escrito pelo Marcelo e passado a limpo pelo Sami

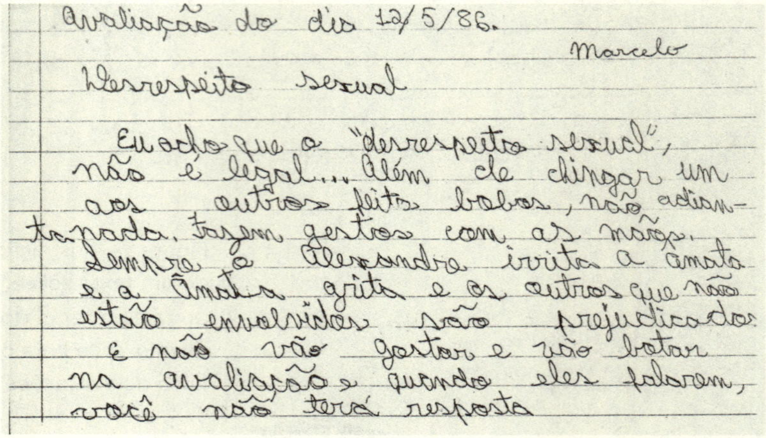

Avaliação do dia 12/5/86.

Marcelo

Desrespeito sexual

Eu acho que o "desrespeito sexual", não é legal... Além de xingar um aos outros feitos bobos, não adiantando. fazem gestos com as mãos. Sempre a Alexandra irrita a Amata e a Âmata grita e os outros que não estão envolvidos são prejudicados e não vão gostar e vão botar na avaliação e quando eles falarem, você não terá resposta

Vemos neste texto que as avaliações também significavam um espaço para a luta por posturas coerentes: "(os prejudicados) vão botar na avaliação e, quando eles falarem, você não terá resposta".

É sob esta perspectiva que entendo que o grupo é o grande espelho dos indivíduos, para que eles possam dizer:

> "Eu não sou você e você não é eu.
> Mas sou mais eu quando consigo te ver mais, porque você me reflete no que eu sou e no que eu não sou.
> E somos um grupo enquanto somos capazes de eu ser eu e você ser você."[7]

---

7. Trecho do texto da Madalena Freire, citado na seção "A Roda" no capítulo "Elaborando o roteiro".

Entretanto, as avaliações não se restringiram aos relatos sobre os comportamentos, desrespeitos ou às situações de recreio. Vários textos relatavam outras aulas ou situações vividas, inclusive, sobre o conteúdo aprendido com prazer, como foi o caso da aula de gramática (Figura 12).

Quando o *Livro das avaliações* ficou pronto, foi intenso o treino da leitura oral para que alguns dos textos fossem lidos no seu lançamento para a escola. Nesta ocasião, as outras classes (inclusive a dos "baixinhos") puderam conhecer o esforço reflexivo da 4ª série.

Entendo que a exposição para toda a escola do trabalho desenvolvido numa classe faz parte de uma atitude que avança limites e convida outros ao diálogo. Por mais que cada classe tenha sua dinâmica própria, ela faz parte de um sistema maior, a escola. Aliás, como não poderia deixar de ser, as crianças menores foram convidadas a avaliar o livro, participando do diálogo reflexivo sobre o cotidiano, agora não mais do cotidiano só da 4ª série, mas da escola.

Figura 11 – Ilustração de um texto sobre o futebol do recreio, feita para o *Livro de avaliações*, pelo João

Figura 12 – Texto de avaliação do dia escrito pela Âmata

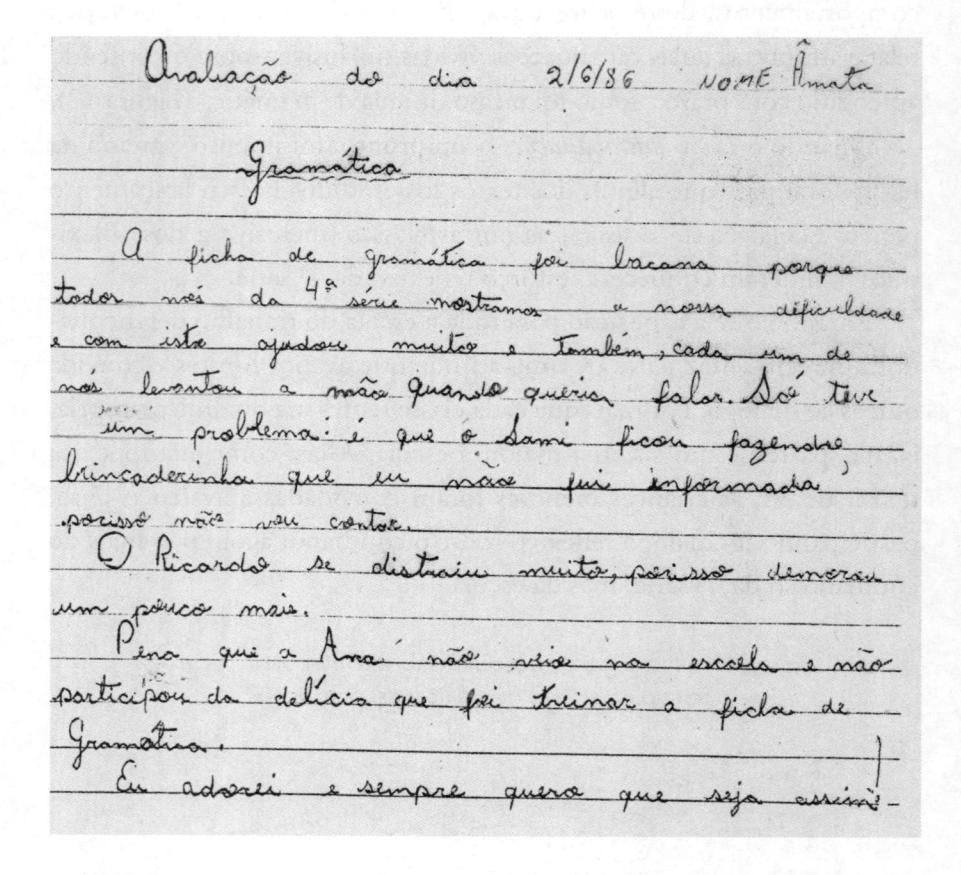

A Roda – momento privilegiado da interdisciplinaridade

A Roda fazia o papel do grande motor da interdisciplinaridade, mais acelerado nesse ano, pois era ali que, através das conversas, íamos descobrindo os interesses individuais, coletivizando-os, elaborando os projetos de pesquisa, integrando-os aos conteúdos da 4ª série e descobrindo os caminhos para a sua execução.

Por exemplo: um assunto chamava outro, que, por sua vez, fazia com que alguém se lembrasse de alguma vivência sua, em casa. Quando a contava para o grupo, este podia ampliar aquela vivência com outras experiências, de forma que o assunto inicial, qualquer que fosse, acabava sendo derivado para a elaboração dos significados individuais e desafiando o grupo a buscar novas informações para aprofundar as suas. Nasciam assim os projetos para a construção dos conhecimentos.

Acredito que a melhor forma de transmitir como esse processo acontecia na prática é convidar o leitor a participar de uma Roda, ouvindo as conversas, as mediações do professor e acompanhando as derivações dos assuntos, desde os individuais até os projetos coletivos. Como esta experiência é impossível de ser feita através de uma folha de papel, é preciso que, através da imaginação, o leitor se transporte para a sala de aula, onde se encontram dez crianças e uma professora, sentados em círculo no chão, sobre um tapete, com o Diário aberto em seu centro, para que ali seja escrita a pauta dos assuntos, à medida que cada interessado levante sua mão.

Como o tempo (e o espaço do papel) é restrito, a "nossa" Roda será vivenciada não integralmente, pois nos tomaria entre trinta e quarenta minutos (e dezenas de páginas). O trecho que será compartilhado corresponde a apenas quatro minutos de conversas.[8] Imagine, leitor, que, ao entrar na Roda, a pauta e o horário das atividades do dia já estivessem prontos. Pela sequência dos assuntos inscritos, chegava a vez de uma criança mostrar o desenho de seu pai, um artista plástico, que se preparava para pintar uma tela. Vemos, através dessa conversa,

---

8. As falas dos balões são transcrição de uma fita gravada. Apesar de estarem todos conversando sobre um mesmo assunto, e a sequência da fala de cada um ser determinada pelo levantar da mão, ocorreu em alguns momentos simultaneidade de falas. É interessante notar que uma criança, Âmata, acabou esperando muito tempo para conseguir mostrar seu livro, insistindo para que sua mão fosse vista e conseguisse falar.

reproduzida em forma de balões a seguir, como ocorreu a articulação entre vários assuntos: o rascunho da tela, um dos temas de matemática (o estudo das frações), curiosidades a respeito do corpo humano e da florescente sexualidade (o que acabou se transformando em projeto de pesquisa), e como se deu o envolvimento da professora de artes e dos pais no trabalho da sala de aula. Esse exemplo evidencia como a contribuição individual é valiosa para a construção de um produto coletivo.

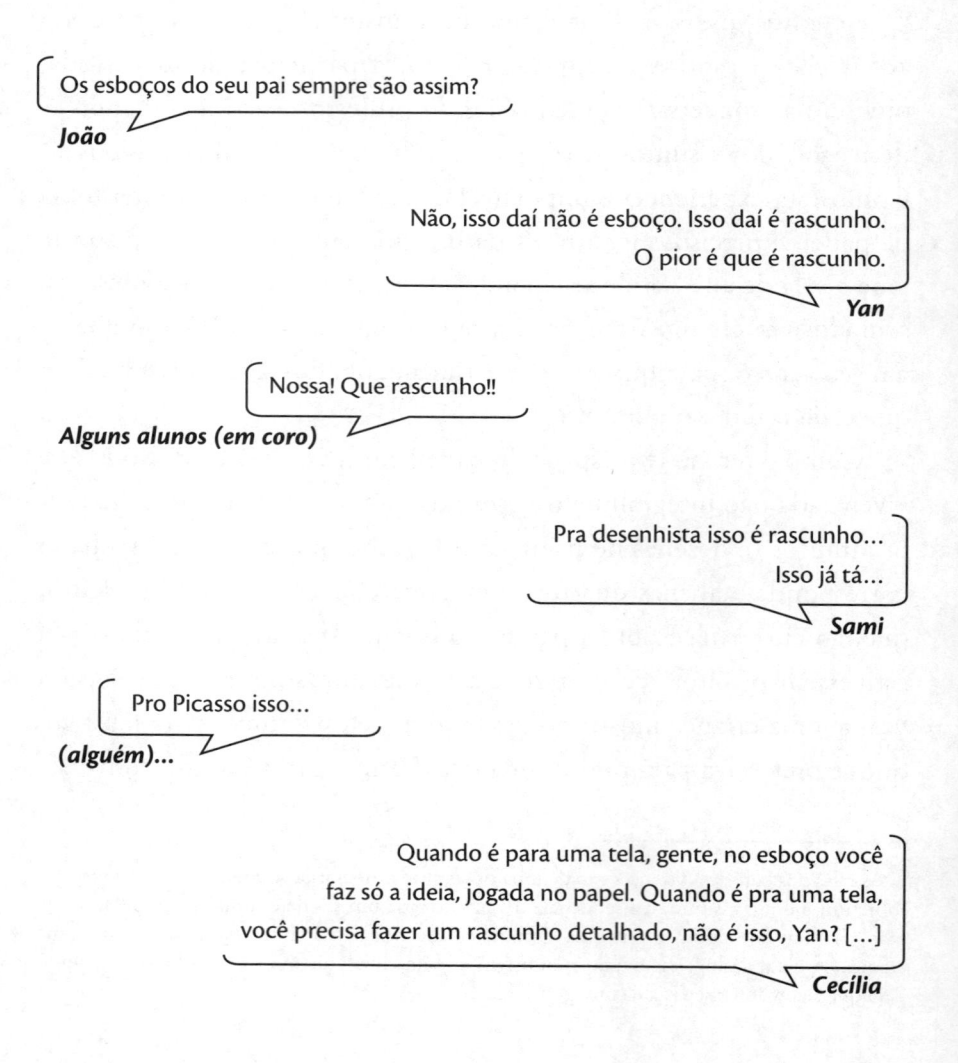

Os esboços do seu pai sempre são assim?

João

Não, isso daí não é esboço. Isso daí é rascunho. O pior é que é rascunho.

Yan

Nossa! Que rascunho!!

Alguns alunos (em coro)

Pra desenhista isso é rascunho... Isso já tá...

Sami

Pro Picasso isso...

(alguém)...

Quando é para uma tela, gente, no esboço você faz só a ideia, jogada no papel. Quando é pra uma tela, você precisa fazer um rascunho detalhado, não é isso, Yan? [...]

Cecília

É, bem melhor.
E tem também as dimensões...

Thiago

Dimensões...?

Cecília

Minha mãe me ensinou, você tem um papel, faz num papel
desse tamanho e depois quer passar para um papelzão,
você tem que ver a dimensão do menino. Você faz a cara,
você tem que dimensionar, o braço, o ombro com a cabeça,
o peito com a cabeça. Até o pé tem que relacionar com a cabeça,
senão você não...

Thiago

...É, porque imagina, você faz uma perna enorme com um corpo pequeno.

Cecília

...Com uma cabecinha e um corpo assim...

Thiago

Eu tenho uma boneca que chama Moranguinho. Ela tem o corpinho
desse tamanho, os bracinhos desse tamanho, a cabeça desse tamanhão...

Ana

Âmata!

**Cecília (dando a vez à Âmata
que estava com a mão levantada)**

É fora de proporção, então?

Cecília

Ô Cecília, tem um livro...

Âmata (tentando iniciar seu assunto)

A cabeça da Moranguinho é assim, o braço é do tamanho de um...

João

Fração...

Fábio (fala baixinho, brincando)

O Fábio está relacionando isso que o Thi falou com frações...
Falou mais brincando, mas tem tudo a ver com fração. Proporção é fração, tá?

Cecília

É.

Thiago

Ô Cecília...

Âmata (insistindo para falar sobre seu assunto)

Falou sem querer...

(alguém...)

Dizem, como é que é, que a cabeça tem uma certa fração que equivale ao...
Eu não sei, a gente podia pesquisar qual é a fração
que equivale ao corpo e às pernas.

Cecília

...ao pé.

Thiago

...ao corpo.
Depende do menino.

João

À minha cabeça.

Sami

Cecília!! Pô! Cecília!

Âmata (já perdendo a paciência, ainda com a mão levantada)

...O tronco é que tinha que equivaler às pernas?
Seu pai sabe dessas proporções, ou a sua mãe?
Você pergunta pra ela o que frações têm a ver com isso?

Cecília

Eu posso perguntar pra ela.

Thiago

Ó Cecília, o meu corpo, a minha coxa até aqui
equivale ao meu tronco.

Alexandre

Dizem que essa distância aqui...
...é igual daqui até aqui.

**Cecília (esticando os braços perpendicularmente
ao corpo comparando com sua altura)**

...equivale a um metro.
É, se você pegar assim é quase igual.

Thiago

Depois a gente pode medir, pegar um dia e medir.

Cecília

Ah, claro, eu não caibo aqui.

Ricardo

... cabo...?

(alguém...)

Eu não caibo...

Ana (esticando os braços e comparando com sua altura)

Tem um livro que é bem de gozação que nem aquele: *O que está acontecendo comigo?*, que tem umas moças que têm uma cabeçona, um pezão!

Âmata (finalmente)

Ah, eles exageram.

Cecília

O Falcon e os Comandos são os bonequinhos menos exagerados.
São quase perfeitos anatomicamente.
Têm as dobras do joelho, as mãos fazem assim...
Os brasileiros também fazem assim.

João

Têm as proporções mais de acordo?

Cecília

Só alguns.

(alguém...)

O brasileiro faz.

Alexandre

É.

(alguém...)

É. Os estrangeiros, (porque) os brasileiros...

Ricardo

Quem é que tem coisa sobre desenho?

Cecília

A minha mãe tem coisas.

Eu vou ver se ela tem um livro, que ela estudou desenho, né, vou ver se ela tem um livro pra dizer como as formas, como se desenha o corpo, (como) se dá o contraste.

Thiago

Então, como vocês estão com interesse no corpo humano, é uma coisa que junta...

Cecília

A minha mãe tem.

Sami

Ah, tem? Traz pra gente estudar as proporções do corpo...

Cecília

Ô Cecília, eu vou pedir, eu não sei que dia ela vai no ateliê dela, lá na Vila Mariana, então ela traz no dia que ela for lá.

Thiago

Olha a avacalhação...

Alexandre

Não é avacalhação, a gente já conversou!!

Ana

Esse negócio das proporções a gente podia trabalhar junto com a Regina, que ela entende muito disso, não é? Quem sabe eu conseguiria, numa aula de artes, participar junto com vocês, pra gente trabalhar isso? Vocês topam?

Cecília

Figura 13 – Representação da construção da
intersubjetividade do grupo a partir das contribuições
individuais, a subjetividade de cada um

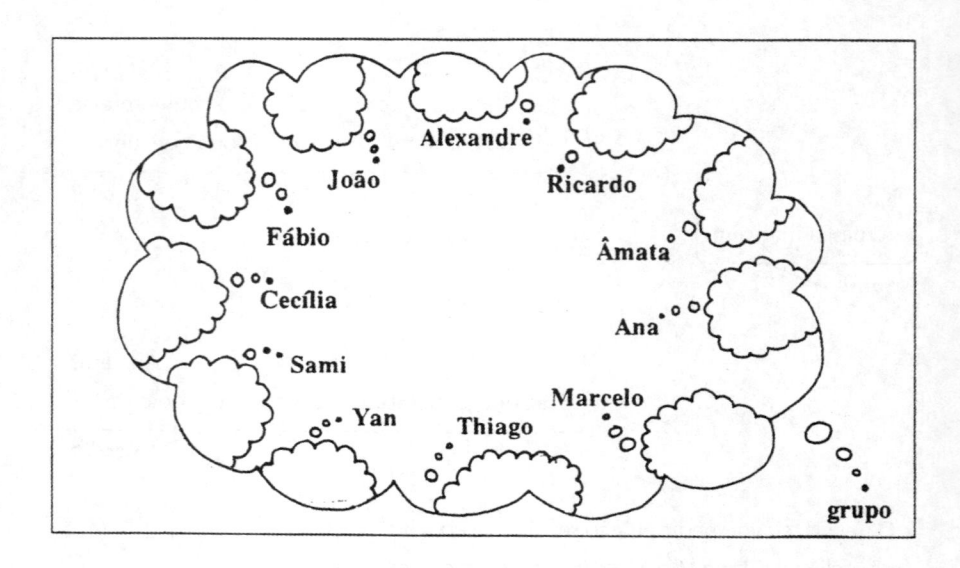

É possível, inclusive, identificar alguns aspectos do universo de significações[9] de vários membros do grupo. A conversa fez com que esses aspectos aflorassem e contribuíssem com as trocas intersubjetivas.

YAN – o envolvimento com o trabalho do pai.

JOÃO – seu livro sobre Picasso, que levara à Roda noutro dia.

ÂMATA – o livro O *que está acontecendo comigo?*, que fala sobre as mudanças no corpo dos adolescentes.

ANA – sua boneca Moranguinho.

---

9. Com "universo de significações" refiro-me aos interesses e às experiências significativas que fazem parte da história de vida de cada um.

THIAGO – o envolvimento com o trabalho de sua mãe e seus en-sinamentos sobre a proporção nos desenhos.

RICARDO – seus brinquedos trazidos do exterior.

ALEXANDRE – a curiosidade, mas também o receio de discutir-mos, em classe, assuntos referentes ao corpo humano, o que seria "avacalhação".

CECÍLIA – os objetivos de: integrar os interesses das crianças com os conteúdos escolares, incentivar a curiosidade e a pesquisa, por exemplo, do corpo humano, do próprio corpo e das questões emergentes sobre a sexualidade; relacionar o estudo das frações com sua utilidade; envolver os pais no trabalho; integrar o traba-lho da "aula de artes" com as "aulas de classe".

Figura 14 – Comparando as proporções do corpo através das frações. Desenho trazido pelo Thiago para pesquisa coletiva, cedido por sua mãe

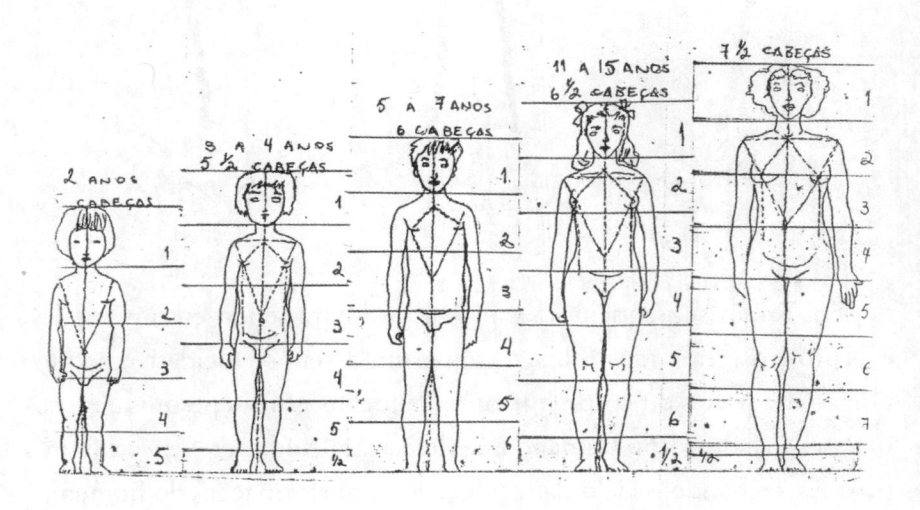

Figura 15 – Trecho da pesquisa sobre o corpo humano
feita por Alexandre, Ana e Thiago

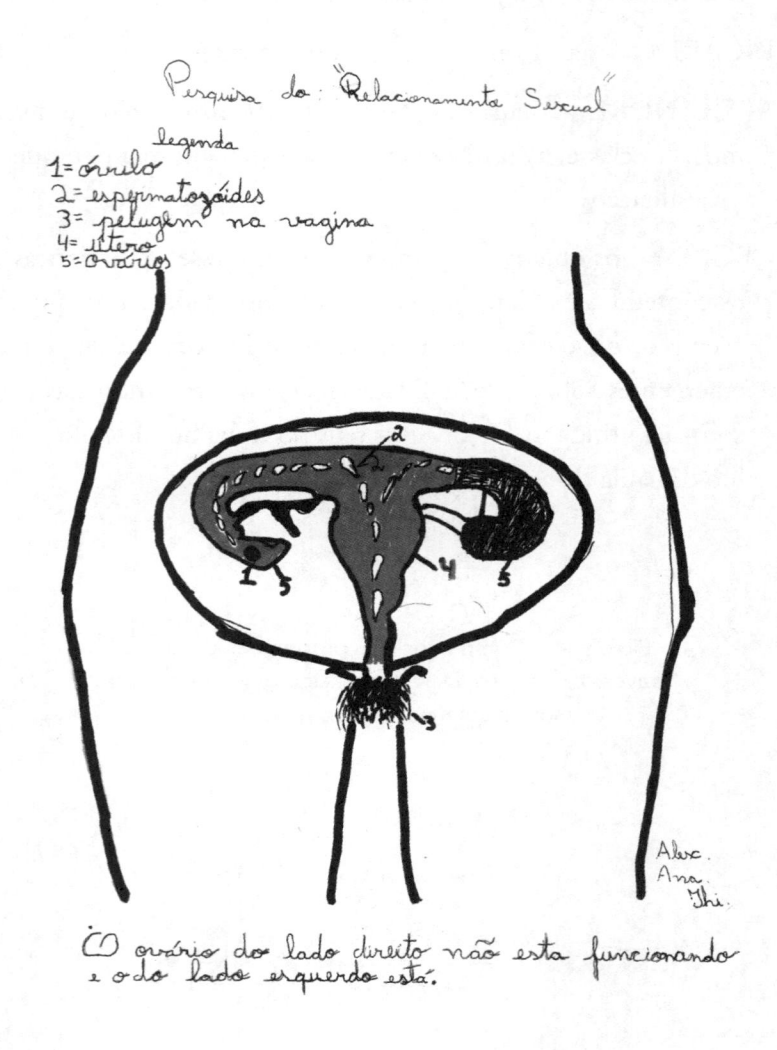

Em Rodas subsequentes, as propostas foram sendo encaminhadas, e os projetos, realizados. Thiago trouxe um desenho elucidativo da proporção das partes do corpo humano. Pequenos grupos pesquisaram sobre aspectos do corpo humano que desejavam conhecer e encerraram a pesquisa fechando o ciclo das evoluções e transformações do homem.

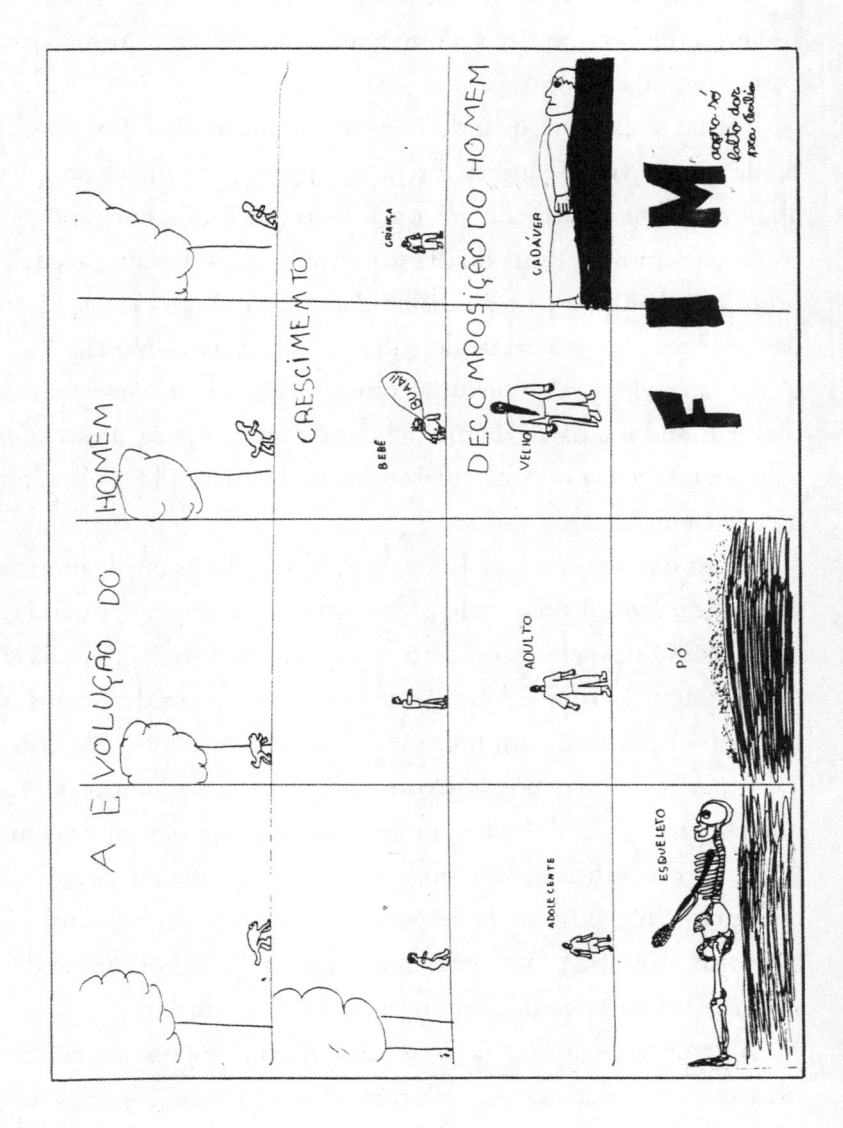

Figura 16 – Trecho da pesquisa sobre crescimento e evolução do homem feita pelo João

O Livro do mimeógrafo

Foi também na Roda, ainda no início do ano, que surgiu a primeira ideia que, com o decorrer do ano, acabou se transformando no segundo livro da classe de 1986.

Numa terça-feira, quando comentávamos os desenhos feitos a partir de alguns traços que eu fizera anteriormente, uma criança sugere que desenhem a partir de um traço feito por outra, em casa, para que comentássemos na Roda do dia seguinte. Imediatamente, aceitei a proposta, ampliando-a para a possibilidade de também escrever, pois uma das crianças não gostava de desenhar e "não sabia", dizia ela.

O estêncil entra na história como uma forma de conseguirmos cópias para todos a partir da mesma matriz (nessa época, a escola usava o mimeógrafo a álcool para rodar as fichas do conteúdo, pois não usávamos livro didático).

Já no dia seguinte, na Roda, apresentei um estêncil, mostrando a forma de o utilizarmos, como prendê-lo no mimeógrafo, e o seu funcionamento. O primeiro candidato se apresentou e trouxe, no dia seguinte, seu estêncil pronto. Antes do final da semana, os dez textos sobre o desenho original estavam prontos e puderam ser lidos e comentados.

A partir daí, tivemos que construir um cronograma para assegurar que chegaria a vez de todos. Eram desenhos que davam origem a histórias. A diversificação das propostas começa quando chega a vez da criança que não gostava de desenhar. Propôs escrever uma história para os outros ilustrarem (o autor também faria a "lição" proposta, de modo que não escaparia do desafio que a tarefa lhe oferecia).

A partir daí, a diversificação se intensificou. Propuseram não só histórias e desenhos, mas também labirintos, caça-palavras, histórias com lacunas para serem completadas, além de diversas pesquisas como, por exemplo, sobre as moedas de outros países, sobre animais que começassem com alguma letra específica, e, mais para o final do ano, pesquisas que envolviam também o conteúdo, como: separação de sílabas, operações com números decimais, pesquisar o coletivo de alguns substantivos etc.

A criação sistemática de lições de casa pelos próprios alunos era não só um desafio à criatividade, mas também ao desenvolvimento da empatia: "O que seria uma lição interessante para todos?"

E eu aproveitava essa atividade com o mimeógrafo, que muito os motivava, para desenvolver alguns dos objetivos pedagógicos. O cronograma, por exemplo, mobilizava a responsabilidade para cumprir as datas fixadas, de forma a não atrasar "o dia" de outra criança (Figura 17). Havia um dia certo para a apresentação do rascunho de sua "lição", feito em papel sulfite, antes de passá-la a limpo no estêncil, de forma que eu pudesse orientar quanto a uma melhor organização espacial da folha ou quanto à ortografia. Trabalhávamos, então, com a organização temporal e espacial, requisitos básicos para a autonomia quanto à organização dos estudos.

Figura 17 – Organizando o dia de cada aluno preparar a lição do mimeógrafo para toda a classe

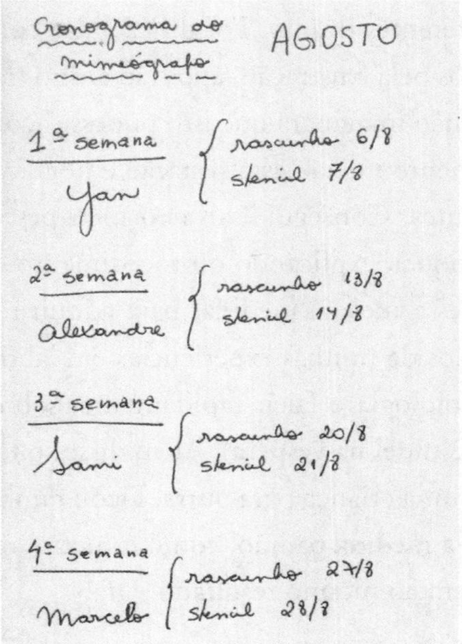

Outra oportunidade de unir estas propostas espontâneas com o conteúdo obrigatório deu-se a partir de uma lição. A proposta feita por uma das crianças era que desenhassem o mobiliário da classe em suas corretas posições. A partir da execução, pude verificar a necessidade de desenvolver um trabalho que envolvesse a localização espacial, pois algumas crianças desenharam todas as carteiras espremidas na frente da sala, sobrando um grande espaço no fundo (Figura 18).

As várias plantas da classe, confrontadas e comentadas na Roda, geraram questionamentos, que mobilizaram a reflexão sobre a própria produção. Aproveitei a oportunidade para encaminhar o estudo do sistema métrico decimal, que deveria incluir, nesse ano, a introdução dos números decimais.

Propus que, em duplas, medissem a sala, as carteiras e as cadeiras com palmos, de modo que vivenciassem, no próprio corpo, as dimensões medidas. As tentativas de construir a planta, a partir dos dados levantados, foram fracassadas, pois a medida de uma parede não correspondia com a sua oposta. Além disso, havia variações entre os dados coletados pelas diferentes duplas. Foi difícil lidar com o tumulto e as reclamações gerados pela frustração, após tão árduo trabalho. Ao planejar a atividade, eu não imaginara que isto pudesse acontecer. No entanto, passado o momento inicial, esta situação embaraçosa veio propiciar reflexões interessantes. Consegui "salvar o meu pescoço" quando, no dia seguinte, justifiquei, explicando o procedimento dos cientistas que refazem várias vezes a mesma medida, para adquirir um valor médio. Dei alguns exemplos de minhas experiências em laboratório do tempo em que estudava biologia e falei, rapidamente, sobre erro absoluto e erro relativo (que estudei na véspera). Além disso, o tamanho da palma da mão variava de uma criança para outra. Ficou também evidenciada a necessidade de uma medida padrão, como o metro, o centímetro, para que todos chegassem ao mesmo resultado. Ufa!

Então, refizeram as medidas usando a trena, o metro e a régua de trinta centímetros, comparando-os e efetivando, dessa vez, a planta da sala. Também não foi um trabalho simples, nem rápido, seu projeto levou dias, quando lembravam o esforço dos arquitetos. Paralelamente, eu dava aulas tradicionais de números decimais, propondo listas enormes de números para que os transformassem em outras unidades. Apesar da repetição, havia uma finalidade, aprender a "manejar a vírgula" para executar o projeto da sala e os outros, da vida.

Figura 18 – Uma lição do mimeógrafo, inventada pelo Alexandre e realizada pela Ana e pelo Sami de maneiras diferentes

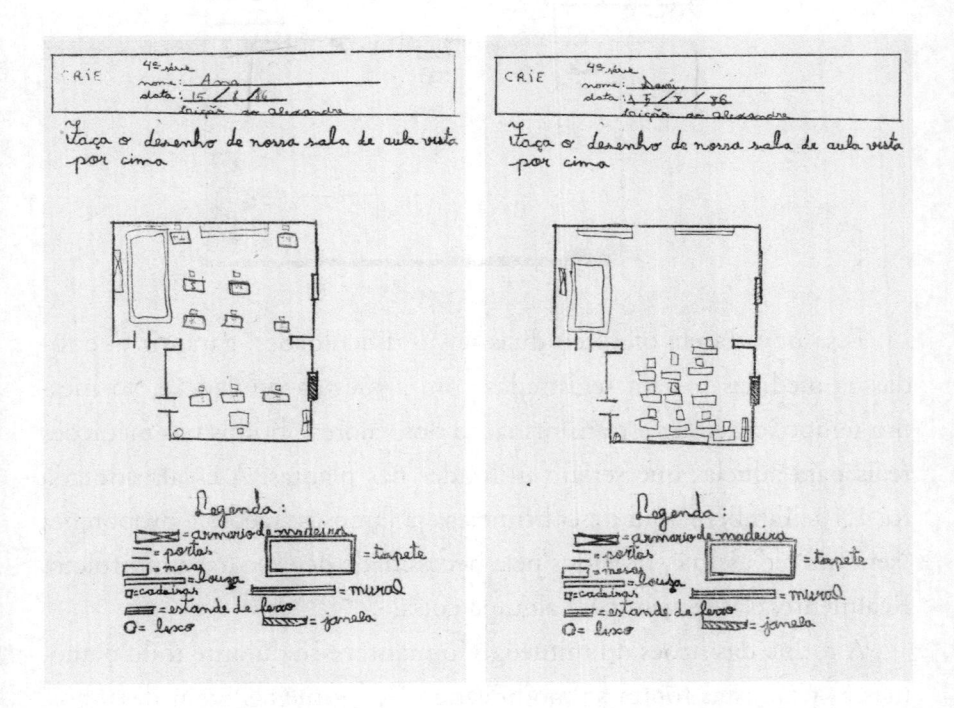

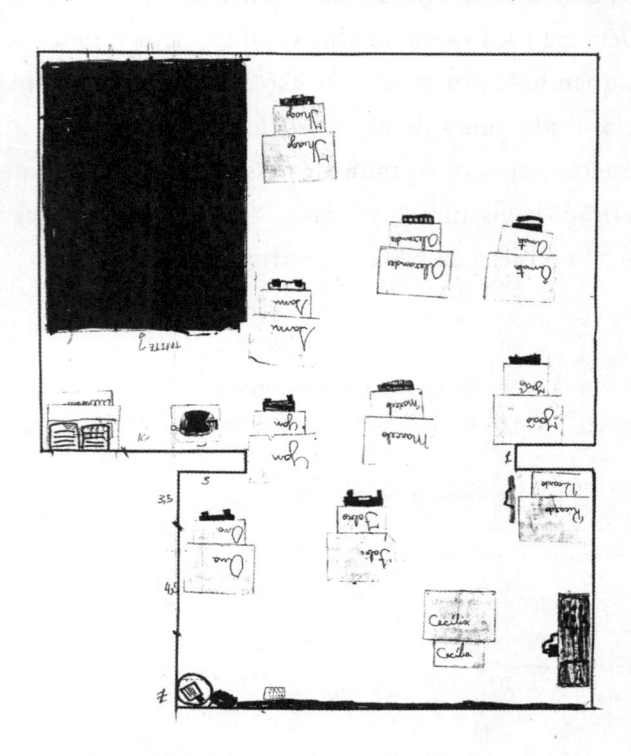

Essa nova tarefa ofereceu duas novas dificuldades: garantir que todas as medidas fossem registradas com a mesma unidade e, ao mesmo tempo, entender a transformação dos valores obtidos nas medições
reais para aquelas que seriam utilizadas nas plantas. A escala adotada
foi 1:10. Também aqui descobrimos as já famosas frações e proporções
"sem querer", isto é, movidos pela necessidade de executar um projeto.
Realmente, elas servem para alguma coisa!

A rotina das lições do mimeógrafo manteve-se durante todo o ano,
mas as propostas foram se modificando. As primeiras eram desenhos,
para que escrevessem textos; ou textos para serem ilustrados. Com o
passar do tempo, foram se diversificando em jogos e atividades nos
quais as crianças se propunham a trabalhar com o conteúdo. Por exem-

Figura 20 – Âmata, Yan e Ricardo rodando uma lição no mimeógrafo

Figura 21 – O mimeógrafo e a pasta de arquivo de todas as lições, com uma divisória para cada criança

Figura 22 – Algumas lições do mimeógrafo

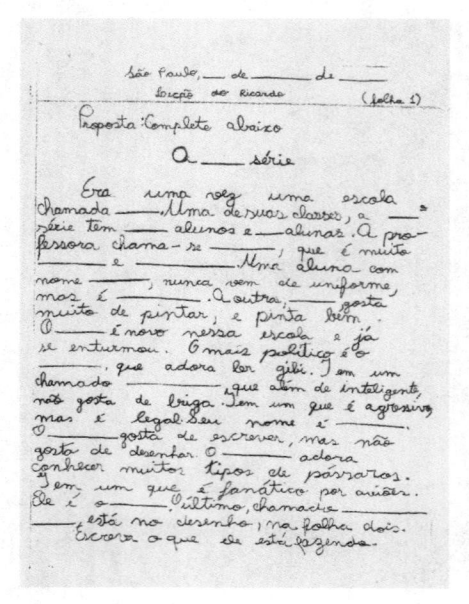

Figura 23 – Outras lições do mimeógrafo

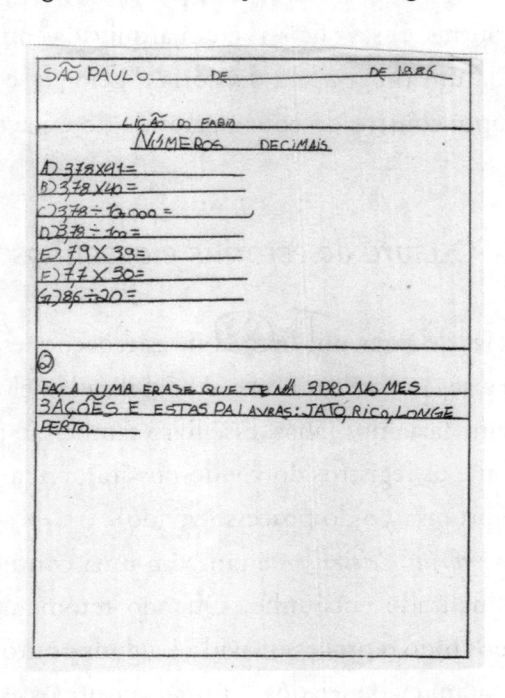

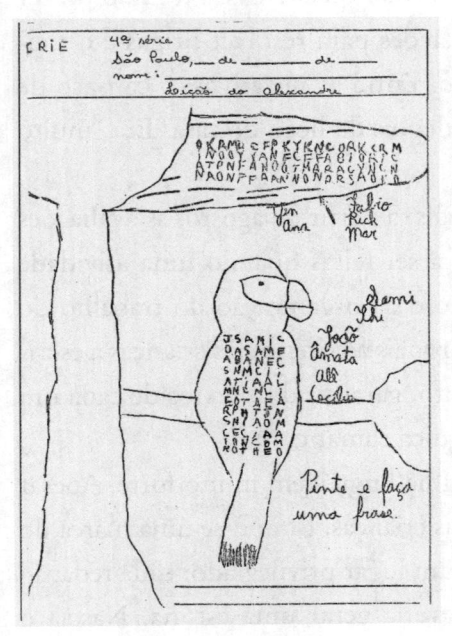

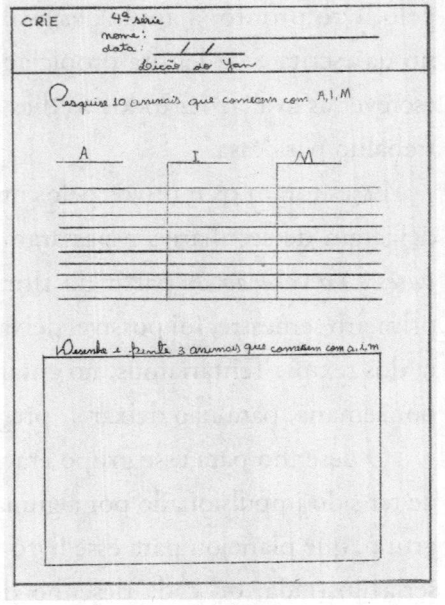

plo, operações com números decimais, pesquisas sobre os coletivos, os diminutivos e outras. Essas "lições" eram arquivadas num grande fichário em que cada um tinha a sua divisória. "Leio" esse livro como um símbolo do grupo, construído com a garantia do espaço individual.

O *Livro de estórias e desenhos*

A ideia inicial de fazer um livro com as redações escritas durante o ano veio a se concretizar no final, viabilizada pelos grossos arquivos de tudo o que fazíamos (aliás, esse livro também é fruto dessa mesma crença, de que os registros do vivido possibilitam a escrita da história e, assim, a apropriação do processo vivido).

O *Livro de estórias e desenhos* é também uma continuação do *Livro de avaliações*, finalizado em junho. Quando retomamos as aulas, em agosto, avaliamos todo o processo vivido e alguns pontos positivos e outros negativos foram evidenciados. Entre os positivos estavam: o prazer pelo livro pronto, a ajuda das avaliações para resolver brigas e o treino da escrita e da leitura propiciado. Entre os negativos: o cansaço de escrever as avaliações todos os dias depois da lição de casa. Era "muito trabalho para casa".

Esses foram os motivos pelos quais, a partir de agosto, as avaliações deixaram de ser diárias e passaram a ser feitas quando uma atividade *batesse no coração*. A partir do ritmo e da organização do trabalho do primeiro semestre, foi possível deixar mais a critério das crianças a escrita dos textos. Tentaríamos, no entanto, garantir dois textos de cada um por semana, para não deixar a "preguiça tomar conta".

O desenho para esse grupo era uma linguagem muito forte. Apesar de ter sido impulsionado por algumas crianças, tornou-se uma marca do grupo, que planejou para esse livro um lugar privilegiado: cada redação seria ilustrada, ou cada desenho deveria gerar uma estória. Nascia o

Livro de estórias e desenhos, incluindo algumas "avaliações" e redações denominadas, respectivamente, estórias verídicas e estórias fictícias.

Esse projeto esperou até que vencêssemos todos os conteúdos da 4ª série, que seriam requisitados nos "vestibulinhos" para a 5ª série nas outras escolas, em outubro. Isso é retratado na introdução, escrita por uma criança.

Uma das passagens do livro é reveladora do espaço que o desenho ocupava entre as atividades significativas desse grupo. Trata-se da revelação de que aquele aluno que dizia não saber desenhar tam-

Figura 24 – Capa do *Livro de estórias e desenhos*

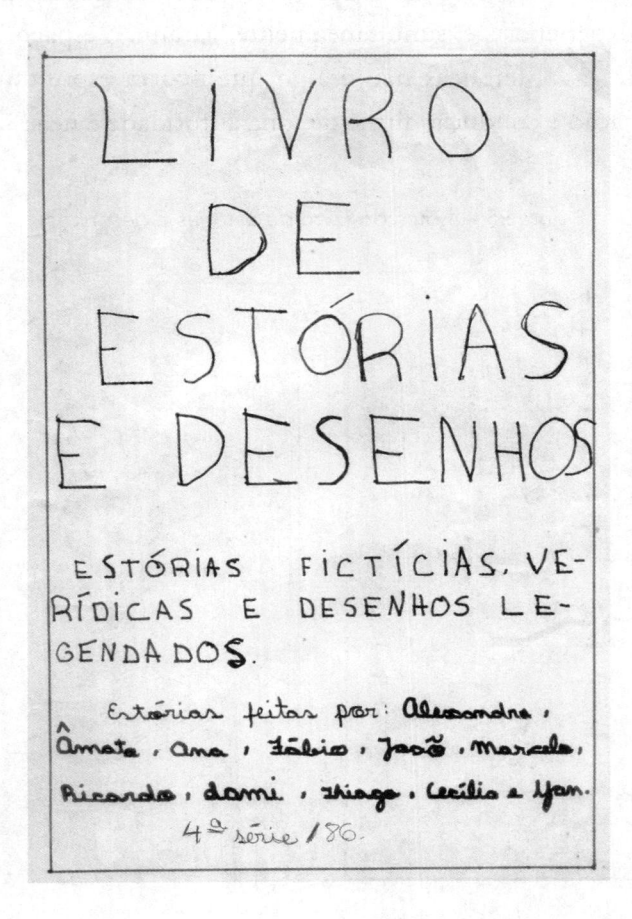

bém desenhava. Houve comemoração na hora, e avaliação na Roda do dia seguinte!

Nessa ocasião, não avaliávamos a *qualidade* do desenho, pois considerávamos que todos sabemos e podemos desenhar. O *julgamento* era a partir do referencial das possibilidades e significados de cada um.

Outra revelação esse ano foi feita pelos pais de um dos meninos que, em reunião, diziam-se espantados de seu filho estar jogando futebol, pois até a 3ª série ele dizia não gostar e não saber (!). Entendi esse comentário dos pais como mais uma confirmação de que o *espírito* do grupo contamina seus membros, ensinando-lhes outras possibilidades de ser.

Porém, a formação de um grupo forte que conduza seus membros a ter novas experiências e, simultaneamente, garanta o espaço individual e o respeito às diferenças não é algo que ocorra espontaneamente. A coordenação e condução firme de uma autoridade é necessária, algu-

Figura 25 – Índice do *Livro de estórias e desenhos*

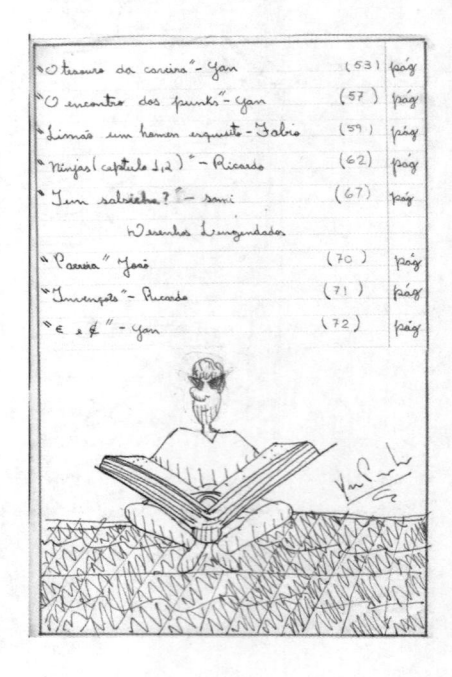

mas vezes limitando, outras incentivando. Cito um exemplo: em maio, após a apresentação da pesquisa do Halley para a 3ª série e as gozações que a 3ª série escreveu no caderno onde deveriam dizer o que acharam, a 4ª série propôs uma conversa e expôs: "Fizemos com carinho, desenhamos, arrumamos e ficamos magoados." A seriedade das colocações e a organização ao se colocarem e ouvirem as respostas mereceram comemoração. Levei, na Roda do dia seguinte, minha avaliação do dia anterior, explicitando a alegria em ver a maturidade das colocações naquela conversa e levei também um presente: uma fileira de corações coloridos, feita de papel, cada um com o nome de uma criança. Além da surpresa, gostaram de achar o "seu coração" no meio dos outros. A fileira dos corações foi pendurada acima da lousa e servia como mais uma marca-registro do crescimento.[10]

Outros textos desse livro são expressivos da percepção do próprio crescimento e o do grupo.

No início do ano, "as pessoas pensavam em si mesmas, não pensavam em namorados e namoradas" e, segundo o desenho, direcionavam seus pensamentos aos jogos (futebol, corda). No fim do ano, algumas transformações ocorrem, com o interesse maior pelo sexo oposto, acompanhado das espinhas brotando no rosto (Figuras 29, 30 e 31). Acredito que essa comparação tenha sido produto não só das percepções individuais ou das conversas na Roda, como também facilitada pelos livros escritos, que serviram como um reforço à memória e registro da própria história.

---

10. A fileira com os corações aparece no desenho de um dos alunos (Figuras 27 e 28).

Figura 26 – Texto do Yan sobre o episódio em que o Marcelo, que dizia não saber desenhar, desenhou e mostrou seu desenho na frente da classe

Figura 27 – Ilustração do texto "Revelação do Marcelo", feita pelo Yan

Figura 28 – Yan faz exercício na lousa sobre a qual está
a fileira de corações com o nome de cada um

Figura 29 – Texto do Thiago sobre sua percepção de como ele e
seus colegas evoluíram durante o ano

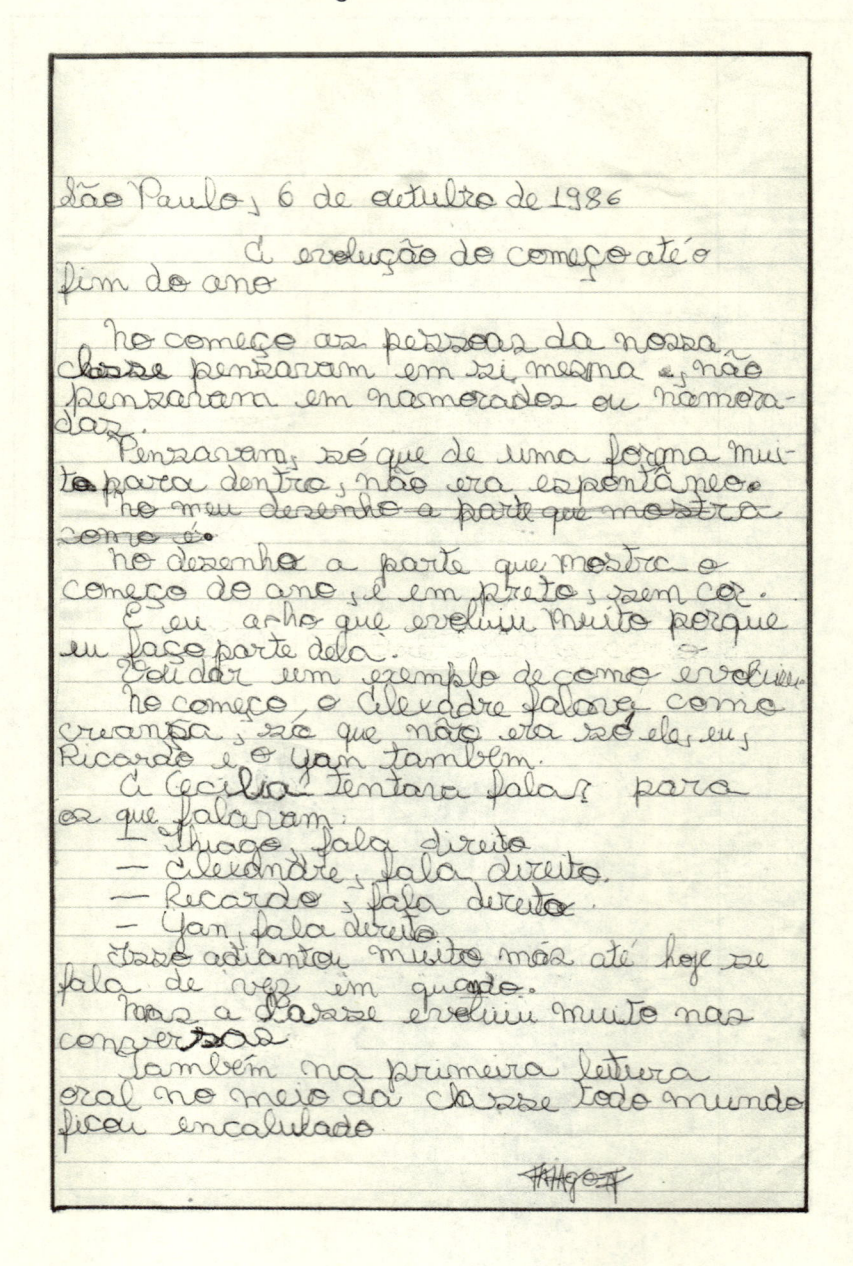

Figura 30 – Continuação do texto do Thiago sobre a evolução dele e dos colegas da classe e desenho sobre a melhoria no relacionamento com as meninas

Figura 31 – Desenho do Thiago que ilustra a mudança no tipo de pensamento dele e dos colegas, comparando o início com o final do ano

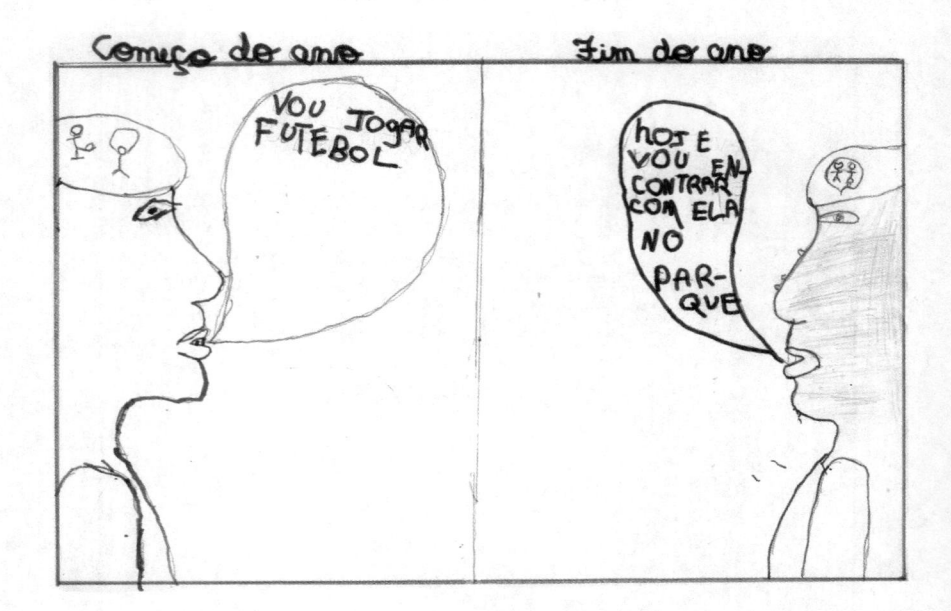

Segundo ato

O desenho na página anterior foi utilizado como capa de um dos relatórios bimestrais entregue aos pais. Feito pela professora em 1987. Atores do segundo ato: Adriano, Erika, Felipe, Jiddu, Marcello, Pablo, Ricardo, Rodrigo, Cecília.

Introdução

A descrição do processo vivido com a 4ª série de 1987 tem como objetivo verificar como a reconstrução de minha autoridade relacionou-se com a construção dos conhecimentos, acompanhando os passos a partir da reflexão diária. Portanto, este "ato" tem como cenário principal o registro do professor, ou seja, seu Diário.

Os desejos e as expectativas – origens do planejamento

O ano letivo começa antes mesmo da chegada dos alunos. Começa com as expectativas do professor, nem sempre explícitas ou conscientes. Mas são elas que estão na origem do planejamento, mesmo que ainda em forma latente. Suas experiências anteriores geram expectativas para as futuras. Acredito que quanto mais profunda for a reflexão sobre o vivido, isto é, a avaliação das práticas anteriores, mais consistente será o planejamento e a autoformação do professor.

Em 1987, algumas dessas expectativas foram registradas nas primeiras páginas do Diário, onde transcrevi, na época, trechos de um artigo da *Revista Leitura: Teoria e Prática*. As ideias ali expostas casavam com o meu projeto pessoal. Por isso copiei os trechos, apropriando-me das ideias como se fossem minhas:

> [...] A tarefa da escola é fazer crescer o viver, deixando-o acontecer. E viver é estabelecer relações com a vida.
>
> [...] Só quem procura é sujeito. Se o autor da aula não procura, é sujeitado. Se não permite a procura, é opressor, porque estende ao outro sua própria sujeição.

[...] a vida é o seu (da criança) mais urgente objeto de desejo. A criança se quer.

Quando se busca num outro que se expõe a ela, sem reservas, faz cair o já produzido por insatisfatório. Emerge como sujeito, compõe um saber que circula entre si e o outro, saber vigorado na Linguagem e onde a Linguagem é sempre possível.

Deixar a criança acontecer é o grande desafio aos educadores.

Educá-las pelo acontecer é a tarefa da escola e da família.

[ ] Há currículos, boletins, notas. Realmente, não defendemos a pedagogia da anarquia. O que desejamos é que nenhum conteúdo programático esteja acima da humana acontecência. Que se permita a tensão entre o programado e o projeto de ser. Isto implica permitir a experiência da criança, a partir da qual toda aprendizagem pode ser. Essa experiência denuncia sua existência. Indica a amplitude de seus horizontes. Em contato com os horizontes da escola, seja-lhe facultada a possibilidade de captá-los, elaborá-los, modificando-os ou criando-os pela atribuição de significados coerentes consigo mesma. Aliás, isto se chama descobrir "sentidos", porque assim se dá um logos ao desconexo.

[...] seja qual seja a "disciplina", a escola só será verdadeiramente sábia se se desempenhar como fiadora da experiência do aluno. Essa experiência ele sempre a tem. E não é tanto uma experiência disto ou daquilo, desta ou daquela "disciplina" uma experiência de pessoa. Partir desta e permitir que o aluno se lance sobre tudo é o que dará à escola (como ao lar) a marca da autoridade. Porque "autoridade" está radicado em augeo, o mesmo étimo onde se enraíza autor. Também autoridade é:

– causa ou agente;

– criador ou descobridor.

Agente causador, a autoridade se marca como aquele a quem compete fazer crescer, ou seja, fazer brotar. Não é emendar, nem acumular, nem

> pôr coisas sobre. É preciso surpreender o "broto": autoridade também se pode entender como descobridor.[1]

A seleção desses trechos evidenciava o desejo de aprofundar o trabalho com a escrita significativa, que iniciara em 1986. Acreditava que, através dela, as experiências escolares poderiam ser oportunidades de se entrar em contato com o mundo, agindo sobre ele. Assim, a escola não seria uma preparação para a vida futura, mas local de vida ali mesmo. Local de contato consigo, através do encontro com o outro que se "ex-põe" e, juntos, vivem experiências significativas. Pela descoberta de *sentidos*, chegam à experiência de pessoa. Pessoa que se descobre sujeito, autor da própria vida. Autoria que promove a formação de sujeitos autônomos e não autômatos.

Esses trechos eram esboços de meus desejos e projetos para o trabalho em 1987. Mas, para concretizá-los, seria necessário construir, diariamente, cada tijolo dessa obra. Obra conflituosa, tensa. Aliás, a "tensão entre o programado e o projeto de ser" era uma constante desde o ano anterior e continuou durante 1987. Os conteúdos obrigatórios e os projetos paralelos conviviam em tensão permanente, ora se namorando, ora brigando e, às vezes, encontrando-se em atividades onde o casamento acontecia.

A construção da rotina e da autoridade

A escrita do Diário fazia o papel da planta que mapeava e dos alicerces que firmavam o terreno sobre o qual as conquistas iam sendo efetivadas:

---

1. Nóbrega, Francisca. "*O menino maluquinho*: uma leitura a serviço da leitura". *Revista Leitura: Teoria & Prática*, nº 0, Campinas/Porto Alegre: ALB/Mercado Aberto, 1982, pp. 24-32.

20/02/87

[...] Percebo que vivo o momento de CONSTRUÇÃO DA MINHA AUTO-RIDADE. Ora me ouvem em silêncio absoluto sem críticas ou ideias, ora falam, falam e não me ouvem (nem respeitam) quando peço para guardar revistas ou brinquedos.

Percebo que a construção de nossa rotina de trabalho e a de minha autoridade dão-me ansiedade: qual será nosso caminho este ano? Aonde chegaremos? Como recriar o processo do ano passado, respeitando estas crianças, mas garantindo minhas descobertas anteriores?

Planejando a próxima quinzena:

- ORGANIZAÇÃO
  - materiais
  - rotina dinâmica de trabalho
  - dinâmica de grupo
- CONSTRUÇÃO DE VÍNCULOS
- CONSTRUÇÃO DA AUTORIDADE
- LEVANTAMENTO – DAS DIFICULDADES (ortografia, gramática e matemática)
- DOS INTERESSES (pesquisa)
- CONHECIMENTO DOS ALUNOS INDIVIDUALMENTE E DAS RELAÇÕES DO GRUPO – detectar conflitos e focos, e encaminhar reflexões de nossa (nós todos – 9) responsabilidade de transformação.

O primeiro mês de trabalho teve como objetivo o estabelecimento de uma rotina com a organização dos espaços e tempos para as diferentes atividades, assim como a definição dos papéis de cada um dentro do grupo e a criação dos vínculos afetivos. Porém, eu havia decidido começar o ano estipulando sozinha estas rotinas, isto é, praticamente não abri espaço para a participação das crianças nessa organização. Exigia, sim, muito silêncio durante as aulas e grande organização com os materiais pessoais. Esta decisão foi influenciada por alguns fatores:

1. O relato da professora da 3ª série, que me contou das dificuldades dessas crianças quanto à organização e da difícil dinâmica do grupo, com o qual chegou a trabalhar com técnicas psicodramáticas. Um de seus objetivos com a utilização dessas técnicas era o de conseguir um relaxamento, pois a agitação e desorganização das crianças juntamente com sua inexperiência como professora dificultavam a construção e aceitação de sua autoridade.

Essas características das crianças lembravam-me as experiências com a classe de 1985, na qual a desorganização inicial dificultou nosso relacionamento e atrapalhou o encaminhamento do trabalho.

Acreditava que seria possível construir uma relação democrática com os alunos, mesmo partindo de uma situação inicial em que eu detivesse todo o poder e controle. Pretendia ir "abrindo aos poucos", após a organização inicial.[2]

2. A reestruturação curricular por que passava a escola, de forma a aumentar os conteúdos a serem trabalhados em cada série. Desta forma, a 4ª série de 1987 deveria cumprir não apenas uma maior quantidade de conteúdos, como também dar conta daqueles de 3ª série que não haviam sido trabalhados no ano anterior, pois se acreditava que seriam importantes para os "vestibulinhos" de 5ª série em outras escolas.

Este movimento da escola não correspondia ao meu, pois me preocupava mais com a forma de trabalhar os conteúdos do que com a sua

---

2. Essa crença estava baseada nas ideias de Dermeval Saviani, que conhecera no ano anterior no curso de Pedagogia. Este autor explicava o processo educativo como a passagem da desigualdade à igualdade, de forma que a democracia seria uma conquista, no ponto de chegada, e não uma realidade do ponto de partida (Cf. Saviani, Dermeval. "Escola e Democracia: para além da curvatura da vara", *Revista Ande*, n° 3, 1982).

quantidade. Acreditava que, incentivando a elaboração de projetos de pesquisa, carregados de significado, assim como instrumentalizando a organização necessária para a sua execução, estaríamos formando crianças curiosas, com maior autonomia para buscar o conhecimento dos conteúdos das diversas áreas. Entendia que intensificar o questionamento, a curiosidade e a troca entre os pares seriam instrumentais mais ricos que inserir mais alguns itens no planejamento.

Porém, como professora, deveria cumprir aquele currículo mais extenso, o que me levou a intensificar e agilizar a organização da rotina de forma a conseguirmos tempo também para a Roda e os projetos que dali surgissem.

3. As contínuas comparações com o processo vivido com a classe de 1986 e minhas expectativas de dar continuidade ao trabalho iniciado com aquela classe (quanto à Roda e aos textos sobre o cotidiano, por exemplo) dificultavam o contato e o conhecimento das especificidades dos novos alunos. Isto fazia com que a maior preocupação fosse organizar a rotina para viabilizar o meu projeto. Esperava nesse novo ano aprofundar o já conquistado, porém esquecia-me que aquelas foram conquistas construídas num processo coletivo e que agora encontrava-me com um novo grupo, com características, significados e desafios próprios.

Se, em alguns momentos, uma experiência bem-sucedida pode motivar a continuidade dos esforços naquele mesmo sentido com outros alunos, pode ter também efeito contrário. Pode dificultar na medida em que se pretende repetir uma experiência criativa, o que acabaria por desvirtuar seu caráter criador. Quero com isso dizer da necessidade de se recriar, sempre, em função dos significados e dos contextos específicos de cada nova situação.

A difícil construção da parceria

A partir da organização a que me propus, o trabalho caminhava. Fazíamos a Roda diariamente e estudávamos os conteúdos curriculares. Havíamos criado, inclusive, um momento, ao final de cada dia, para atividades lúdicas e também um caderno especial para o registro da pauta das Rodas, feito pelas crianças. Mas algo não caminhava como desejava: faltava vitalidade e entusiasmo naquilo que fazíamos. Até a escrita do Diário perdia sua função, como expressa esse trecho:

19/03/87

Deixei de escrever por muito tempo... Por quê? Preguiça? Falta de tempo? Falta de prazer? (Mas o prazer não vem justamente do aprofundamento da reflexão?)

O trabalho "anda muito bem" sem o Diário. Até se cria algo... (Caderninho da Roda). Mas não se vai além. Sinto falta (muita falta) dos ❂ L H ❂ S que a reflexão me possibilita.

Será que sinto dificuldade em me desligar do processo do ano passado? Será que é medo do desgaste pelo confronto constante com a coordenação?

Mas tem sentido um trabalho assim para mim? As crianças aprendem o que necessitam de uma 4ª série, mas será que ensino/vivo o que quero com eles? Vale a pena ser esta "professorinha primária"?

Essa insatisfação revelava que deveria descobrir outras formas de encontrar-me com as crianças para o estabelecimento de nossa parceria. Mas, para isso, deveria desligar-me, momentaneamente pelo menos, das vivências com a classe anterior para enxergar essas novas crianças e a dinâmica específica delas.

O número extremamente reduzido de alunos restringia as possibilidades de trocas e o conhecimento de formas variadas de ser e agir que o convívio com os outros sempre nos ensina. Essa classe contava com apenas oito alunos! Com isso sentia minha presença muito forte nesse pequeno grupo de crianças, que me pareciam tolhidas em sua espontaneidade. Diferentemente do que acontecera com as classes anteriores, com esta, as expressões afetivas do tipo sentar no colo, trocar bilhetinhos ou abraços eram raras.

Por outro lado, as crianças dessa classe assumiam uma postura mais passiva quanto ao encaminhamento das atividades, deixando para mim a total responsabilidade. Postura diferente das crianças do ano anterior, que, desde o início, contribuíam com ideias e questionavam-se sobre o mundo e a escola. Além dessa postura mais passiva em relação aos estudos, a dispersão e as conversas paralelas eram constantes. Eu entendia essas atitudes como evidências tanto do pouco envolvimento das crianças com o que estudavam como com a nossa distância. Interpretava as brincadeiras e conversinhas durante todo o dia como uma necessidade de vivências mais soltas, do lúdico. E meus encaminhamentos pedindo silêncio durante as aulas acentuavam ainda mais nossa distância, inviabilizavam a parceria e realimentavam o círculo vicioso: quanto mais um pedia silêncio, mais eles se retraíam e se dispersavam. Quanto mais se dispersavam e partiam para conversas paralelas, mais eu pedia silêncio. "A eloquência tem sua fonte no silêncio dos ouvintes, silêncio este que nasce da eloquência",[3] diz Michel Serres.

O círculo vicioso na relação com os alunos, a relação silêncio-eloquência, proposta por Serres e a opção pela reflexão e pela busca de sentidos me faz lembrar que fui uma aluna silenciosa, obediente e estudiosa e tornei-me uma professora eloquente. Essa tomada de consciência provoca em mim uma busca pelo silêncio, mas de outro tipo. Não um silêncio

---

3. Serres, Michel. *Polegarzinha*. Rio de Janeiro: Bertand Brasil, 2015, p. 61.

obediente e passivo, mas um silêncio para a escuta aberta. Um silêncio contemplativo que possibilita uma transformação interna. Nossas histórias de vida ecoam no que fazemos (ou deixamos de fazer). Pela repetição ou pela oposição. Um eco que necessita de silêncio para ser escutado.

Voltava, então, a questionar minha autoridade, isto é, o balanceamento entre minha diretividade e o espaço das crianças. Esta questão já havia me preocupado em 1985. Entretanto, com a classe de 1987 a preocupação era oposta à daquele ano: como incentivar as crianças ao questionamento, rompendo com sua atitude passiva, de espera de que todo encaminhamento viesse de mim? Como alimentar a participação? Como semear a parceria?

E, por outro lado, buscava entender minha própria acomodação, que complementava a deles, e que se manifestava pelos vários dias sem refletir no Diário. Como consequência, os planejamentos das aulas eram baseados quase que exclusivamente nos planejamentos formais dos conteúdos da quinzena, entregues à coordenação, sem, portanto, ligá-los às experiências vividas.

O Diário como iluminador das primeiras conquistas

20/03/87

Por que tanta dificuldade em escrever?

Vivo muita coisa borbulhante e tenho medo de me desequilibrar. Estou fazendo questão de ir devagar. Devagar para não me atropelar, devagar para não atropelar os outros.

Agora que começo a escrever, sinto que preciso soltar, desabafar, curtir a relação com o papel. Curtir a relação comigo mesma. Percebo que este é um momento anterior ao de falar do trabalho propriamente dito.

A ausência da reflexão diária faz-me pensar e perceber sua importância. Quando eu escrevia todos os dias, podia falar de sua importância, mas, através de sua ausência, sentindo sua falta, é que posso realmente SENTI-LA.

A reflexão é o momento crucial de ver-me, eu diante do mundo, diante do outro. Momento crucial de IR ALÉM, de CRIAR [...]

Andei sem prazer para o trabalho.

Sem prazer porque não escrevia,

Ou não escrevia por estar sem prazer?

O que vem antes?

Não interessa isto, mas apenas que o prazer alimenta o escrever, e o escrever (refletir) alimenta o prazer. E, portanto, a criação.

Fazendo uma retrospectiva do meu relacionamento com as crianças desde o início do ano, percebo mudanças. Cheguei na classe carregando uma fama de brava, que parece ter correspondido à realidade no início, já que finquei pé na organização. Fui bem rígida quanto a isso. Não permiti brincadeiras durante qualquer aula. Tinha o momento do jogo, mas, consequentemente, não era muito solto. A Roda era um momento um tanto vazio, com muito poucas ideias.

Esta semana começa a aparecer algo diferente. Trago para a Roda a discussão de minhas posturas enquanto autoridade (para a construção dela, embora eu tivesse tido que impor uma organização no início que espero que venha a significar uma definição de papéis, mas não uma distância, imposição de autoridade). Pergunto a todos, e principalmente ao Jiddu, o porquê do "sim, senhora", gozação? Muita braveza? Digo que naquele momento vale tudo.

Fui retomando este assunto em Rodas subsequentes: "Como vai a senhora?" E comentavam um pouco, ainda muito timidamente, se entreolhando muito, da "pissora". Hoje, sexta, recoloco a questão e a resposta, já menos tímida, foi: "Já é soldado, quase batateiro." Pergunto: "E os alunos, como vão?", "Quase general."

Foi um bom retorno da mudança em nosso relacionamento.

Através dessa retrospectiva e de seu registro no Diário, percebia que alguns progressos estavam acontecendo quanto à proximidade com os alunos.

Um dos fatos que marcaram a mudança em nosso relacionamento foi a utilização, pelas crianças, da analogia com a brincadeira da Hierarquia do Quartel.[4] Esse era um dos jogos dos últimos cinco ou dez minutos do dia, antes da saída, momento reservado para atividades lúdicas, buscando compensar a grande diretividade do restante do período.

Paralelamente à minha procura por conhecê-los, separando-me das vivências anteriores, nascia, também nas crianças, uma curiosidade acerca de minha vida pessoal, que chegou a ser assunto de algumas Rodas, como mostra o trecho seguinte do Diário:

20/03/87

[...] Nesse processo de aproximação, tem feito parte uma vontade de saber mais de mim como pessoa:

"É casada?"

"Quantos anos tem?"

Levei fotos. Levei cadernos de meu primário.[5]

[...]

Está prometido o meu Diário de 1986 para a próxima Roda.

[...]

4. A brincadeira Hierarquia do Quartel consistia em imaginar um general passando revista no seu quartel, tendo em sua frente, em ordem de hierarquia, todo o seu "pelotão". Na analogia, quem brincava, ocupava um cargo nessa hierarquia, desde o general ao responsável por descascar batatas. Tinha início com a frase: "O general, passando revista em sua tropa, sentiu falta do soldado", por exemplo. Quem ocupasse este cargo deveria responder: "O soldado está, quem não está é o (outro posto)", e assim por diante. Porém, quando um nível hierárquico inferior respondia a um superior, deveria fazer continência e, no caso inverso, não. Um erro num ou noutro caso era seguido do rebaixamento daquele que errou ao posto de batateiro, o último na hierarquia e a promoção dos demais a postos superiores, reiniciando o jogo. Geralmente, participávamos todos, os alunos e eu.

5. Primário era a denominação dada aos quatro primeiros anos do ensino fundamental na época.

Neste momento, a Roda transformou-se em palco de resgate de memória de nossas experiências de vida. Das crianças, como alunas de diferentes professores, algumas em diferentes escolas, e minhas, como professora: dois anos com crianças de quatro anos e outros dois com classes de 4ª série.

A ideia de levar meus cadernos de primário para a Roda surgiu durante a cópia da lição de casa. Reclamavam de ter que colocar o cabeçalho. Depois de explicar sua finalidade, contei que tinha que fazer um três vezes maior quando estava no primário. O interesse foi tão grande que percebi que se tratava mais da curiosidade de saber de minha vida e de outra realidade de ensino, do que propriamente do cabeçalho. Conversamos sobre o "meu primário". Foi aí que prometi levar um caderno daquela época. Conheceram então uma aluna tímida com uma letra milimétrica.

A troca de nossas experiências como alunos "de primário" marcava uma primeira identidade entre nós. Desse encontro, através dos papéis que desempenhamos como alunos, nascia também a curiosidade com relação ao meu papel como professora.

É nesse contexto que situo a curiosidade acerca do Diário, que, apesar de ter estado aberto no centro da Roda desde o primeiro dia de aula, só naquele momento as crianças manifestavam percebê-lo (ou se arriscavam a falar dele). Questionavam-me sobre a necessidade de ele ser tão grande (um caderno ata de duzentas folhas) e duvidavam que eu o preenchesse até o final do ano.

Minha leitura desse questionamento era de que também buscavam compreender sua finalidade e saber o que tanto eu escrevia ali. Por isso, resolvi levar o Diário da 4ª série de 1986, cujas páginas estavam todas preenchidas. Folheando-o rapidamente e lendo trechos, contei-lhes alguns episódios vividos com aquela classe, alguns deles reconhecidos por estas crianças, que estavam naquela época na 3ª série, como as brigas pela utilização da quadra esportiva na hora do recreio, as discussões sobre o futebol e a ida à Bienal do Livro. Desta forma, estava transmitindo às crianças que estes assuntos também são objeto de reflexão que merecem ser estudados na escola.

Talvez a curiosidade pelo Diário fosse mobilizada, também, pela grande importância que eu mesma dava para ele, o que devia ser visível. Lembro-me de outros professores comentarem, observando-me sempre com ele embaixo do braço: "Lá vai a Cecília com a Bíblia."

A construção da autoridade, como a entendo, envolve, necessariamente, um comprometimento pessoal e profissional do professor, isto é, abarca a história de sua educação, suas vivências com autoridades, enfim, sua história de vida.

Entendo que é da consciência do autoritarismo vivido e internalizado que poderemos chegar a transformá-lo um dia.

Nesse sentido, as conversas com a Cecília-criança, mulher e professora trouxeram para a classe a Cecília-pessoa, que, como as crianças, estava tentando compreender a escola e conhecer como agir nesse mundo cheio de regras estabelecidas, de possibilidades novas e limites entre eles, todos por construir.

Porém, apesar dos primeiros indícios de nossa aproximação, ainda haveria muito investimento para que conseguíssemos efetivar a parceria. Diferentemente dos anos anteriores, não sentia haver sintonia quanto às nossas linguagens expressivas, quanto aos desejos e desafios que nos impulsionam a conhecer. A escrita não os mobilizava como eu havia experimentado anteriormente, nem mesmo os desenhos pareciam ter muita força nesse grupo.

Procurando novos caminhos para a parceria

27/03/87

O dia foi tranquilo (como sempre). Também com pouco prazer e pouco dinheiro. Estou mais solta e alegre com eles. Isto é bom. Mas sinto que aprendo pouco. Vem muito pouca coisa deles.

[...]

As aulas de linguagem, matemática etc. correm bem, mas... Existe o Mas:

Eu quero desafios!

Está tudo tão acomodado

Será que preciso entrar um dia de louca na classe, interpretando um papel? Quem sabe Dona Virgília entra na classe e deixa um recado na lousa: "Sou a Dona Virgília, vim substituir a Cecília hoje. Sou muda, portanto, só posso responder dúvidas por escrito."

Será que enfrento? Teria tudo a ver com o pique de teatro deles, de interpretar papéis. Nunca fiz isto. Tenho medo de me lançar direto num palco sem ensaios, sem treinos. Será que não seria este um desafio para mim? Será que fugir disto não seria acomodar-me? (reclamo da acomodação das crianças).

A relação professor-aluno parecia estar cristalizada. Havíamos conseguido uma relativa aproximação, mas não conseguíamos ir além, permanecia um distanciamento e atitudes que me lembravam do modelo tradicional de ensino em que ao professor é reservado o papel de ensinar "conhecimentos acabados", enquanto os alunos deveriam apreendê-los passivamente sem participação no ato de "conhecer o conhecimento".

Além disso, achava que nossa distância tinha a ver com algo relacionado à minha pessoa. Notava que as manifestações de carinho do tipo abraços ou sentar no colo na hora do recreio para conversar não fluíam, diferentemente dos anos anteriores. Porém observava estes novos alunos com um grande vínculo com a professora anterior, da 3ª série. Via-os, no recreio, abraçados, em meio a papos animados...

Esse trecho do Diário mostra minha insatisfação com o papel que vinha desempenhando como professora. E com as crianças, complementarmente, como alunos passivos.

A partir dessa constatação e da crença de que cabe ao professor avaliar o momento vivido e planejar atividades que cooperem para atingir os objetivos propostos, estabelecia-se uma cobrança interna: trabalhar com o meu papel de professora. A atividade pensada (e escrita) foi a de criar uma personagem que me substituiria. Uma senhora de idade, com peruca, óculos e muda, já que eu falava o dia inteiro. Pela diferença entre nós duas, poderíamos criar um espaço de possibilidades de ser, quebrando com a rigidez que eu vivia em meu "posto" e, consequentemente, desequilibrando o papel acomodado que eles também viviam. Seria como um choque.

Entendia que esta seria uma linguagem mais próxima da deles, que já haviam trabalhado com técnicas psicodramáticas com a professora da 3ª série. Poderíamos, através dessa personagem, criar uma oportunidade de refletir sobre o papel do professor. Seria também uma forma de reflexão, de ver-se "de fora", porém, não através da escrita como eu estava acostumada. A escrita era o meu terreno. A proposta seria de lançar-me no deles, criando um jogo dramático.

Havia também um interesse de toda a classe por teatro. Vínhamos escrevendo o texto de uma peça nas "aulas de redação" como atividade de escrita coletiva e lendo, na Roda, pequenas peças teatrais em livros para crianças, como atividades de leitura oral.[6] Alguns livros de teatro

---

6. Estas atividades seriam incluídas, com essas denominações, no Planejamento de Linguagem, entregue quinzenalmente à coordenadora pedagógica. Ali as atividades eram classificadas em: expressão escrita, leitura e interpretação de texto, gramática e ortografia.

sugeriam situações para encenação, que eram feitas pelas crianças, em alguns minutos reservados da Roda.

Além disso, um dos meninos tinha um apelido que em nada lembrava seu nome. Era chamado de Rocky, numa alusão a um conhecido personagem de filmes de luta, provavelmente pela maneira agressiva com que tratava outras crianças da escola, ocorrência muito comum. Seu nome verdadeiro era quase desconhecido e os colegas falavam, brincando, da existência de duas pessoas em uma. Dependendo da forma como agia, era identificado com uma. Neste caso, também caberia uma ação pedagógica que auxiliasse a integração dessas "personalidades" (ou personagens?).

Apesar da existência de um palco propício para a vivência e discussão dos vários papéis que podemos desempenhar, Dona Virgília, a substituta, não apareceu. Minha timidez servia como justificativa, de forma que a ousadia permaneceu no plano das ideias, não chegando à prática.

Além disso, a deflagração do movimento grevista das escolas particulares canalizou as atenções de toda a escola. O grupo de professores se reunia, acompanhando as passeatas e comícios, culminando com a suspensão das aulas por alguns dias.

Quando retomamos o trabalho, fiquei surpreendida com o envolvimento das crianças com os projetos que havíamos iniciado antes da greve. Apesar da pausa que a interrupção das aulas promoveu, elas trouxeram material para o encaminhamento das propostas. Inclusive, dois alunos haviam se reunido nesse período para pesquisar sobre as origens do teatro. Trouxeram para a Roda, no primeiro dia de retomada das aulas, um mapa do Império Romano, um dos berços do teatro, e um texto que tratava das divisões da história (Idade Antiga, Média, Moderna e Contemporânea), acompanhado de uma linha do tempo.

10/04/87

Rodrigo assumiu a Roda. Vários assuntos inscritos:

1) Ricardo, com coleção de selos.

2) Rodrigo, com Manual Disney – números dos povos antigos

3) Felipe, com a pesquisa da História e seu mapa

4) Cecília – cortina (não deu tempo)

O horário foi diferente do anotado (justifica-se pela greve), mas foi muito tranquilo, nenhum drama para determiná-lo. Estavam tranquilos, mas pedem para fazer algo em grupo. Não era esta a minha ideia, mas percebi que tem horas que é melhor seguir o pique do grupo e aí exigir trabalho. Só dá para cobrar aquilo que foi realmente combinado, aquilo que desafia, aquilo que bate no coração.

A pesquisa dos povos antigos e a das divisões da história apresentadas na Roda demonstravam o envolvimento com o que estudavam na escola e a percepção de que não cabia somente ao professor propor, trazer o conhecimento para a escola. Mas compúnhamos um *grupo* no qual, apesar da diferença de papéis, estávamos juntos buscando "conhecer o conhecimento" e construindo nosso currículo.

A flexibilidade frente ao planejamento foi importante para aproveitar os movimentos do grupo e conquistar a cumplicidade dos alunos. Consolidávamos os primeiros passos na construção de nossa parceria.

Mudando a cara da sala de aula – um espaço com a nossa marca

As Rodas subsequentes foram também recheadas de livros sobre teatro, com pequenas dramatizações das cenas interessantes e de novas questões sobre os povos antigos, seus números e alfabetos.

Estas propostas de trabalho eram prazerosas e desafiadoras, pois me possibilitavam criar. Escrever o Diário ajudava-me a redescobrir, com grande intensidade, o prazer no ato de educar. Já não era mais a "professorinha primária". Aqui se misturava a professora e a aprendiz, que buscava novas relações com o conhecimento. O que se deu juntamente com a construção de um espaço que tivesse a nossa cara.

A ideia de fazer uma cortina para a sala surgiu devido à entrada do sol, que atrapalhava algumas crianças. Mas acabou se transformando num importante projeto para o grupo. Com a ajuda da professora de artes, fizeram a cortina, usando como estampa as iniciais do nome de cada um. Era como um símbolo das novas relações no grupo, que ganhava identidade.

Aproveitei a mobilização em tomo da cortina para promover, numa aula de linguagem, a escrita de um texto coletivo, que teve como título "Estória da cortina" (Figura 1), que nos serviu de base para a discussão de alguns itens do planejamento referentes à pontuação e redação.

Além da cortina e do tapete, sobre o qual fazíamos a Roda, o cenário da classe foi complementado pelo "sofá", feito com blocos de construção, e pela "televisão", feita na aula de artes, em tamanho natural. Assim ficou constituído o palco para as aventuras[7] que nos propúnhamos viver.

O projeto de pesquisa do teatro ia se ampliando e sendo revisto à medida que íamos estudando. Percebi que também a televisão estava incluída naquilo que estavam buscando conhecer, pois observava, nos jogos espontâneos, esse tema se repetir. Brincavam com a TV, inventando noticiários e programas humorísticos.

---

7. Concordo com Japiassu quando diz que a interdisciplinaridade é "uma atitude de espírito. Atitude feita de curiosidade, de abertura, de sentido de aventura, de intuição das relações existentes entre as coisas e que escapam à observação comum". *In* Fazenda, Ivani. *Op. cit.,* p. 15.

Figura 1 – Texto coletivo sobre a cortina, utilizado para estudar itens do
Planejamento de Linguagem

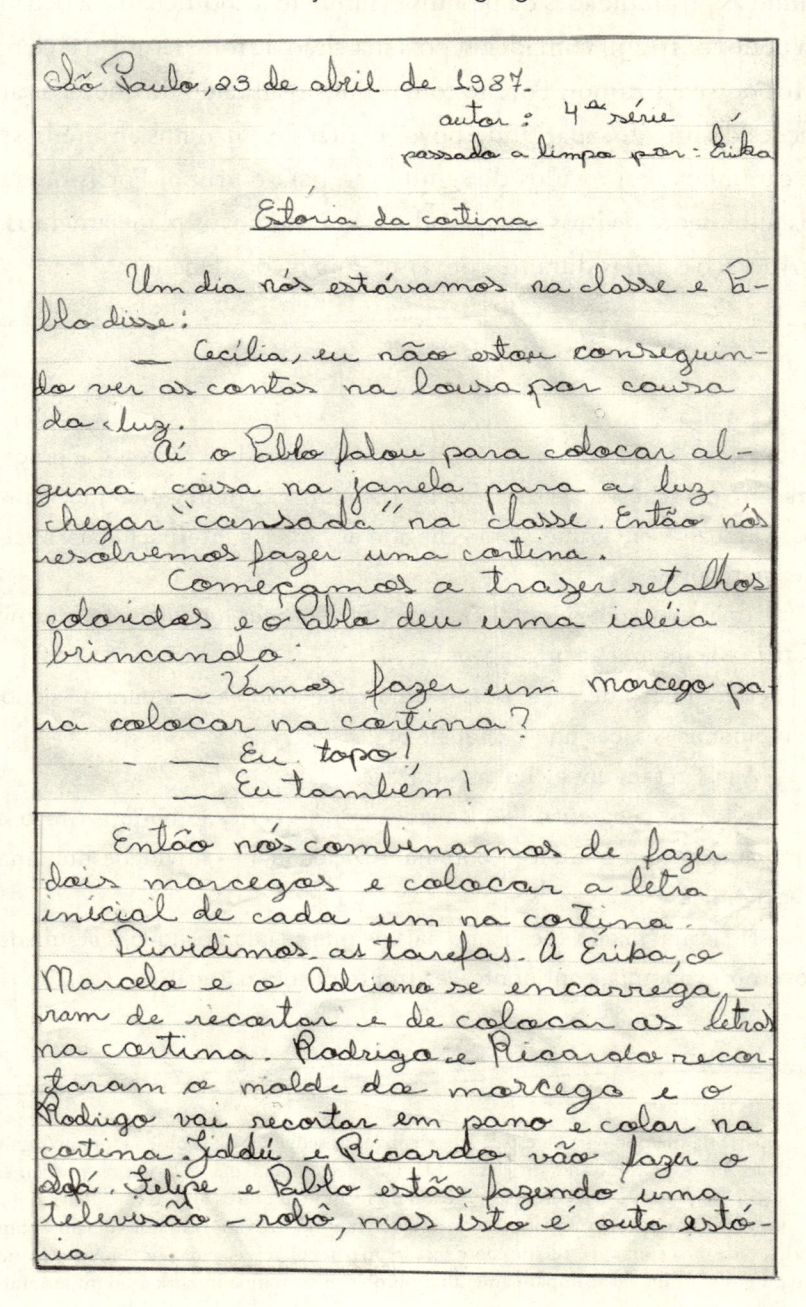

Tanto os materiais trazidos pelas crianças como os meus iam ampliando as possibilidades da pesquisa. Também a coordenadora pedagógica pôde contribuir com ideias, pois sua visão de fora permitiu enxergar outros possíveis rumos. Porém, tomávamos o cuidado de que essas ampliações do projeto, abarcando novos conteúdos, não nos enveredassem por caminhos desprovidos de significado para o grupo. Por isso, eram constantemente revistos e reavaliados, gerando novos planejamentos.

Anotações feitas durante conversa[8] com a coordenadora:

18/05/87

Pesquisa

– Pedir para trazerem diferentes jornais, ver suas partes. Cadernos, tiragem, manchetes. Sessões. Índice. Diagramação (tem gente que só faz isso). Trabalho em grupo. Como chegam as notícias internacionais? Função do repórter.

– Trabalhar com o jornal escrito X falado = ler e ouvir uma mesma notícia e comparar as linguagens.

– Como lição de casa, passar uma notícia do escrito para o falado. Combinar as sessões de TV daquele dia.

– Alguém tem um globo para trazer?

– Aspecto geográfico — localização do Império Romano e Grego e comparação com o atual (economia e sociedade) — atividade humana e econômica.

– No jornal falado, localizar o país de que se fala no globo, sistema de governo, economia, continente. Faz fronteira com o Brasil?

[...]

8. Fazia parte da metodologia da escola haver conversas semanais da coordenadora pedagógica com cada um dos professores de classe. Elas aconteciam em dias e horários previamente previstos, coincidindo com o das aulas de artes, momento em que os alunos trabalhavam junto com outra professora. Tive três coordenadoras diferentes nos três anos em que trabalhei com as 4as séries, cada uma com seu estilo de coordenação, mas as conversas semanais eram sistemáticas, mantendo uma rotina de acompanhamento do professor com uma interlocução importante.

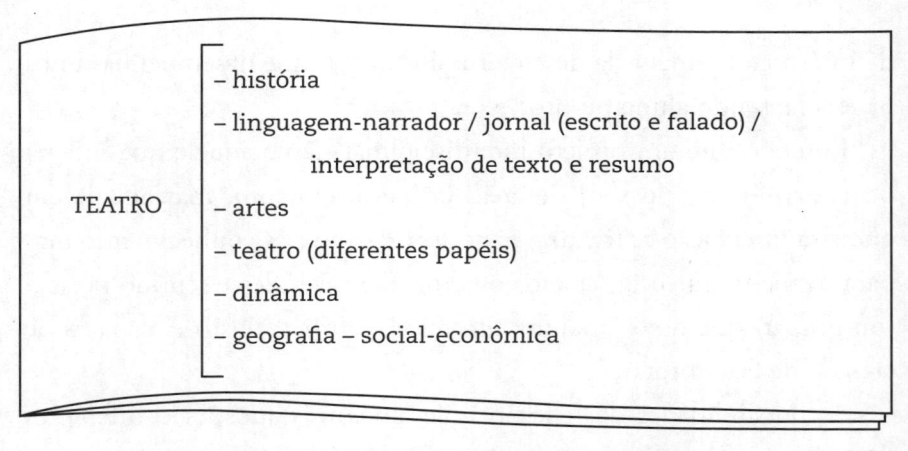

TEATRO

- história
- linguagem-narrador / jornal (escrito e falado) /
  interpretação de texto e resumo
- artes
- teatro (diferentes papéis)
- dinâmica
- geografia – social-econômica

A esta altura, o projeto de pesquisa abarcava aspectos os mais diferenciados: geográficos, históricos, econômicos, políticos; aspectos relativos às linguagens oral e escrita, linguagem jornalística e, portanto, atualidades, além da oportunidade de trabalharmos com a organização e as responsabilidades quanto aos prazos combinados.

Porém, o mais forte nesse grupo era o jogo, o lúdico, de forma que não aprofundamos alguns dos tópicos desse planejamento, para desenvolver mais amplamente os aspectos mais carregados de vida, ou, como os chamávamos, os que *batiam no coração*.

Ampliando o espaço lúdico

Naquela época, eu percebia, apenas, que não deveria forçar que caminhássemos pelo estudo dos aspectos geográficos, ou políticos, por exemplo. Levei algumas informações sobre eles, mas não as aprofundamos. Hoje percebo que essa decisão estava ligada àqueles trechos copiados nas primeiras páginas do Diário, antes do início das aulas. Eles expressavam meu próprio projeto de trabalho: permitir na escola as experiências *pessoais* de modo que a aprendizagem dessa ou daquela disciplina não tivesse prioridade sobre elas. O que percebia nas crianças era a busca de viver essas experiências através do lúdico, das brincadeiras de interpretar papéis, da descoberta dos papéis que desempenhávamos na escola, sendo aluno ou professor.

Entendo que um projeto interdisciplinar não é aquele que integra o maior número possível de áreas do conhecimento, mas aquele em que essa integração se faz através do *sentido* que esse conhecimento tem para o sujeito que o busca e o constrói. É através desse sentido pessoal (ou grupal) que nos tornamos autores e *autoridade*, isto é, capazes de crescer, de fazer brotar.

As possibilidades de reflexão hoje, após três anos,[9] são diferentes daquelas que tinha à época, pois a distância do vivido e as leituras que fiz nesse período ajudaram a aprofundá-las. Entretanto, naquele período, contava não apenas com o Diário, que possibilitava ampliar a visão do processo pedagógico por mim vivido, mas também com a intuição, grande leitora dos significados.

Lembro-me das dúvidas em abrir muito espaço para o lúdico em sala de aula, pois estaria "roubando" o de um trabalho "mais sério". Apesar das dúvidas, os jogos, incluindo o dramático, tiveram seu espaço. E, lançando-me neles, como parceira, pude descobrir sua seriedade. Jogar é também refletir, é também conhecer.

Uma das brincadeiras "sérias" era escrever uma pequena notícia, como lição de casa, para que, na Roda, ela "passasse na TV", utilizando a TV construída na aula de artes. Além das risadas e das improvisações que a situação promovia, podíamos experimentar palcos e plateias, treinar a escrita e a leitura oral e explorar a linguagem jornalística.

---

9. Essa data, "três anos depois", refere-se ao momento em que analisava experiências com a classe de 1987 e escrevia a dissertação de mestrado, defendida em 1991, e publicada em livro em 1993. Faço a revisão deste livro, para a 5ª edição, exatos trinta anos depois de ter vivido a história narrada neste capítulo. Muito mudou nesse período, não só eu mesma, como o mundo: trinta anos atrás não tínhamos computadores pessoais, internet, nem celulares… Entretanto, ao reler essas histórias de sala de aula, e sua análise, percebo sua força humana e a atualidade em termos dos desafios educacionais que enfrentamos.

Outra de nossas brincadeiras era a de mudar de lugar na sala, sentando em outra carteira e assumindo o jeito e o nome de um colega. Valia também assumir o meu "posto" na lousa, imitando-me como professora, pois também eu entrava no jogo, assumindo a posição de algum aluno, imitando sua maneira de sentar e agir. Nessa brincadeira, a classe se transformava numa grande bagunça, pois todos se manifestavam, agitando-se e criando por vezes uma caricatura do colega representado. Cada quadro durava poucos minutos, quando eu dava novo sinal e assumíamos novas posições. O professor postiço dava broncas e pedia silêncio, mas nunca conseguia ser obedecido. Eram momentos em que, apesar de minha presença, era como se eu não estivesse ali, pois havia me transformado em um deles. Era uma oportunidade de darmos muitas risadas, juntos, além de aprendermos sobre nós mesmos, observando o outro. Assim conseguíamos quebrar a dureza de outros momentos, marcados pela exigência de silêncio e organização.

Figura 2 – "Jogo de TV": escrever notícias e "passá-las" na TV

Foi através dessa brincadeira que consegui "conversar" com Felipe, uma das crianças em quem eu havia dado uma grande bronca no início do dia, quando, tendo terminado sua atividade, andava pela sala brincando com a vassoura. Antes da bronca, eu havia pedido por várias vezes que se sentasse para não atrapalhar os outros, enquanto eu respondia as dúvidas. Dizia-me: "Já acabei, não tenho nada para fazer", apesar de minhas sugestões: ler um livro, corrigir a lição de casa ou desenhar. Continuou brincando com a vassoura e conversando pela sala. Até o momento em que perdi a paciência. Felipe finalmente sentou-se, mas ficou não apenas quieto como também chateado. E eu também, pois não gostava de gritar nem de vê-lo daquele jeito. Tentei aproximar-me na hora do recreio para conversar, mas não consegui. No final do dia, fizemos a brincadeira de troca de lugares e, coincidentemente, numa das vezes, enquanto eu sentava em seu lugar, ele assumia o meu. Aproveitei a oportunidade e saí pela sala passeando com a vassoura. Ele não me via, preocupado que estava com o restante da classe que "zoneava". Fui até a lousa e comecei a apagá-la com a vassoura. Foi aí que se dirigiu para mim gritando:

"Felipe, senta, larga essa vassoura!"

"Já acabei, não tenho nada pra fazer...", respondi, dando de ombros.

"Senta!!!!", gritou arrancando a vassoura das minhas mãos.

Fui sentar e fiquei emburrada "com bico", até que ele me visse. E, quando viu, rimos juntos da situação. Foi a "conversa" mais esclarecedora que poderíamos ter.

Esta situação toda não foi planejada. Mas também só ocorreu porque estávamos em sintonia, sensíveis com os outros e abertos para aproveitar as oportunidades que aparecessem (e as sincronicidades se manifestassem, diria Jung). As oportunidades de brincar estavam sendo muito preciosas para mim, que redescobria um jeito mais solto de ser, sem com isso deixar de assumir as responsabilidades e meu papel de professora.

Foi a partir desses aprendizados com as crianças que acabei vencendo a timidez que impedira Dona Virgília de entrar em cena.

Dessa vez a oportunidade apareceu num dia em que eu estava muito exigente, devido à pressão de abordar os conteúdos no tempo determinado. Na hora do recreio, vivi grande descontração na sala dos professores que conversavam comendo brigadeiros e bolo. Percebendo a "dureza" do dia com as crianças e minha insatisfação com isso, acabei inventando um novo jogo. Quando voltei à sala, levava, escondidos, alguns brigadeiros que roubara (os brigadeiros que sobravam da festa de alguma criança da escola iam para a sala dos professores, só para os professores...). Dei uma ficha de matemática e anunciei que precisaria ir à secretaria, dizendo que viria uma substituta. Aproveitei minha braveza anterior para fazer recomendações sobre a necessidade de concentração na atividade e respeito à substituta, pois quando eu voltasse, queria a ficha pronta. Mal saí, voltei. Porém, diferente. Falava devagar e dizia ter vindo substituir a Cecília. Diante das interrogações e desconfianças das crianças, comecei a desabafar. Disse que tinha ouvido na sala dos professores comentários de que a Cecília era muito brava, mas que ela não queria ser assim e não sabia como fazer para ser diferente, pois deveria obedecer aos regulamentos da escola, dar conta dos conteúdos etc.

Novamente, nova "conversa" se dava através de um jogo e era assim que aprofundávamos a reflexão sobre nós mesmos, sobre o que vivíamos. Era esse o nosso canal de comunicação.

29/05/87

VIVA!
Relendo dia 27/03 vejo o quanto cresci. Neste dia eu havia pensado em entrar na classe como Dona Virgília, interpretando um papel para quebrar a dureza da Cecília. Mas me sentia incapaz, tímida. E hoje aconteceu...

Foi espontâneo, praticamente (eu não havia preparado ontem, mas a oportunidade apareceu).

Estou bem mais solta...

Dou aula e muita bronca com humor. Isto é o importante. O prazer em assistir à aula e dar aula.

As crianças estão fazendo uma tabelinha de minhas broncas. De fato, pego mesmo no pé. Exijo responsabilidade e que cada um assuma suas tarefas e atos.

FIZ MOLECAGEM: Saí da sala e disse que ia mandar uma substituta. Entra a Cedibra (como o Pablo me chama) e interpretei. Aí pude soltar. Imediatamente o Felipe levantou-se e foi discutir comigo, mandando-me embora. Saio e peço, por favor, para ficar. Ele resolve dar-me uma chance. Dou os brigadeiros que a Cecília não poderia dar porque é professora e existem regras na escola.

Ela sai e entra a Cecília, que avalia o dia e cobra os problemas de matemática para segunda-feira. Preciso tomar cuidado de não bagunçar a cabeça deles. De não dificultar de conseguir silêncio.

Valeu por eu ser cúmplice.

Durante o ano a Cedibra apareceu várias vezes, principalmente quando a Cecília estava muito brava. Era uma personagem que não dava bronca, não pedia silêncio (nem conseguiria, se pedisse), mas também não tinha nenhuma responsabilidade quanto ao encaminhamento dos estudos, afinal, era a substituta. E uma substituta que não tinha qualquer autoridade, por isso, pedia sigilo quanto às farras e aos brigadeiros: "Se a Cecília souber não me deixa mais vir substituí-la." Era um jogo de coerência em que tínhamos que estar atentos para lembrar o que cada um sabia.

Após algumas aparições da Cedibra, tentei conversar, em Roda, sobre ela, mas não consegui. Foram unânimes em se negar a falar da Cedibra para a Cecília. Provavelmente porque a Cedibra estaria correndo "perigo de vida" caso desfizéssemos o jogo. Esse encaminhamento das crianças foi muito positivo, ensinando-me a usufruir das vivências sem precisar verbalizar e explicar sempre. Aprendia a controlar minha ansiedade, a cultivar a paciência e a calar-me...

Assim, trocando o que sabíamos por aquilo que precisávamos aprender, éramos todos professores e alunos e o jogo caminhava através da cumplicidade e da parceria.

Montando o teatro interdisciplinar

Até maio, o projeto de pesquisa sobre o teatro havia caminhado mais em seus aspectos teóricos: o estudo de suas origens e das funções de cada profissional envolvido. O texto que seria encenado também já estava pronto, elaborado coletivamente nas aulas de linguagem. Também já tínhamos algumas experiências de palco, através dos vários jogos e dramatizações.

Junho foi, então, um mês de trabalho intenso com a prática, para a montagem da peça *O segredo do castelo do Drácula*. Paralelamente, encaminhávamos os conteúdos nas diferentes áreas. Com a cumplicidade e o objetivo comum, as aulas transcorriam sem as conversas paralelas e as brincadeiras, de forma que rendiam muito e ganhávamos tempo para o teatro.

Outros professores também participaram do projeto, abrindo espaço em suas aulas para os ensaios e desenvolvendo alguns trabalhos específicos. Com o professor de educação física ensaiaram as posturas e a movimentação, pois não poderiam ficar de costas para o público, por exemplo. Nessas ocasiões, desenhavam com giz, na quadra esportiva, os vários cômodos do "castelo do Drácula", pois a sala de música, onde seria montado o palco, estava ocupada naqueles horários por outras classes. A professora de música ajudou com a sonoplastia, e a de artes, com o cenário. A de matemática ajudou com o Sistema Métrico Decimal, pois o palco itinerante precisava ter as medidas certas para que ensaiassem a correta circulação dos personagens de forma a não trombarem pelos "corredores do castelo" no dia da apresentação.

Nesse ano, o "gancho" para trabalhar de forma significativa com o Sistema Métrico foi o teatro. Revi o processo vivido no ano anterior (com a planta da sala de aula) e reconstruí o planejamento para esse ano.

09/06/87

Ontem e hoje foram joia, resolvemos "mandar ver" no teatro e trabalhar nele todos os dias para apresentar ainda este mês.

[...]

Combinamos que para dar para cumprir com todo o conteúdo, temos que trabalhar super em silêncio sem qualquer brincadeira.

[...]

A Erika trouxe outra ideia para o cenário que bolou com sua mãe. Ideia joia, de fazer os vários cômodos na frente e atrás, de modo que não precisaríamos estar trocando, mas ficariam todos montados o tempo todo.

Depois da Roda, com as "bolações" do teatro, estudos do cenário e novas ideias para falas, resolvemos (eles optaram, pois eu deixei em aberto) ter aula de divisores: chegamos até números primos!!

Que empenho! Que concentração! Que dedicação!

Estão todos de parabéns! Seria legal eu levar um bolo, mas estou sem tempo para fazer e sem dinheiro para comprar.

Foi bárbaro ir à sala de música medi-la, já traçando um paralelo entre metro e centímetro (1m = 100cm, 2m = 200cm etc.) e vendo a unidade padrão que adotamos em cada caso.

Para amanhã: ir à sala de música tirar medidas do piano para representá-lo. Unir planejamento de medidas com o trabalho com o cenário.

Junho foi um mês de grande correria. Desenvolvemos os conteúdos específicos daquele mês em aulas mais formais. Paralelamente, encaminhávamos o projeto do teatro, que também envolvia diferentes aspectos. Mas, em alguns momentos, as paralelas se encontravam, pois conseguíamos trabalhar com os conteúdos juntamente com algumas etapas da montagem da peça. Foi o caso do Sistema Métrico Decimal, dos trabalhos de linguagem oral e escrita e de aspectos da gramática, explorados nas revisões do texto cênico.

Foram esses "casamentos" com o conteúdo que viabilizaram tempo para a montagem do teatro. Conseguíamos "esticar" o tempo, de forma que até algumas partes do cenário puderam ser feitas em classe, pois os cinquenta minutos semanais da aula de artes não deram conta.

A organização das atividades em sala era extrema, mas, com a cumplicidade e a parceria no projeto comum, a espontaneidade e a alegria não eram comprometidas.

Descentralizamos as tarefas de modo que ocorressem paralelamente. Por exemplo, alguns se responsabilizaram pela confecção dos convites para todas as crianças da escola, desenhando e imprimindo, enquanto outras verificavam o número de crianças por sala e a capacidade da plateia, organizando o número e o horário das reprises para que toda a escola pudesse assistir à peça. Outras dividiam as crianças em cadeiras específicas em cada fileira para anotar em cada convite, além daquelas que davam os últimos retoques no cenário. Toda essa montagem fazia parte do "jogo do teatro".

Não tínhamos até então qualquer registro do processo vivido (além de meus registros no Diário). Foi somente às vésperas da apresentação do teatro que esta minha preocupação ganhou sentido para as crianças. Combinamos de registrar com fotos e vídeo.

O sentido do registro para as crianças estava relacionado com as perspectivas para o segundo semestre: fazer um livro com as fotos tiradas. Porém, quando retomamos as aulas, em agosto, o projeto do livro teve que esperar, pois nos aguardava uma grande quantidade de conteúdos a serem desenvolvidos até outubro, quando seriam os "vestibulinhos" para a 5ª série.

Um mergulho no estudo dos conteúdos formais – com prazer e disciplina

No período de agosto a outubro, trocávamos ideias para o projeto do livro, vendo as fotos e imaginando como faríamos. Mas não podíamos encaminhá-lo. Agora éramos todos nós que aprendíamos a controlar a ansiedade e encarar nossa realidade: estudar e estudar.

Entretanto, nesse período, a Roda garantia o espaço de encontro e das conversas com significado. Às vezes, seu tempo excedia os trinta minutos combinados, "invadindo" outras "aulas". Mas, nesses casos, acabávamos compensando, ou porque já havíamos adiantado, na Roda, o trabalho com algum conteúdo, ou porque o restante do dia rendia muito devido à sintonia dos interesses e ao clima de prazer que também invadia as outras aulas. Esse clima e suas consequências já haviam sido experimentados em junho, quando montávamos o teatro. E a certeza de que teríamos capacidade para compensar nossos "abusos", ou melhor, o tempo acrescentado à Roda, estava fundamentada no que já havíamos vivido e que os registros no Diário não deixavam esquecer. Um exemplo estava registrado no dia 09/06/87,[10] quando adiantei o planejamento da matemática, pois as crianças estavam empenhadas nos projetos coletivos.

Descobria que a sintonia e as intersubjetividades que construíamos com a Roda, além de ajudar no encaminhamento dos estudos, também possibilitavam uma organização interior e disciplina.

Este trecho exemplifica uma Roda que durou uma hora:

---

10. Cf. seção "Montando o teatro interdisciplinar", onde reproduzi esse trecho do Diário.

12/08/87

Hoje, quarta, a Roda "pegou fogo": muitos assuntos e muito envolvimento:

1. Comecei falando do pique dos outros dias de agitação... "Espero que hoje seja mais calmo..."

2. Tiramos novamente o amigo secreto e fizeram questão que eu entrasse. Clima gostoso e amigo...

3. Livro do Pablo sobre espiritismo. Ressaltei que alguns acreditam e, outros, não.

4. Jiddu conta quando fez o jogo do copo e colocou uma vela com pavio pequeno. Yan colocou o vidro de álcool do lado. O fogo subiu e queimou um amigo deles. A conversa deslancha sobre os perigos do álcool com fogo. Contam casos, e eu, também.

5. Bebedeira e vômito de Jiddu e Pablo. Por que não é bom criança beber? Faço um paralelo com os vícios (fumo e drogas) como fugas da realidade e do quanto isto pode afetar o sistema nervoso, principalmente das crianças.

Quando terminamos a Roda eram 14:15!

Mas valeu muito a pena... O estudo do MMC e MDC rendeu muito. Crianças calmas. Baixou a agitação. Pude dizer "pau na máquina" e com isto conseguimos fazer todo o proposto num tempo mínimo! [...]

Quando respondemos às necessidades internas, ocorre uma sensação de preenchimento que nos possibilita calma e organização interna para tratar de assuntos outros. Possibilita disciplina.

Escrever o Diário também era uma atividade que me possibilitava essa disciplina e organização interior. Muitas vezes, em períodos de agitação interna, consegui, após o desabafo no papel, a calma necessária para enxergar o que vivia[11] e também vislumbrar possibilidades para encaminhar o trabalho.[12]

Por essas vivências, percebo a Roda e o Registro sintonizados num mesmo canal: de busca dos significados do vivido (momento de avaliação) e de perspectivas para ações futuras (momento de planejamento). Um canal que alimenta projetos interdisciplinares, relacionando teoria e prática.

Uma experiência concreta pode ilustrar como ocorria a reflexão sobre teoria e prática na sala de aula. Contarei uma situação em que comparamos a coerência entre o que falamos e o que vivemos.

Era o terceiro ano que dava aula para a 4ª série e percebia se repetir, ano a ano, a mesma dinâmica: por serem os mais velhos da escola, achavam-se superiores e merecedores de regalias. Propus que se imaginassem no ano seguinte, quando seriam os menores na nova escola, foi um exercício que possibilitou a reflexão sobre suas crenças e suas ações. E também uma possibilidade de desenvolver empatia:

28/08/87

Novamente o dia foi joia! Tivemos uma hora de Roda:

Maiores X Menores – Puxei este assunto em função de estarem se sentindo "os bons" por serem mais velhos. Não nos referimos especificamente a nenhuma situação nem a nenhuma criança. Foi com interesse que conversaram sobre isto e com muita seriedade. Além disso, se conscientizaram do que fazem:

"Mudamos as regras do jogo e os outros aceitam porque somos da 4ª."
"Têm medo de nós."
[...]

---

11. Cf. trecho do Diário, reproduzido anteriormente, relativo ao dia 20/03/1987.

12. Cf. trecho relativo ao dia 27/03/1987, por exemplo.

> Foi legal chegar a conversa até a questão do que acham justo e do que acontece. Fechei colocando que não é porque sofreram enquanto menores, que desforram agora como maiores, porque senão seria válido no ano que vem sofrerem novamente como menores e assim por diante: Não desistir nunca de lutar pela justiça.

O exercício de imaginar uma situação e pensar sobre ela possibilitou que as crianças refletissem, mudando suas atitudes em relação aos "menores" sem qualquer coerção para que isto ocorresse.

Iniciando o Registro coletivo

Até novembro, quando faríamos o livro do teatro, outras atividades e pequenos projetos haviam sido realizados. Alguns deles também celebravam o casamento entre os conteúdos e os interesses vivos das crianças, de forma que, quando passaram os "vestibulinhos", o teatro do primeiro semestre não era o único acontecimento marcante a ser registrado. A ideia das crianças era de fazer um *Diário da 4ª série*, no qual falariam das coisas diferentes que viveram naquele ano. Fizeram uma lista dos assuntos que queriam contar:

– a cortina da sala;

– o amigo secreto;

– o trabalho com poesia;

– a Cedibra;

– a Roda;[13]

– a avaliação das redações;

– a pesquisa sobre como era a 5ª série em outras escolas.

---

13. Inseri o texto escrito pelos alunos nessa ocasião no capítulo "Elaborando o roteiro", como parte da conversa sobre o que é a Roda.

Durante a escrita do livro, verifiquei o mesmo pique vivido em junho com a montagem da peça de teatro: cada um fazendo várias coisas ao mesmo tempo, isto é, envolvido em diferentes tarefas, participando ora de uma, ora de outra e ajudando os outros com as deles.

O principal objetivo, porém, não era o mesmo que o de junho, quando montaram a peça: não se tratava mais de jogar e experimentar papéis, mas de contar a nossa história.

Percebia o quanto valera a pena esperar para que meu desejo de trabalhar com a escrita significativa e os registros se concretizasse. Foi preciso esperar que, através das vivências, nascesse o grupo, para que depois disso, naturalmente, brotasse o desejo de "contar para as outras pessoas o que a gente faz".[14] Conhecimento que, gestado no grupo, vai ao mundo.

Através dos vários teatros vividos, passamos de adversários a parceiros. Romanos, Drácula e Cedibra foram algumas das máscaras que nos ajudaram a tirar as nossas próprias e descobrir, por trás dos papéis que interpretávamos, de professora e alunos, a pessoa de cada um, com a capacidade de descobrir outras formas de ser, ensinar e aprender, porque, além de atores, éramos também autores.

Dou agora a vez e a voz aos parceiros-autores para contarem a sua versão do vivido, o que será feito através de alguns trechos do livro que escreveram, o *De repente*.[15]

---

14. Expressão usada pelas crianças para explicar o que pretendiam com o livro.

15. Fiz uma seleção das partes consideradas mais significativas. Meus comentários, inseridos entre os textos das crianças, não faziam parte do livro *De repente*. Optei por fazê-los neste livro como forma de oferecer aos leitores mais elementos da análise daquela prática pedagógica.

DE REPENTE...

Um livro, uma lembrança e um pouco de poesia.

Cedibra briga?
não
Cedibra alegria.
E a Cecília?
até que não
mas dá muita lição

2 x 4 = TEATRO
Era uma vez
8 atores
num grande fato,
a 4ª série do CRIE

1987

Cecília (Cedibra), Érika, Adriana, Rodrigo, Ricardo, Pablo, Felipe, Jiddú e Marcello.

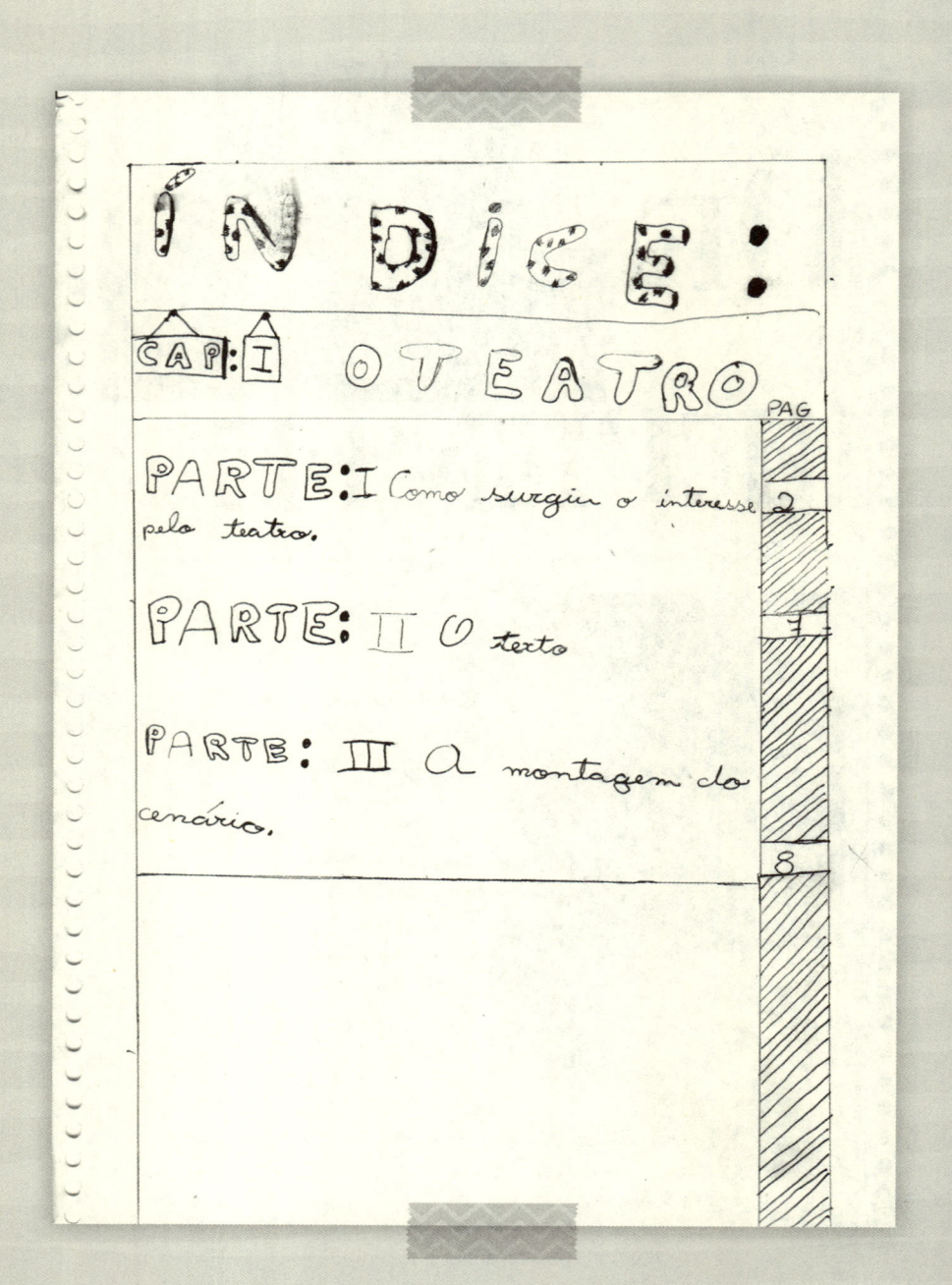

ÍNDICE:

CAP:I   O TEATRO

PAG

PARTE:I Como surgiu o interesse pelo teatro. — 2

PARTE: II O texto

PARTE: III A montagem do cenário. — 8

PARTE - I: Como surgiu o interesse pelo teatro.

O nosso interesse pelo teatro surgiu quando a Erika trouxe o seu livro.

O livro era de teatro e começamos a lê-lo na Roda.

(A Roda é um lugar onde nos reunimos e discutimos assuntos que estão "latejando" nas cabeças dos alunos)

Depois, os outros trouxeram mais livros e a irmã da Augusta emprestou mais dois.

Os livros que a irmã da Augusta emprestou falavam que o teatro surgiu na Grécia Antiga.

Então o Felipe e o Jiddú fizeram uma pesquisa sobre a divisão da história, para descubrir em que época o teatro surgiu.

Eles fizeram um mapa e a linha da história.

Pesquisaram em livros de História Universal e em atlas que a Cecília trouxe.

O nome dos livros que lemos juntos eram: "Eu e o Teatro" da Ana Maria Machado, "Vamos fazer Teatro?" de Ganymédes José;

"Introdução e História" da série Teatro vivo da Editora Abril e "O Teatro" da série biblioteca para crianças da Editora Abril.

Interpretamos "O menino que queria ser estrela".

Cada um lia a fala de um personagem.

Este livro foi escrito por Eduardo Moreira.

Também interpretamos na televisão (O Felipe e o Pablo construíram uma TV do tamanho real, na aula de artes.) os textos que a gente mesmo fazia em casa.

Além disso, dramatizamos algumas cenas que tinha no livro que a Erika trouxe!

Com outros livros estudamos a vida dos Romanos e fazíamos dramatização de alguns trechos da vida deles.

Por exemplo: lutas entre gladiadores e feras nas arenas.

Depois disso, resolvemos escrever o texto da peça do nosso teatro.

PARTE II O texto

Começamos a fazer o texto quando a Cecília estava viajando. A Claudia tinha substituído a Cecília e enquanto isso a gente começou o texto.

Então estudamos os parágrafos, travessões, a função do narrador, ortografia, gramática, substantivo e adjetivo.

Todos ditavam idéias para que o texto ficasse interessante.

Todos copiaram o texto até a metade e terminaram em casa, porque já ia terminar o semestre.

Parte - III:
A montagem do cenário

Fizemos uma lista do que íamos precisar na peça, e dividimos todas as tarefas precisas para completar o cenário da peça.

Combinamos de fazer o cenário na aula de artes. Como faltavam poucas aulas de artes para acabar o semestre, tivemos que usar algumas da Cecília, a nossa professora, para construir o cenário, mas com uma condição:

— Quando formos estudar sobre o conteúdo, é silêncio absoluto e "pau na máquina", está bem?

Nós todos concordamos.

Íamos fazer o teatro na sala de música e por isso tivemos que ir lá medir o espaço do cenário e os móveis que íamos usar.

Voltamos para a classe e fizemos uma planta do cenário. Como a planta precisava ser menor que a sala de música, tivemos que usar a proporção de 50 para 1. Cada 50 centímetros da Sala de Música valia 1 centímetro na nossa planta. Usamos a trena, a fita métrica, o metro, a régua e o esquadro. Estudamos os cm, mm e o m.

Usamos as aulas do Flávio, o professor de Ed. física, e da Joya, a professora de música, para ensaiar a peça. Montamos o cenário na quadra e ensaiamos lá, porque a sala de música estava ocupada. Estudamos com a Joya e o Flávio as vozes de cada personagem, e o movimento das asas do Drácula.

Como o espaço para o cenário era pequeno para todos os cômodos e movimentos dos atores, tivemos a idéia de abrir e fechar a cortina, para poder mudá-lo. E quem abria era a Cecília. No começo, ela teve algumas dificuldades nas horas em que tinha que abrir e fechá-la.

geladeira

janela da sala de jantar

Fogão

mesinha

Lista dos objetos para a peça

1) Corredor

quadros

espanador de pó

2) Quarto de hóspedes

cortina

almofadas e 2 lençóis
porta que arrebenta
rineta

3) Cozinha

geladeira com saquinhos de
sangue
fogão com um caldeirão
orelhão FM

4) Salo de jantar

mesa
6 cadeiras com toalho em cima
castiçal
  prates e talheres
  cortina com craft
pote de pate ...

5) Depósito

caveira de gesso
  teia de aranha
  forca
    corrente na parede

6) Caixão

o caixão fica entre o
depósito e o quarto de
hóspedes

7) Frente da casa

pegar um craft e desenhar
telhas

8) Pano para tampar o terraço

Desastres e Confusões

1) Caiu água no papel que era o fundo da geladeira.

2) A cortina do quarto de hóspedes despencou.

3) Depois da peça, a Cecília veio nas férias e montou o cenário na classe para fazer uma surpresa pra quando começasse as aulas. Mas a dona Quitéria não sabia que era pra deixar do jeito que estava e jogou tudo no lixo.

4) E também para completar, nós perdemos um pedaço da cortina.

5) Saiu o barbante que segurava a cortina. Por isso tivemos que prendê-la com fita crepe.

6) Alunas da 1ª série trocaram as cadeiras porque queriam sentar juntas. Cada uma ganhou um convite com seus lugares marcados.

A narrativa do processo do teatro feita pelas crianças foi escrita em três partes: "Como surgiu o interesse pelo teatro", "O texto" e "A montagem do cenário". Fizeram também um Registro da etapa do planejamento, "Lista dos objetos para a peça", e outro da de avaliação, com relatos sobre os "Desastres e confusões". Esses textos foram escritos por diferentes pessoas, submetidos à apreciação do grupo e passados a limpo por outras, com um forte espírito de grupo e cooperação.

Esses textos também mostram como as crianças percebiam a participação de conteúdos básicos da área de linguagem e de matemática e a de outros professores, de educação física, música e artes no projeto do teatro.

A organização necessária para a execução desse projeto também é explicitada pelas crianças que relatam a forma como combinamos para viabilizá-lo. Poderíamos abrir espaço para diferentes tipos de atividades, fossem lúdicas ou plásticas, conquanto conseguíssemos, em outros momentos, deslanchar com os conteúdos da forma mais proveitosa possível, isto é, concentrando-se ao máximo. Ao escreverem o texto que relata essa passagem, pediram que eu registrasse com a minha letra a frase que usei para propor esse acordo ("Quando formos estudar sobre o conteúdo, é silêncio absoluto e "pau na máquina", está bem?").

A frase "nós todos concordamos" mostra que, apesar do projeto coletivo e do espaço para a criação, havia uma clara definição dos papéis de professor e aluno, cabendo a mim a direção do processo. Porém, isso não impedia que eu também, como eles, estivesse aprendendo coisas novas e tivesse as minhas dificuldades, como na hora de abrir e fechar a cortina entre as cenas, o que também aparece no relato das crianças.

DIÁRIO DA 4ª SÉRIE

CAP: II

ASSUNTO:

Cedilha	48
Pesquisa das escolas	51
Questionários	53
Tabulação das pesquisas	55
"Escolas 'liberais' tentam formar os futuros dirigentes do país". - artigo da Folha de São Paulo	60
"Professores da Equipe exigem muita leitura de seus alunos."	62

São Paulo, 13 de novembro de 1.987.

autor: Érika

Caderno de assuntos da Roda

Começamos com o caderno de assuntos da roda quando cansamos de escrever no caderno da Cecília (caderno onde a Cecília faz suas anotações).

Arranjamos um caderno e todos os dias fazíamos a pauta da roda nele. No começo era a Cecília que fazia, mas depois nós começamos a fazer. Também fazíamos nossas anotações sobre o teatro e etc...

Anotávamos as coisas que tínhamos que fazer no dia. Só que um dia, a Cecília não deixou desenhar durante a roda, porque o caderno iria ficar desorganizado e dispersar o que estávamos discutindo.

São Paulo, 5 de novembro de 87
Felipe.

Biblioteca da classe

Quando resolvemos fazer a biblioteca, todos trouxeram livros e gibis. Assim, todos que que acabavam as lições, podiam ler em vez de ficar despertando os outros. Mas que pena, a Cecília proibiu os gibis! Agora, como todos já leram os livros e por causa dos gibis, a biblioteca ficou sem graça.

São Paulo, 5 de novembro de 1.987.

Caixa de idéias

A caixa de idéias, foi inventada porque era muito difícil escolher o tema da redação. Então toda 4ª feira traziam idéias de temas para a caixa de idéias

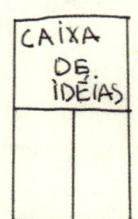

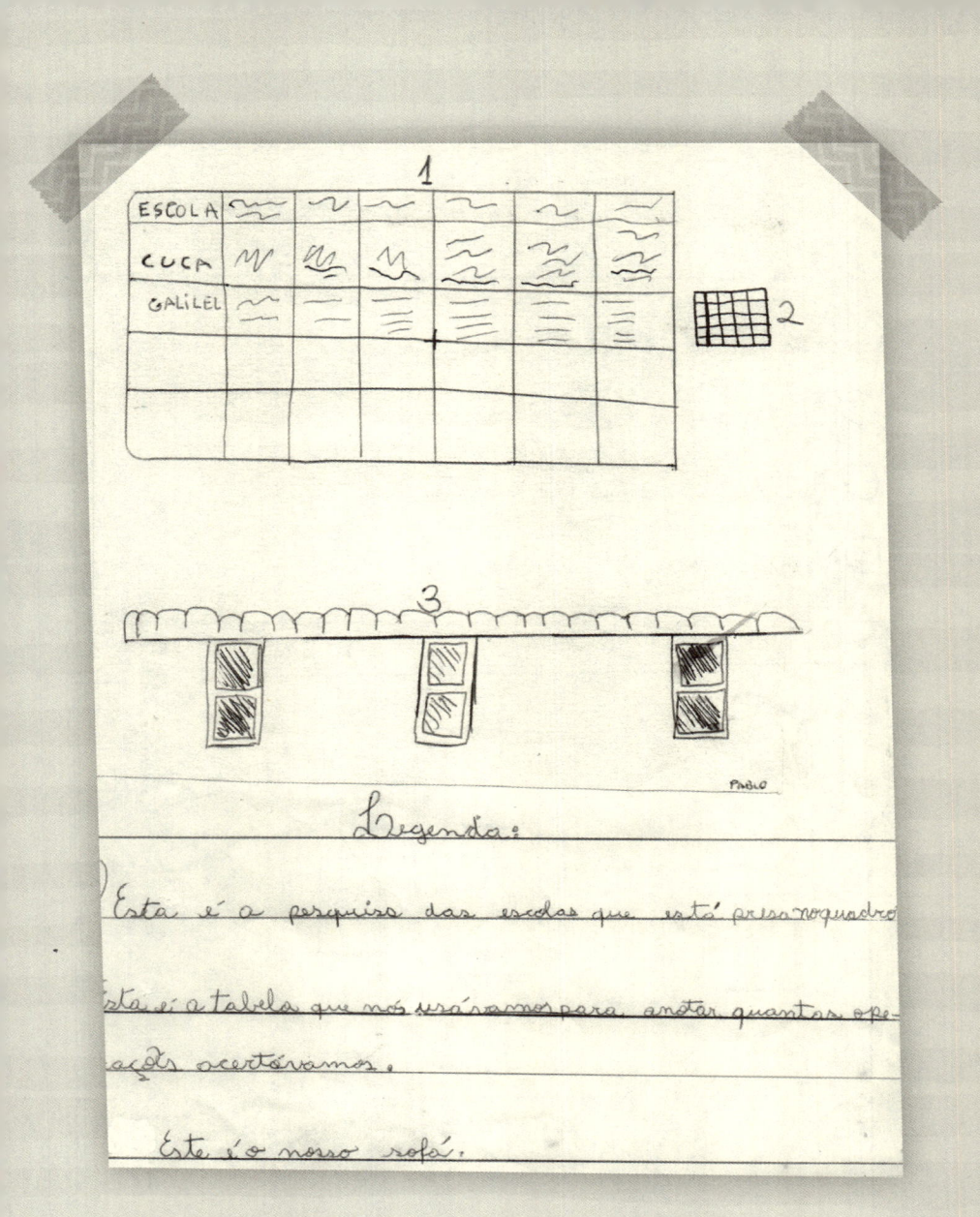

Legenda:

Esta é a pesquisa das escolas que está presa no quadro

Esta é a tabela que nós usáramos para anotar quantas operações acertávamos.

Este é o nosso sofá.

LEGENDA

① Televisaõ que o Felipe e o Pablo fizeram

② Pesquisa da 5ª série

③ A roda

④ Janela com a cortina.

⑤ sofá da 4ª série

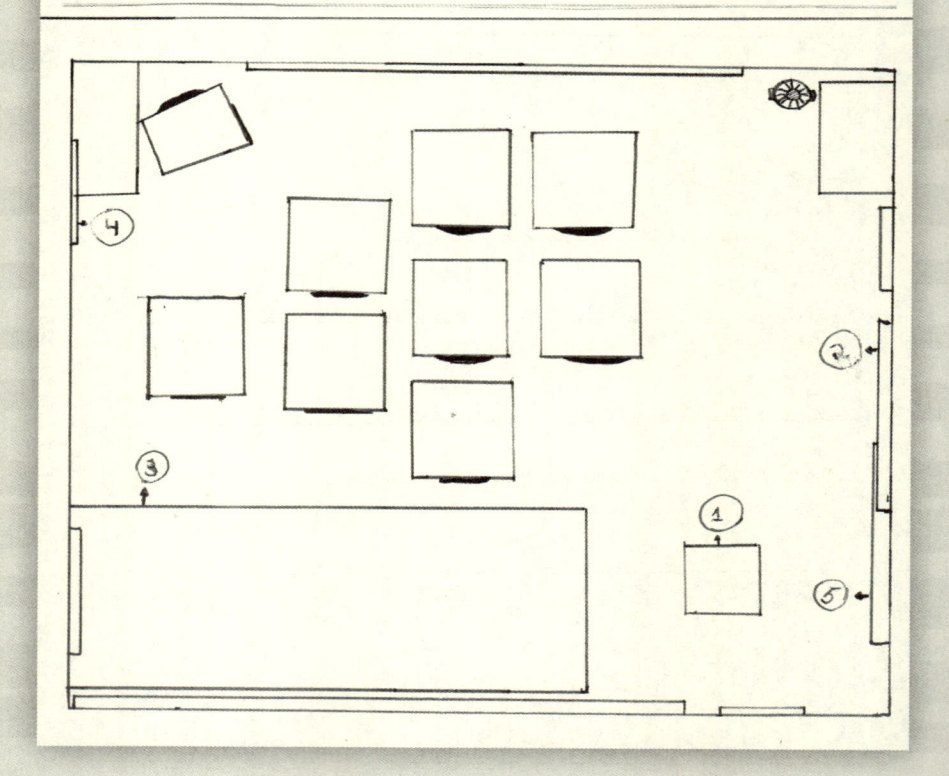

A atuação sobre os espaços da sala de aula foi muito importante nesta classe, pois veio inaugurar a possibilidade de interferir e agir sobre nossos fazeres. Acredito que isto tenha ajudado a transformar a atitude das crianças frente ao conhecimento, pois, no início do ano, eram muito passivas, aguardando que todos os encaminhamentos partissem de mim.

A cortina, o sofá, a televisão, o tapete onde sentávamos para a Roda, assim como os registros das atividades significativas, pendurados na parede (a pesquisa da 5ª série etc.), compunham o "cenário" da sala de aula.

Aproveitei a ideia do amigo secreto, sugerida pelas crianças, e a incluí em nossa rotina semanal, por acreditar que qualquer atividade, mesmo do tipo lúdico, tem muito a nos ensinar, e podemos dialogar com os conteúdos obrigatórios. O amigo secreto, por exemplo, ajudou a desenvolver a organização temporal, a responsabilidade no cumprimento das regras combinadas, além do controle da ansiedade e o desenvolvimento da paciência, aspectos da inteligência emocional. Para isso, estabelecemos que os bilhetes poderiam ser escritos durante a semana e depositados numa caixa especial, porém, só seriam lidos na Roda de quarta-feira, quando a caixa seria aberta. Havia uma razão concreta para tal: evitar a dispersão durante as aulas. Esta regra não foi estabelecida de imediato, pois nem eu conseguira prever sua necessidade. Somente após vivenciar alguns dias de "zona", com a abertura da caixa em qualquer momento do dia, é que verifiquei a necessidade de estabelecer tal rotina. Assim como as crianças haviam levado sua ideia à Roda, levei a minha, expondo o que percebia quanto ao prejuízo no encaminhamento das atividades devido à dispersão.

Para mim foi muito importante vivenciar duas polaridades simultaneamente. Tanto a organização e as regras quanto a espontaneidade, a afetividade, culminando na farra dos comes e bebes no dia da entrega dos presentes. Eu aprendia um novo padrão de diretividade, que incluía espontaneidade e prazer.

São Paulo, 4 de novembro de 87
Felipe
                    Amigo Secreto

        No princípio era só idéia, depois
trouxemos para Roda a idéia. Depois de
termos discutido o preço do presente e o dia
de entrega dos bilhetes,   sorteamos
os papéis e cada um guardou o seu.
        Nos bilhetes haviam coisas engraçadas
e assinados por: Abrato de fanta, Poça de
lama, Ideda duro, Caracoles e muitos outras.
        Às vezes não traziam os bilhetes
no dia certo, até fizemos uma caixa para
colocar os bilhetes.
        Na hora da entrega dos presentes
todos comiam e bebiam numa grande
festa.

São Paulo, 26 de novembro de 1984.

Autor: Jiddú
passado a limpo: Eriba

Poesia

No dia 23 de setembro, (primavera) foi um dia de muita inspiração. A Cecília trouxe na roda o livro da Cecília Meireles "Ou isto ou aquilo", gravador, fita e o livro da Arca de Noé, de Vinícius de Morais. Ouvimos a canção que falava com muita inspiração.

O assunto do dia foi poesia.
Era uma quarta-feira, dia de redação
A Cecília deu uma sugestão:
Fazer poesia.
Uns aceitaram
E outros disseram não
Felipe queria fazer narração
Mas depois disse
que não tinha imaginação
E que pra poesia tinha mas inspiração

O Marcello olha para Cecília e diz com toda energia:
— E você, Cecília, não vai fazer poesia?
A Cecília disse que não, porque, precisava corrigir lição. Mas trouxe, no dia seguinte, a avaliação do dia em forma de poesia.

Trouxeram outras livros de poesia.
Erika : "Quem não sabe dizer não."
Rodrigo: Livro feito pela 8ª série do Equipe
Jiddú: Livro do Carlos Drummond de Andrade
O Ricardo disse uma poesia que sabia decor.

No dia das crianças, o Jiddú fez uma poesia em casa sobre criança e mostrou para a Cecília. Ela gostou, e foi mostrar para a cordenação, eles gostaram, e resolveram fazer uma circular daquela poesia.

E foram duas semanas muito gostosas de poesia.
No dia 23 de outubro, o Pablo fez uma poesia sobre a energia nuclear. A gente tinha acabado de discutir o assunto na Roda. Lemos também um artigo sobre isto na "Folhinha de São Paulo".

São Paulo, 23 de setembro de 1987

Um dia de poesia   Cecília

Esta avaliação
Na primavera em seu primeiro dia
É cheia de emoção,
Porque vivi muita poesia.

Leitura, música e opinião
Na roda com alegria
Cantamos uma canção
Que agora virou poesia.

Cecília: Poesia não quero fazer não!
O que você quer então?
Quero é fazer narração.
Mas agora não,
Acho que fazer poesia,
tem muito mais emoção.

Xi... não tenho idéia nenhuma
E o tempo vai passar.
Cecília, por que você também não faz uma,
Para poder nos ensinar?...

Silêncio! A professora vai falar!
Mas será que só ela ensina?
Sei que se eu me esforçar,
Eu é que vou lhe ensinar.

CRIANÇA

Criança.

Não porque é uma criança,

Mas sim porque é criança.

Não aquela criança,

Que sobe em árvore,

Que pula muro,

Que corre exagerado

E que tem medo de escuro.

Mas sim, criança.

Aquela que fica o ano inteiro,

Na esperança de ter um dia só seu,

Não para ganhar presente,

Mas, sim para ser presenteada,

Para ser homenageada.

Afinal,

Criança,

É criança.

Jiddú Bezerra Pinheiro de Souza
4ª Série/ 1987

Energia nuclear

Energia nuclear
Sim ou não?
Vou ter que fazera minha decisão
Mas para fazer esta decisão,
Me dá dor no coração
Sim ou não?
Já tomei minha decisão
não!
Bomba nuclear, não!

Pablo ou Rocky

ENTENDA O ACIDENTE

NUCLEAR

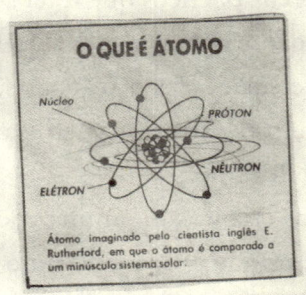

O QUE É ÁTOMO

Núcleo — PRÓTON — NÊUTRON — ELÉTRON

Átomo imaginado pelo cientista inglês E. Rutherford, em que o átomo é comparado a um minúsculo sistema solar.

*Da Redação da **Folha***

O acidente nuclear que aconteceu na cidade de Goiânia no dia 23 de setembro mostra que a radiatividade não é coisa com que se possa brincar. Nessa cidade, um cilindro de chumbo, de um aparelho que pertencia ao Instituto Goiano de Radioterapia, foi vendido ao dono de um ferro-velho. O cilindro foi arrebentado a marretadas, libertando cem gramas de césio-137 que estavam no seu interior.

Alguns habitantes do local, atraídos pela luz emitida por esse elemento radiativo, começaram a esfregá-lo em partes dos seus corpos, que ficaram brilhantes. O resultado: várias pessoas, entre elas uma criança, já morreram e outras podem ter a mesma sorte.

O brilho que os moradores viram no césio-137 surgiu a partir da divisão de pedaços muito pequenos dessa substância, os seus átomos. Presentes em qualquer objeto da natureza, os átomos são formados por pedacinhos ainda menores, chamados de prótons, elétrons e nêutrons.

Parece um sistema solar

Eles não podem ser vistos nem mesmo com a ajuda dos microscópios mais avançados. A idéia que se tem de como é a forma de um átomo foi obtida com algumas experiências e muita imaginação dos cientistas. Por isso, ainda hoje os pesquisadores procuram descrições mais precisas dessas partículas.

No átomo há duas regiões básicas: o núcleo, formado pelos prótons e nêutrons, e a eletrosfera, o lugar onde ficam os elétrons. Você pode pensar no átomo como um sistema solar. O núcleo seria o Sol e os elétrons seriam os planetas, girando ao seu redor.

Quando o núcleo de um átomo se quebra, voam prótons e nêutrons para todo lado. Nessa pequena explosão, ele libera uma quantidade de energia para o ambiente. Esta energia pode ser um tipo de luz invisível ao olho humano, que é o que ocorre com os elementos radiativos. Nessa hora, após a quebra do núcleo, prótons reunidos aos pares e elétrons se juntam à energia emitida e formam o que é chamado de radiatividade.

Como um ônibus lotado

Esse fenômeno, no entanto, não ocorre com todos os elementos existentes na natureza. Só com aqueles que têm mais de 81 prótons em seus núcleos. A radiatividade se origina de uma instabilidade no núcleo. É como um ônibus superlotado onde os passageiros começam a ser jogados para fora, escapando pelas portas.

A emissão da radiatividade pelos núcleos chama-se energia nuclear. Ela pode ser usada para várias coisas. Pode-se empregá-la no tratamento do câncer (era para isso que o césio-137 de Goiânia era usado) ou na produção de energia para movimentar indústrias ou iluminar as casas. Outra utilização seria a fabricação de bombas nucleares, como aquela que foi lançada sobre a cidade japonesa de Hiroshima em 1945, matando cerca de 66 mil pessoas.

Dia 23 de setembro foi um dia de sincronias. Era o início da primavera e inaugurávamos também o trabalho de poesia, com as fitas gravadas e outros materiais poéticos que levei à Roda. Foi também nesse dia que ocorreu o acidente com o material radioativo em Goiânia.

Apesar da diversidade das ocorrências, elas acabaram "dialogando" na Roda. Um aluno registrou suas reflexões sobre energia nuclear em forma de poesia e desenho.

A cobrança das crianças de minha coerência ("e você, Cecília, não vai fazer poesia?") acabou me mobilizando a também tentar, pois, quando escrevia o Diário, em casa, pensei: "Por que seria importante somente para as crianças se eu mesma não sabia escrever poesia?" Arrisquei-me fazendo a avaliação do dia em forma de poesia.

O clima poético permeou vários dias. Os livros de poesia de diversos tipos eram levados às Rodas, onde líamos alguns trechos. Também o Dia das Crianças, em outubro, foi comemorado com uma "reflexão poética", levada à Roda num papel embrulhadinho e todo rabiscado. Mas a riqueza do conteúdo e a emoção compartilhada levaram-nos a incrementar sua apresentação, batendo o poema à máquina e mostrando-o à equipe de coordenação da escola, que o enviou a todos os pais. Conhecimento gestado no grupo que vai ao mundo.

Também as redações entraram no clima de "jogo" que vivíamos. Inventamos as regras e códigos para avaliá-las: eu lia os textos e todos, inclusive o autor, completava o quadro, utilizando o código de cores com os critérios combinados. Depois, discutíamos redação por redação, a partir dos "relatórios" que haviam preparado. Eu complementava com meu ponto de vista.

Esta rotina de avaliação acabava repercutindo no planejamento das próximas redações, na medida em que se aprimorava a crítica e a expectativa de cada um sobre seu próximo texto.

São Paulo, 4 de novembro de 1987
nome: Adriano

Avaliação das redações

Um dia a Cecília deu a idéia de fazermos a avaliação das redações. Ela dava um papel para cada um e escrevia na lousa: título, pontuação, tema e etc. e a gente ia escolhendo. A Cecília ia lendo e depois que ela lia a redação a gente avaliava.

Depois nós resolvemos fazer outro tipo de avaliação porque tinha muitos ítens e resolvemos deixar só 4. A avaliação era assim:

nomes	Pontuação	CLAREZA (sequência de idéias)	INTERESSE (criação de um problema)	COMEÇO MEIO FIM
Adriano				
Érika				
Felipe				
Jiddú				
Marcelo				
Pablo				
Ricardo				
Rodrigo				

CÓDIGO: { O Excelente   O Razoável ou Bom
           O Jóia   O Ruim }

São Paulo, 4 de novembro de 1987.

autor: Jiddú

Cedibra

passado à limpo: Eriba

Foi num dia em que o Pablo chegou na classe com um novo apelido para a Cecília: Cedibra. Gostamos, e todos começamos a chamá-la de Cedibra.

Um dia, Cecília disse:

—Bom, agora eu vou na secretaria, mas já volto. Fiquem quietos, viu.

Alguns segundos depois, a Cecília entra na classe super diferente, tímida e mais boazinha. E fala:

— Eu sou a Cedibra, a Cecília mandou eu tomar conta de vocês.

Ela era outra mulher, mas era idêntica à Cecília, e ao mesmo tempo super diferente, ou melhor, idêntica fisicamente e diferente interiormente. Nós pensamos que ela era a Cecília

e estava brincando conosco, mas não, era Cedibra mesma.

De repente ela abre a mão com um monte de brigadeiros. Ela distribuiu e depois foi embora. A Cecília chegou, e nós não contamos nada para ela.

Desde então, nós só pensávamos em: Cedibra, Cedibra; brigadeiro, brigadeiro, Cedibra e brigadeiro. E toda classe ansiosa, esperando o dia da Cedibra nos visitar.

Certo dia, depois do recreio, a Cecília entra na classe super diferente:

A Cedibra senta e põe algo embaixo da mesa. O Pablo, rapidamente olhou de baixo da mesa e começou a falar:

— Ela trouxe brigadeiros!

Todos correram, e fizeram uma fila para ganhar brigadeiros. Ela distribuiu, ficou um pouco na classe, e depois foi embora.

Ainda ontem, eu estava escrevendo este texto, e tive uma dúvida. Quem podia esclarecer era só a Cedibra. Então eu pedi pra Cecília chamá-la. A Cecília saiu da classe e quem voltou, foi a Cedibra, ela esclareceu a dúvida e ficou até todas irem embora.

Estranho é que, sempre que a Cedibra aparece, a Cecília sai. Mas nós cobramos pra Cecília que nós queremos ver as duas "juntas", na festa de formatura.

— Cecília? / — Um aluno falou e logo foi interrompido.

— Eu não sou a Cecília, ela me mandou tomar conta de vocês. A propósito, eu sou parecida com a Cecília?

E toda classe respondeu ao mesmo tempo.

— Parece!

Mesmo durante a escrita deste texto, o "jogo" da Cedibra permaneceu: Cecília e Cedibra deviam continuar sendo duas pessoas diferentes. Minhas tentativas de integrá-las (integrar-me...) eram sempre frustradas. As crianças mantinham-me afastada dos segredos que tinham com ela. Confesso que cheguei a ter ciúmes dessa personagem, mas percebia ser impossível ser professora e Cedibra ao mesmo tempo. Ela pertencia ao mundo da fantasia.

Questionava-me a respeito dessa *esquizofrenia*, e, refletindo, entendi que era um reflexo da dissociação entre o meu processo e o da instituição. Enquanto eu procurava, naquela terceira classe de 4ª série, desenvolver um trabalho criativo, envolvendo a espontaneidade e os significados particulares, a escola vivia o oposto: passava por uma reestruturação tanto de pessoal quanto curricular, o que repercutia numa maior racionalização e objetividade.

A Cedibra foi uma oportunidade de lidar criativamente com essa polaridade. E também de lidar com minhas polaridades internas, pois foi um desafio ser coerente e "não dar bronca" nem direcionar o processo, mesmo durante os poucos minutos em que ela permanecia na sala. Reaprendi a brincar e a burlar regras, como "roubar" brigadeiros da sala dos professores. Esta era sua característica principal, expressa no desenho feito pelas crianças, ilustrando o texto.

São Paulo, 24 de novembro de 1987.

Escrito por toda a classe e passado a limpo pelo Ricardo.

Pesquisa das escolas

Começamos nossa pesquisa quando ficamos curiosos para saber como seria a quinta série em outras escolas.

Aproveitamos o estudo do teatro para fazermos algumas dramatizações de como achávamos que seria.

Combinamos de mudar de lugar nas carteiras fingindo estarmos na quinta série. Uma vez, o Felipe foi professor. Outra vez foi o marcello. O Yan (irmão do Jissei), que é aluno da quinta série do Equipe, fez o papel de professor quando veio visitar o Erie.

Mas nenhuma das vezes a peça foi muito real, porque exageramos na bagunça da classe, nas piadinhas e na braveza do professor.

Combinamos na roda as perguntas para fazer às crianças de quinta série e montamos um questionário com elas.

Pedimos para o pessoal da secretaria bater à máquina. Cada um de nós levou para casa algumas cópias do questionário para fazer a entrevista.

À medida que íamos trazendo as entrevistas feitas, íamos anotando num papel craft no quadro.

Depois disso analisamos os dados para tabulá-los. O Pablo trouxe um artigo da Folha de São Paulo onde havia uma pesquisa de 3 escolas: Equipe, Oswald de Andrade e Santa Cruz. E isso nos ajudou a tabular nossa pesquisa.

                    4ª   Série

C R I E   NOME: _____

           São Paulo,_____de_____de_____.
_____

    Vamos responder às perguntas?

                    PESQUISA SOBRE ESCOLAS

1) Em que colégio você estuda? _____

_____

2) Seu colégio vai até que série? _____

_____

3) Quantos professores você tem e de que matérias? _____

_____

4) Como é a avaliação da sua escola? Tem nota? De que tipo? ____

_____

_____

_____

5) Cerca de quantas crianças tem em sua classe? _____

_____

6) Na sua escola tem punição? Quais? _____

_____

7) Seus professores deixam você dar sua opinião naquilo que vai estudar? _____

9) Como anotar a lição na agenda? _____

_____

_____

10) Qual a hora de entrada e saída de sua escola? _____

_____

11) Quanto tempo você tem de recreio? _____

_____

12) Na hora do recreio é permitido sair da escola? _____

_____

13) Sua escola adota livros para o estudo? _____

_____

14) Você pode ir ao banheiro ou beber água durante a aula? ___

_____

15) Na sua escola vocês fazem muitos trabalhos em grupo? ___

_____

16) Detalhes da classe: (tamanho, carteiras, etc...) _____

_____

_____

PESQUISA DAS ESCOLAS

código
das Escolas
Pesquisadas

GG = Galileu Galilei
DE = Degrau
EQ = Equipe
CC = Cuoa
DA = Dante Alighieri
JD = Joana D'arc
NG = Nossa senhora
   das Grapas
VO = Vocacional
IM = Imaco
PE = Pentágono

① Vai até que série?	/ .	Escolas
gin + col	10	EQ .
prim + gin + col	20	GG , NG .
mat + prim + gin	20	CC , DE , IM .
mat + prim + gin + col	40	DA , JD , VO , PE
TOTAL	100	

código: gin = ginásio, mat = maternal, col = colegial,
prim = primário

⑦ Número de professores:

	%	ESCOLAS
6	10	GG
7	10	VO
8	10	CC
9	50	NG, JD, EQ, IM, PE
10	10	DE
11	10	DA
TOTAL	100	

⑧ Número de matérias:

	%	ESCOLAS
10	30	IM, DA, DE
9	30	JD, EQ, PE
8	40	GG, CC, NG, VO
TOTAL	100	

④ Avaliação:

	%	ESCOLAS
0 a 10	40	CC, JD, IM, PE
A B C D E	20	GG, EQ
I S B O	10	VO
não temos dados	30	DA, NG, DE
TOTAL	100	

* Os provas são avaliadas de 1 a 10, mas também tem os conceitos E, MB, B, R, I.

Obs.: a escola VO tem também os conceitos: E excelente, I insuficiente, suficiente, O ótimo e B bom.

⑤ Número de alunos por classe:

	%	ESCOLAS
18	10	CC
22	10	EQ
23	10	VO
24	10	GG
27	20	DE, JD
32	10	PE
36	10	NG
40	20	DA, IM
TOTAL	100	

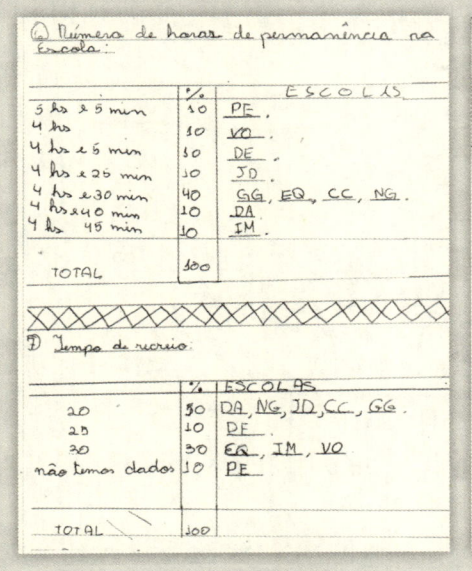

⑥ Número de horas de permanência na escola:

	%	ESCOLAS
5 hs e 5 min	10	PE
4 hs	10	VO
4 hs e 5 min	10	DE
4 hs e 25 min	10	JD
4 hs e 30 min	40	GG, EQ, CC, NG
4 hs e 40 min	10	DA
4 hs 45 min	10	IM
TOTAL	100	

⑦ Tempo de recreio:

	%	ESCOLAS
20	50	DA, NG, JD, CC, GG
25	10	DE
30	30	EQ, IM, VO
não temos dados	10	PE
TOTAL	100	

⑧ Adota livros para estudo?

	%	ESCOLA
sim	80	DA, NG, JD, CC, GG, PE, DE, EQ
não	20	VO, IM
TOTAL	100	

⑨ Ir ao banheiro durante as aulas:

	%	
sim	30	DE, PE, JD
não	0	
depende do professor	70	GG, EQ, CC, DA, NG, VO, IM
TOTAL	100	

⑩ Sair da escola na hora do recreio:

	%	
sim	10	EQ
não	90	CC, GG, VO, IM, DA, DE, JD, PE, NG
TOTAL	100	

Professores do Equipe exigem muita leitura de seus alunos

Equipe ocupa uma posição intermediária em relação aos outros colégios. Ele não "ousa" tanto quanto o Oswald de Andrade, nem é tradicional, apesar dos seus dezenove anos, como o Santa Cruz. Walmir Tomazio Cardoso, 26, professor de Física no Oswald de Andrade e ex-professor do Equipe, diz que "no Equipe existem três tipos de profissionais: excelentes educadores que já estão lá há muito tempo; jovens professores que querem ousar mais, mas que são muitas vezes sufocados pelos mais antigos, e profissionais muito experientes, que ficam à mercê dos dois outros grupos".

Talvez a característica mais peculiar do colégio seja a grande carga de leitura que é exigida dos seus alunos. No Santa Cruz e no Oswald os professores também dão muita ênfase à leitura, mas "no Equipe os alunos lêem mais", admite Cardoso. No curso de Português do 1º ano, os alunos começam lendo trechos de best-sellers, a fim de discutir o que é arte. A seguir, estuda-se Modernismo "porque é o mais próximo da realidade do estudante", segundo Marcos Neves Fava, 21, professor de Português do Equipe. Fava explica que o curso de literatura não é temático, mas centrado na estrutura criativa das obras. "Partimos do princípio de que leitura é diferente de lazer. Cada obra traz múltiplos significados, que devem ser encontrados pelo aluno. O ideal é que cada um tenha um prazer estético com a leitura, mas de qualquer modo tem que ler", completa.

Barulho nas aulas

Outra característica do colégio, esta nada positiva, é o barulho nas classes. Os alunos não param de falar, ora coisas pertinentes, geralmente brincadeiras ou piadas sem muita graça. Há uma incapacidade de se ficar calado, ouvindo outra pessoa falar (seja o professor ou algum aluno apresentando um seminário). Os professores se adaptam a esta situação, dando aula no meio da balbúrdia. Uma exceção seria a professora de Inglês que esta semana interrompeu a aula, dando matéria dada, por causa do barulho, mas, ela é vista por todos como "muito

FOLHA DE SÃO PAULO .
22/11/1987

AS REDAÇÕES

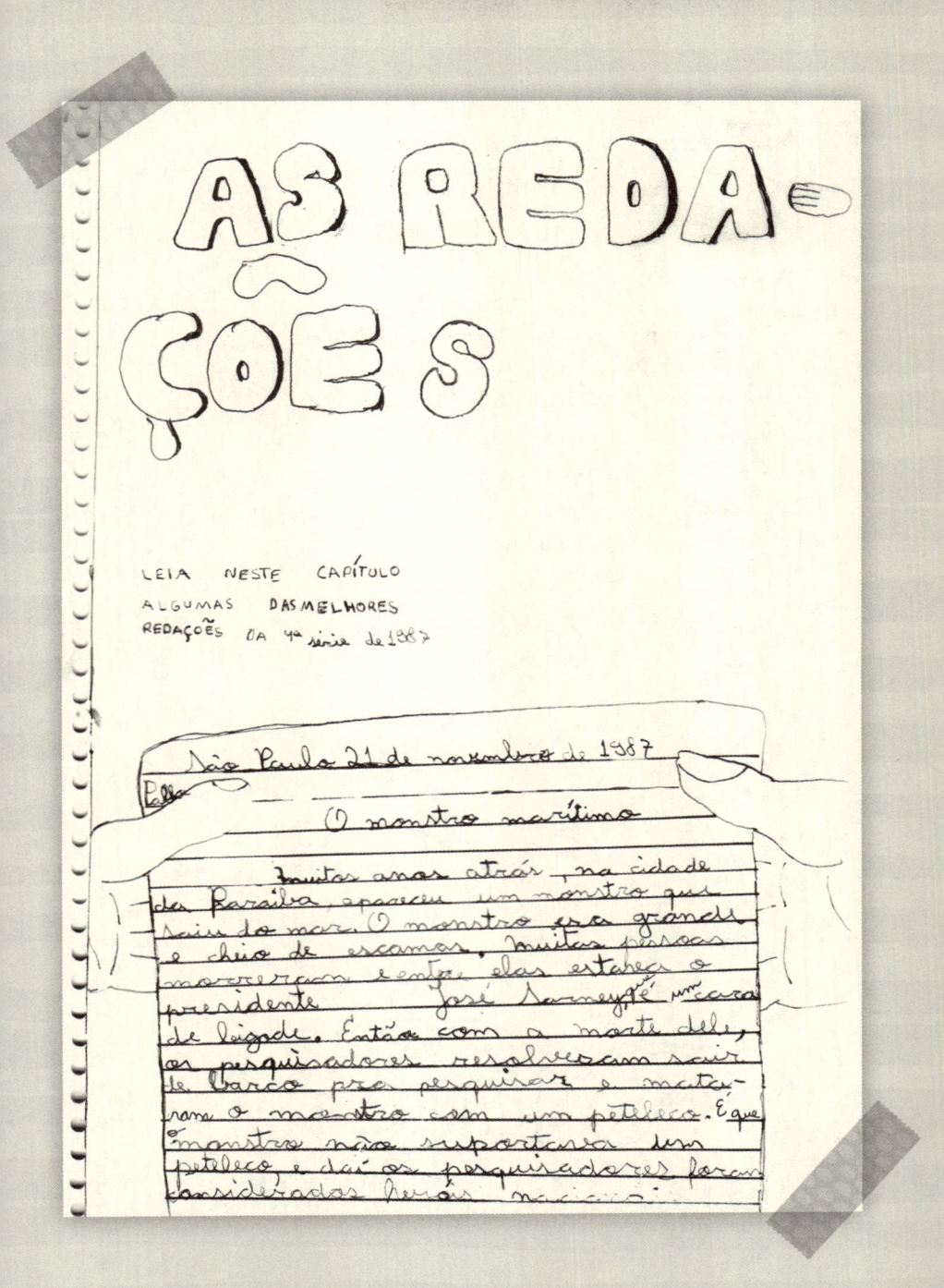

LEIA NESTE CAPÍTULO
ALGUMAS DAS MELHORES
REDAÇÕES DA 4ª série de 1987

São Paulo, 21 de novembro de 1987

O monstro marítimo

Muitos anos atrás, na cidade
da Paraíba, apareceu um monstro que
saiu do mar. O monstro era grande
e cheio de escamas. Muitas pessoas
morreram e então elas estava o
presidente   José Sarney, é um cara
de liga. Então com a morte dele,
os pesquisadores resolveram sair
de barco pra pesquisar e mata-
ram o monstro com um peteleco. É que
o monstro não suportava um
peteleco e daí os pesquisadores foram
considerados heróis nacionais.

CAD : III

ÍNDICE

DAS REDAÇÕES

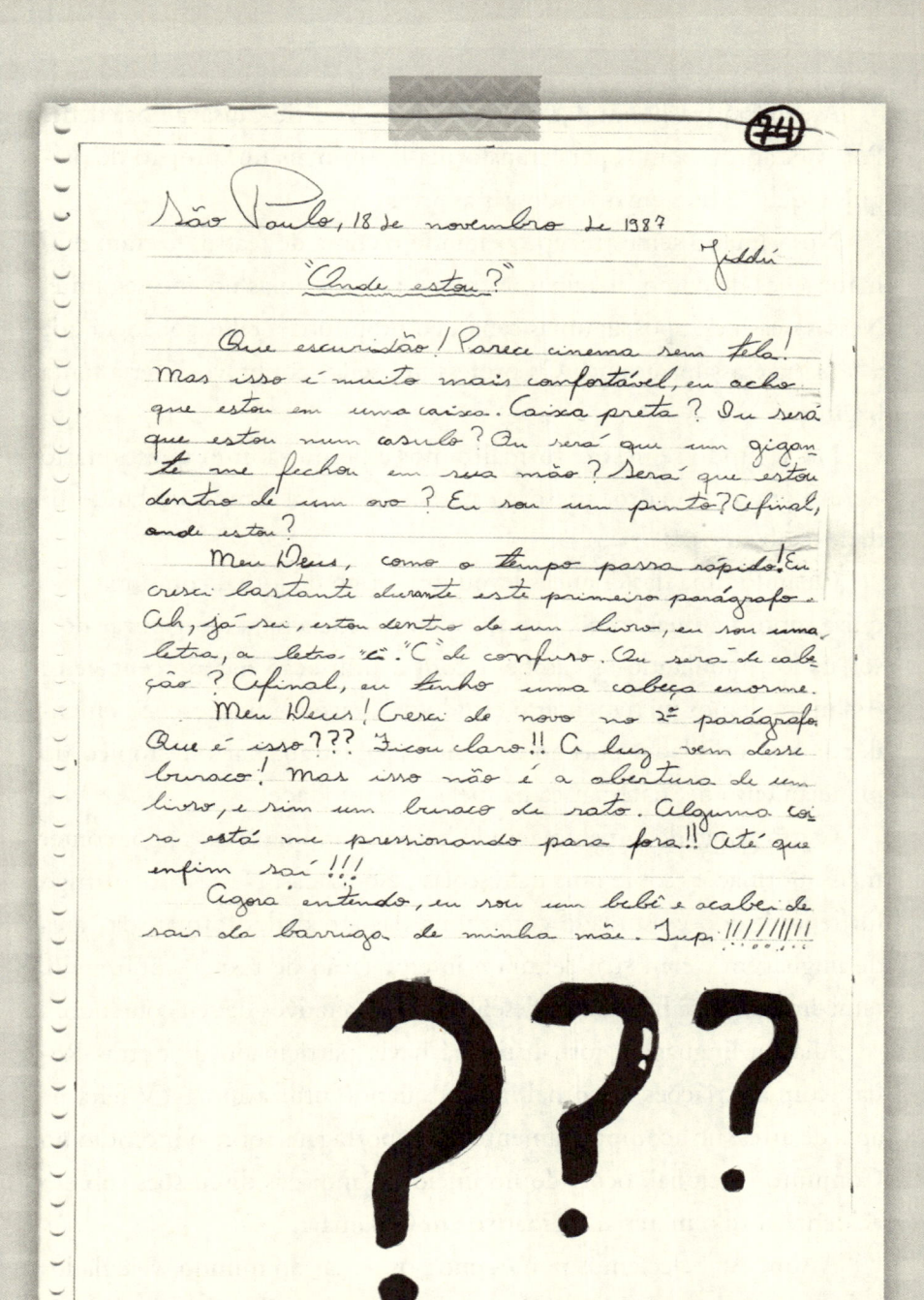

São Paulo, 18 de novembro de 1987

Jiddú

<u>"Onde estou?"</u>

Que escuridão! Parece cinema sem tela! Mas isso é muito mais confortável, eu acho que estou em uma caixa. Caixa preta? Ou será que estou num casulo? Ou será que um gigante me fechou em sua mão? Será que estou dentro de um ovo? Eu sou um pinto? Afinal, onde estou?

Meu Deus, como o tempo passa rápido! Eu cresci bastante durante este primeiro parágrafo. Ah, já sei, estou dentro de um livro, eu sou uma letra, a letra "c". "C" de confuso. Ou será de cabeção? Afinal, eu tenho uma cabeça enorme.

Meu Deus! Cresci de novo no 2º parágrafo. Que é isso??? Ficou claro!! A luz vem desse buraco! Mas isso não é a abertura de um livro, e sim um buraco de rato. Alguma coisa está me pressionando para fora!! Até que enfim saí!!!

Agora entendo, eu sou um bebê e acabei de sair da barriga de minha mãe. Tup. !!/!/!!!!

A expectativa de mudar de escola e da 5ª série causava ansiedade. Por isso, aproveitamos para transformá-la em mais um projeto de pesquisa, que acabou envolvendo várias áreas.

No primeiro semestre, aproveitando o clima de teatro, fizeram dramatizações de como imaginavam que seriam as aulas no ano seguinte. Nessas ocasiões, após algumas cenas, eu propunha a reflexão: "Será que a 5ª série é assim mesmo? Os professores serão tão bravos? Teria tanta bagunça?" etc.

No segundo semestre, formalizamos a pesquisa num questionário e num grande quadro, preso na parede, no qual íamos anotando os dados coletados.

Quando uma das crianças levou um artigo de jornal com uma pesquisa sobre algumas escolas, aproveitamos a ideia para reorganizar nossos dados, tabulando-os também com a utilização das porcentagens. Assim, pudemos incrementar o estudo das frações e proporções, entendendo sua utilidade, pois aproveitamos para trabalhar este tópico do planejamento de matemática naquela oportunidade.

Outro artigo de jornal foi levado à Roda por uma criança, por conter mais informações sobre uma das escolas pesquisadas. Nesse caso, o artigo foi reproduzido e estudado como uma das atividades formais da "área de linguagem", com sua "leitura e interpretação de textos", utilizando, também para essa finalidade, desenhos interpretativos de seu conteúdo.

Aliás, a linguagem jornalística já havia participado de outras Rodas: com as criações do jornal falado, quando utilizavam a TV feita na aula de artes; no acompanhamento das reportagens sobre o incêndio no Conjunto Nacional, ocorrido no início do ano; nas discussões sobre o acidente com o material radioativo em Goiânia...

Assim, estabelecíamos pontes entre os temas do mundo, veiculados pelos jornais, e os desafios próprios de nosso mundo particular da sala de aula.

Antes de fechar a cortina

O segredo do castelo do Drácula

O convite

PREPARAÇÃO DA PEÇA

Aqui Rodrigo está preparando os últimos consertes

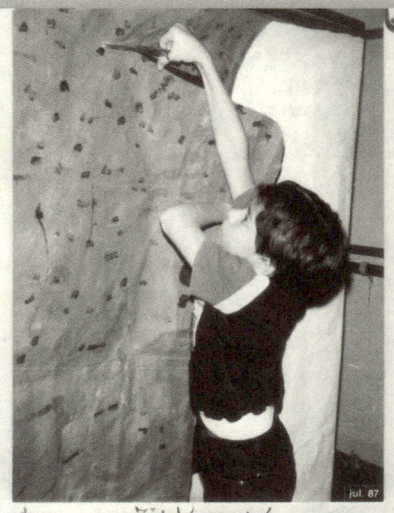

E aqui Fiddú está recortando a porta de papel que será arrebentada na peça

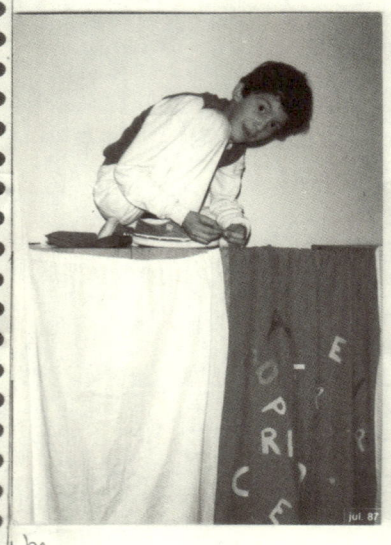

Marcello prepara a cortina do quarto de visitas...

... Enquanto Pollo e Érika tampam a claridade da sala

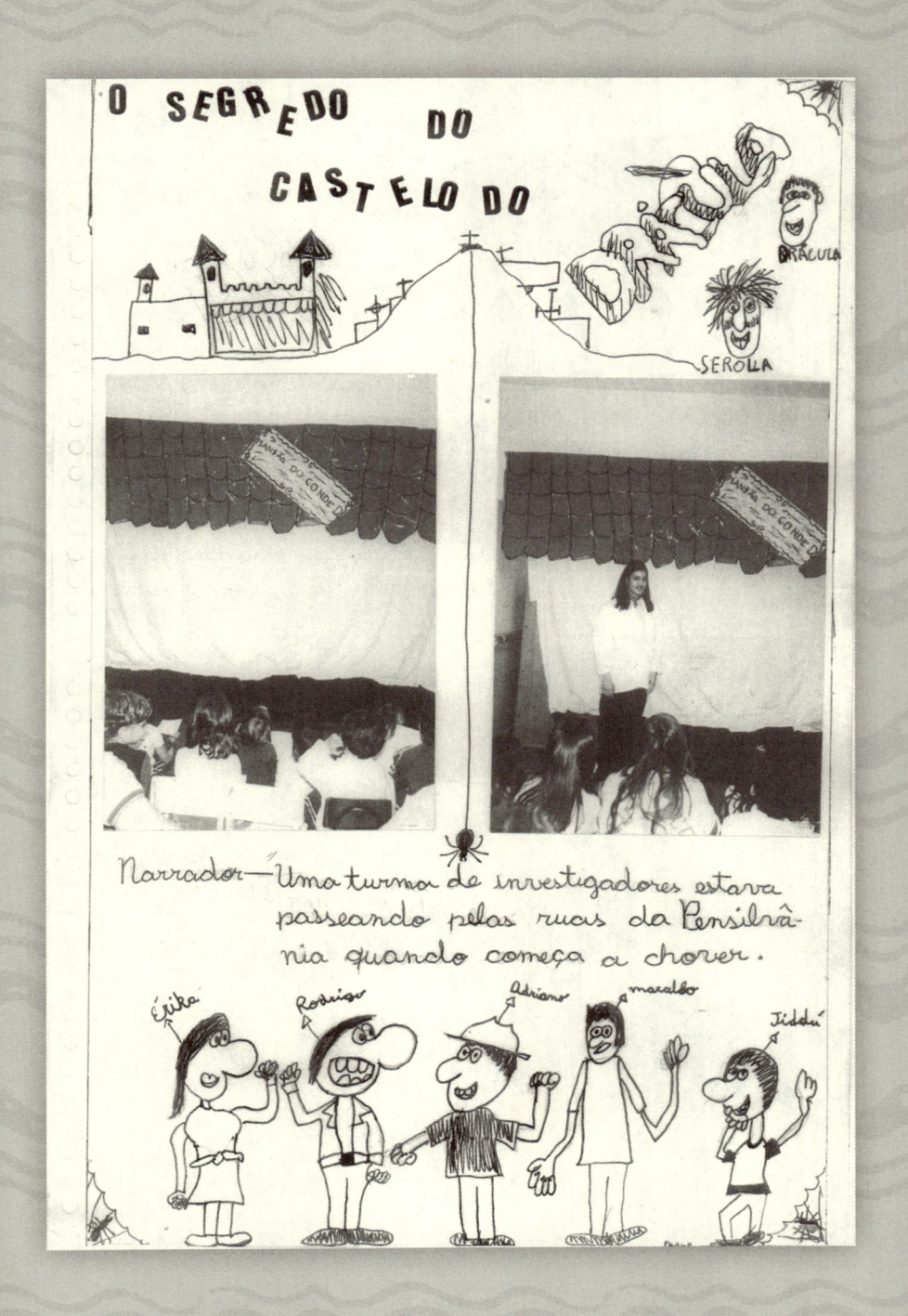

(Tampinha) — Ah não! só faltava chover agora, acho que vou pedir abrigo nesta casa.

(Zezinho) — Eu não entro nem morto lá.

(Os outros) — Eu também não entro lá.

Tampinha resolve entrar sozinho na casa. E depóis de um minuto ele sai gritando desesperadamente.

(Tampinha) — socorro!!!

(Os outros) — O que aconteceu? O que foi Tampinha?

(Tampinha) — Ttttem uu ummm monstro lá dentro!!!

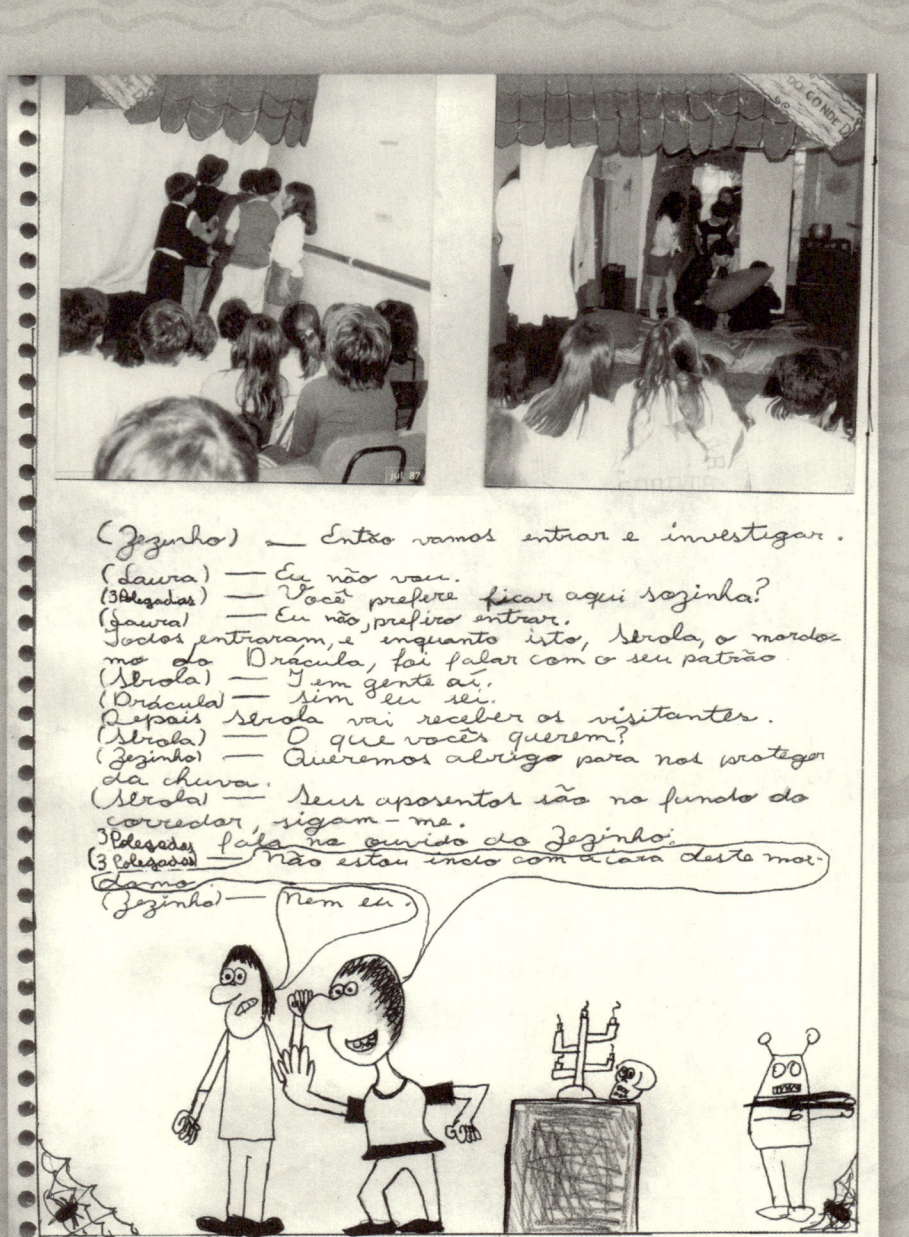

(Jezinho) — Então vamos entrar e investigar.

(Laura) — Eu não vou.

(3 Polegadas) — Você prefere ficar aqui sozinha?

(Laura) — Eu não, prefiro entrar.

Todos entraram, e enquanto isto, Serola, o mordomo do Drácula, foi falar com o seu patrão.

(Serola) — Tem gente aí.

(Drácula) — Sim eu sei.

Depois Serola vai receber os visitantes.

(Serola) — O que vocês querem?

(Jezinho) — Queremos abrigo para nos proteger da chuva.

(Serola) — Seus aposentos são no fundo do corredor, sigam-me.

3 Polegadas fala no ouvido do Jezinho.

(3 Polegadas) — Não estou indo com a cara deste mordomo.

(Jezinho) — Nem eu.

A turma entrando no quar O mordomo já fechando
to e o mordomo explicando. a porta do quarto.

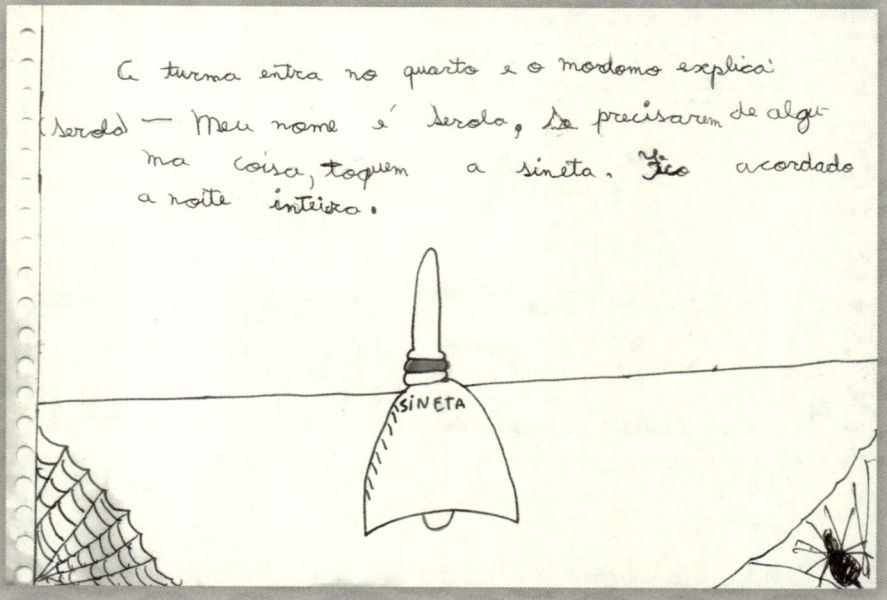

A turma entra no quarto e o mordomo explica:
(serol) — Meu nome é serola, se precisarem de algu
ma coisa, toquem a sineta. Fico acordado
a noite inteira.

SINETA

Serola tranca a porta por fora e vai falar com seu patrão.

(Serola) — As visitantes estão trancados no quarto de hóspedes. Agora só falta você sugar aquele liquidinho gostoso... [diz Serola esfregando os dedos]

Então Drácula se transforma em morcego e voa para o quarto deles:

Logo que o morcego entra pela janela do quarto de hóspedes, transforma-se em Drácula. Todos ficam com os olhos arregalados e quietos.

Drácula dá uma de suas gargalhadas tenebrosas. (Drácula) — Hu, Ho, Ha, Ha, Ha, Ha, Ha, Ha.

A turma de investigadores sai correndo e arrebenta a porta, enquanto Serola prepara o jantar.

Todos tentam fugir. Quando Bituca se aproxima da porta que dá para fora da casa, ele falou:

(Bituca) — Vamos fugir pela porta da frente!

Zezinho passa por baixo da perna de Bituca e se coloca de braços abertos na frente do grupo dizendo:

(Zezinho) — Não, nada de sair! Temos que desvendar este mistério.

Nesta hora, aparece serola avisando que o jantar está pronto.

(Bituca) — Temos que ficar só por causa desta porcaria de mistério?

(3 Polegadas) — Não, também para o jantar!

(Todos) — Boa idéia!

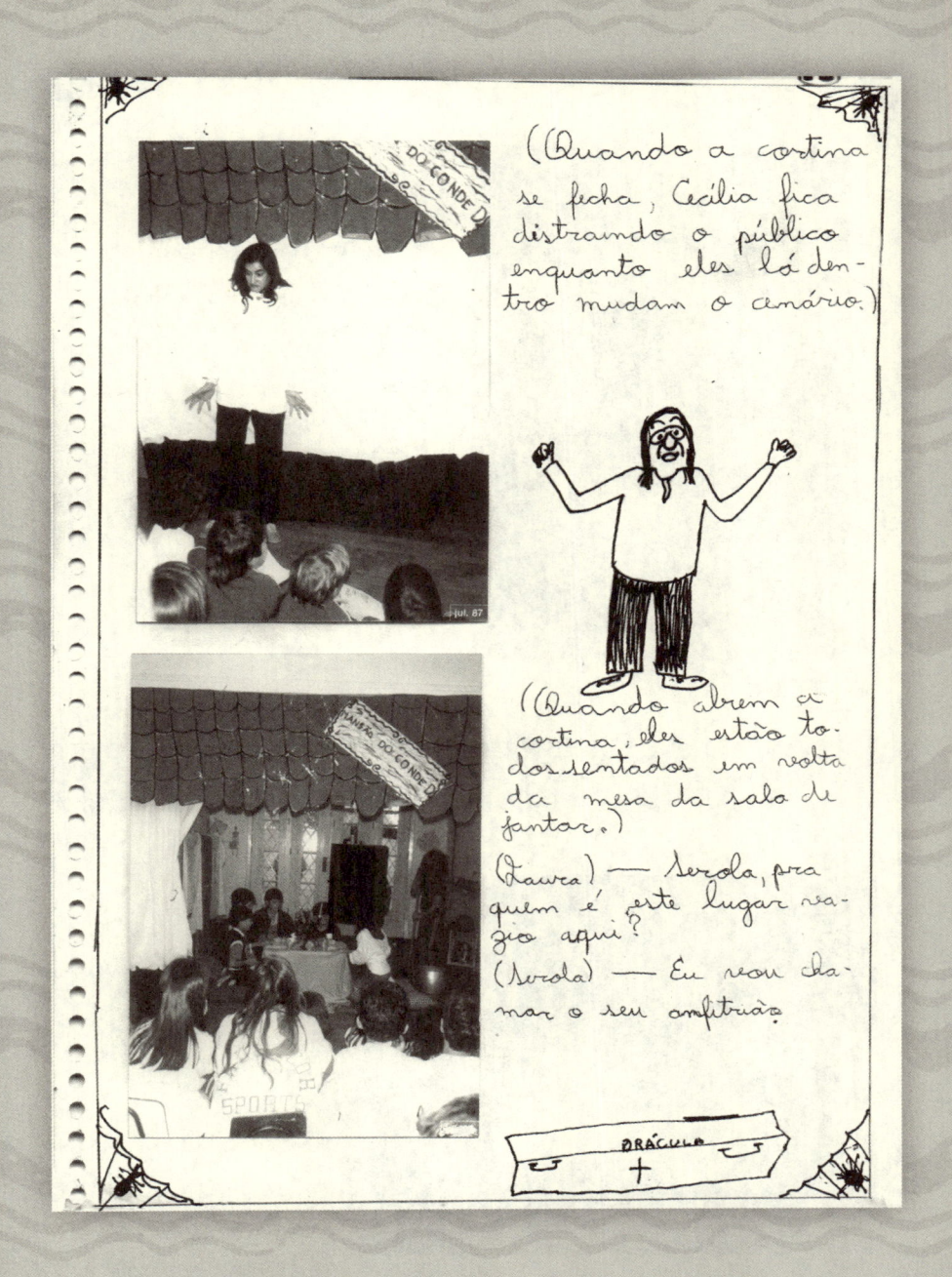

(Quando a cortina
se fecha, Cecília fica
distraindo o público
enquanto eles lá den-
tro mudam o cenário.)

(Quando abrem a
cortina, eles estão to-
dos sentados em volta
da mesa da sala de
jantar.)

(Laura) — Serola, pra
quem é este lugar va-
zio aqui?

(Serola) — Eu vou cha-
mar o seu anfitrião.

DRÁCULA

(Todos) — Anfitrião !!!?

(Sereia) — Sim, é o conde D.

(Todos) — Conde D, é o nome da placa!

(Enquanto essa confusão acontece, Sereia vai chamar o Drácula para jantar.)

(Quando o Drácula chega, todos ficam assustados.)

(Drácula) — Prazer! Vocês conhecem a Madalena?

(Todos) — Não. Quem é ela?

(Drácula) — É esta caveira geralmente ela me dá mais apetite!

(Drácula) Você estão com fome?

(Todos) Estamos!!!

(Drácula) Então sirva o jantar Serola.

(Enquanto Serola pega a comida, todos ficam conversando.)

(Quando Serola chega com o caldeirão, ele joga uma comida a cada um dos investigadores.)

(Enquanto comem, elogiam a comida e perguntam a receita..)

(Zezinho) – Drácula qual é a receta desta comida maravilhosa?

(Drácula) Eu não sei, pergunte ao Serola.

(Falando isso, o Drácula se dirige à cozinha e Serola conta a receta...)

(Serola) Este patê é feito com coração, fígado e rim de pomba, misturados com aquele liquidinho branquinho que sai da barata quando é esmagada. A carne é filé de ratazana e o suco é...

(Todos tentam vomitar com o dedo na garganta)

(Bituca) Olha pessoal eu vou à cozinha tomar um leite para rebater esta comida e espero vocês no quarto.

Na cozinha, abre a geladeira e vê um monte de saquinhos de sangue. Fecha a geladeira com um susto e quando vai saindo, O Drácula aparece e dá uma de suas dentadas no pescoço de Bituca.

(Fecha-se a cortina para mudança do cenário. A sala de jantar transforma-se em quarto de hóspedes).

(Daura) - Bituca está demorando demais...

(Três Polegadas) - Também acho.

(Três Polegadas) - Ah, ele se vira...

(Daura) - Vou até lá ver o que está acontecendo. Quem vai comigo?

(Três Polegadas) - Eu vou.

Os dois vão de porta em porta. Quando abrem a porta do depósito, vêem o Bituca morto e levam um susto. Drácula aparece por trás e morde a Três Polegadas.

Laura Pieles dá um grito histérico:

(Laura) — Aaaahhh ! ! ! ! ! !

(Drácula) — Agora eu vou ter o prazer de ver sua alma andando pelo castelo. Há, há, há! (Drácula morde a Laura e guarda os corpos no depósito).

(No quarto de hóspedes . . .)

(Lampinha) — Ouvi um grito da Laura, vamos lá ver o que foi.

(Zezinho) — Sim, vamos.

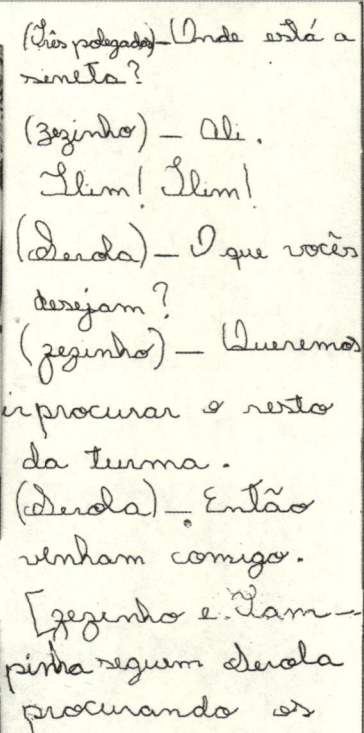

(Três polegadas) — Onde está a sineta?

(Zezinho) — Ali.

Tlim! Tlim!

(Derola) — O que vocês desejam?

(Zezinho) — Queremos ir procurar o resto da turma.

(Derola) — Então venham comigo.

[Zezinho e Tampinha seguem Derola procurando os investigadores. Drácula aparece por trás deles e morde Zezinho. E, em seguida, morde Tampinha.]

(Drácula) — Agora que não preciso mais de você, eu vou te matar, Serola!

[Drácula pega uma espada das mãos do robô. Serola pega a outra e os dois começam a lutar].

jul. 87

Depois de muita luta, Serola enfia a espada no Drácula e Drácula cai no chão parecendo estar morto.

Nesta hora, todos os investigadores acordam e vão pedir uma explicação para o Serola:

(Todos) — O que houve? O que aconteceu, Serola?

(Serola) — É que a muito tempo o Drácula me lançou em feitiço de feiúra e o único jeito de eu voltar ao normal era matando o Drácula.

(Zezinho) — E por falar na Drácula, onde está ele?

Todos vão procurar na quarta e o Drácula aparece por trás e diz:

(Drácula) — DRÁCULA NÃO MORREU!!!

(Todos) MAS ESTÁ É OUTRA ESTÓRIA!!!

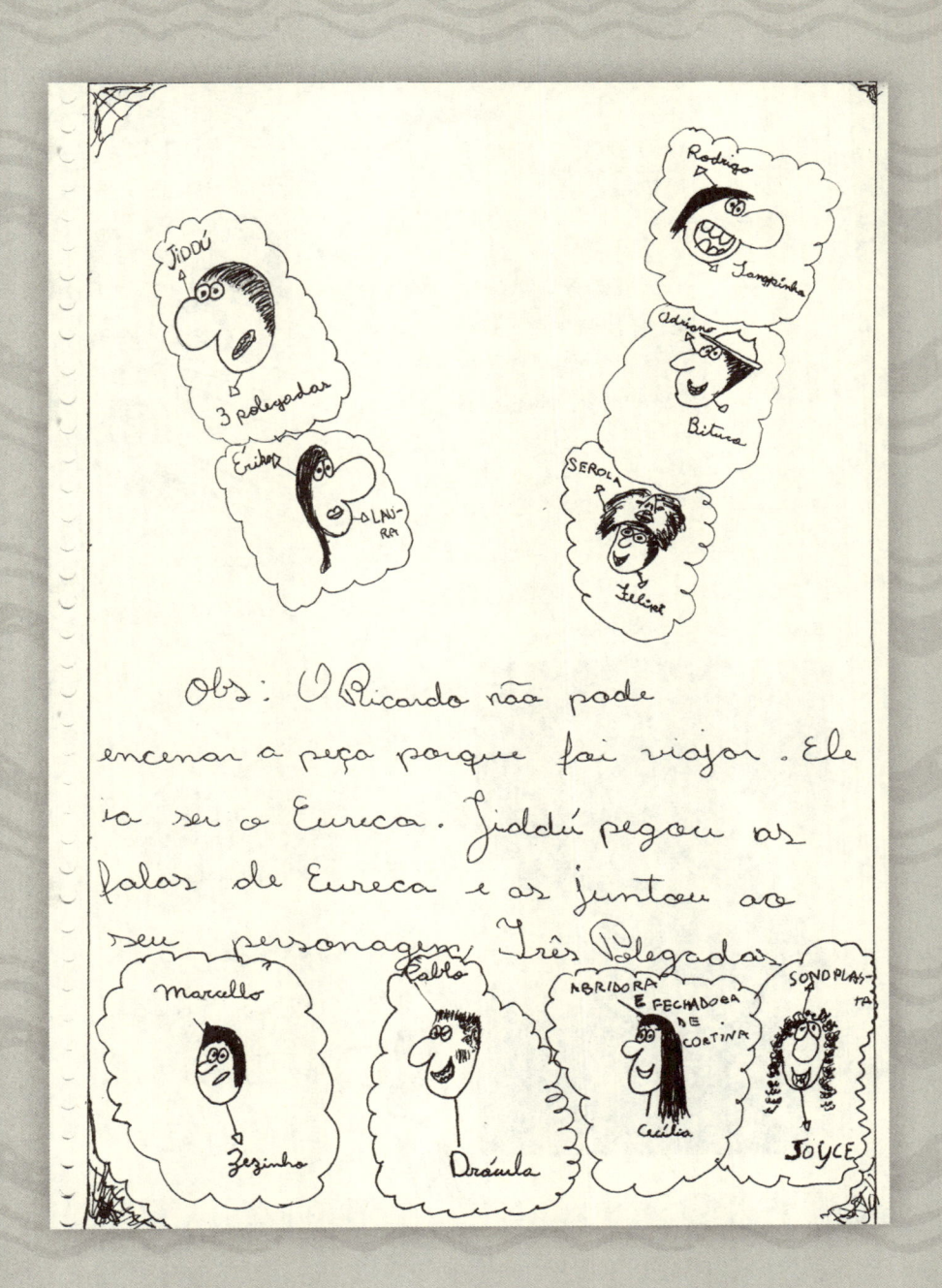

Obs: O Ricardo não pode
encenar a peça porque foi viajar. Ele
ia ser o Eureca. Jiddú pegou as
falas de Eureca e as juntou ao
seu personagem, Três Polegadas.

apresentação

Cada um passa pela frente do público e se
apresenta:

— Érika como Laura Peles.
— Jiddú como Três Polegadas.
— Rodrigo como Lampinha.
— Adriano como Bituca.
— Marcella como Zezinho.
— Felipe como Berola e Cueca.
— Pablo como Drácula.
(Todos) — E apresentando Cecília como
diretora, e "narradora" "abridora e fecha-
dora de cortina"...

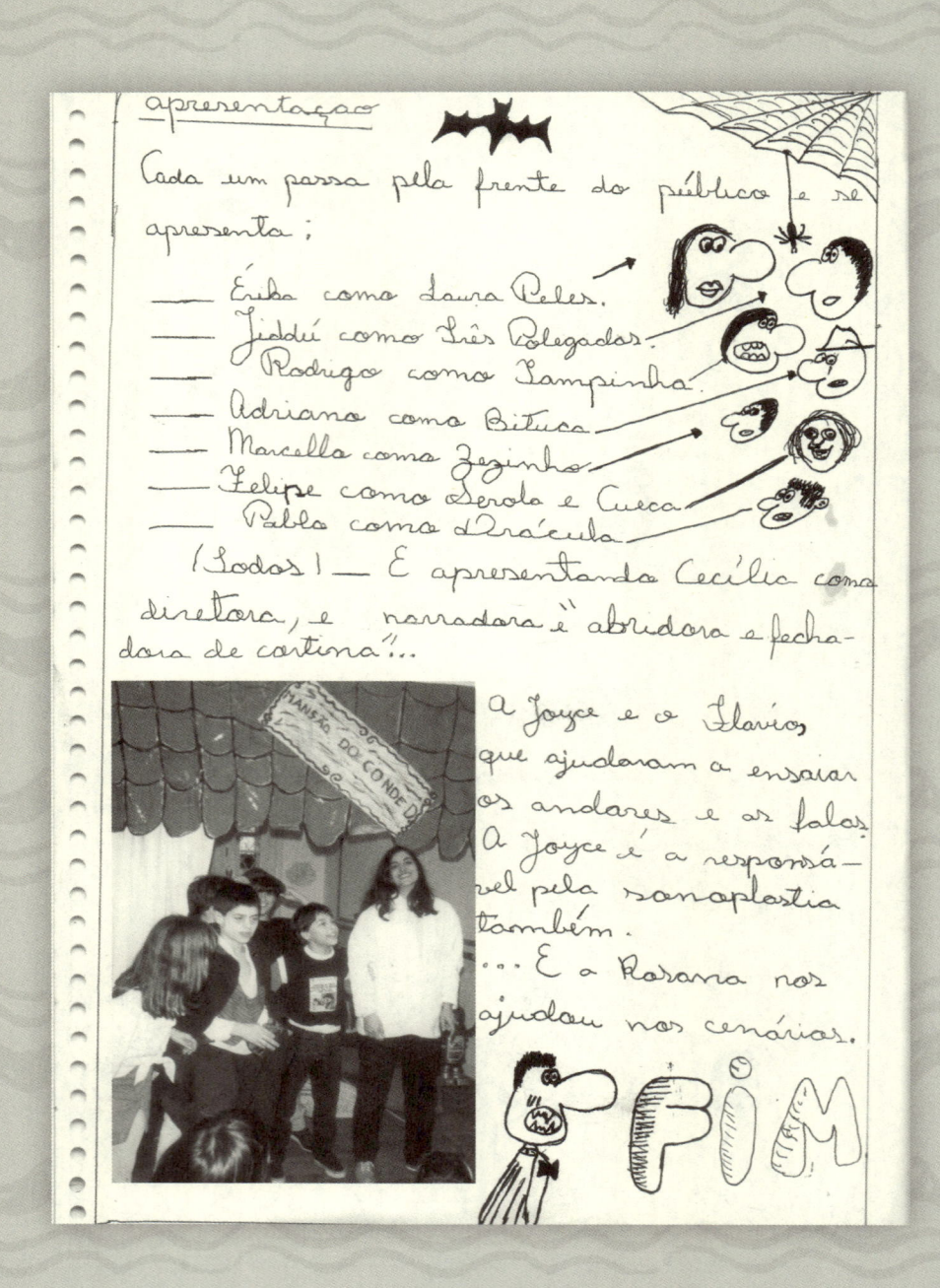

A Joyce e o Flavio,
que ajudaram a ensaiar
os andares e as falas.
A Joyce é a responsá-
vel pela sonoplastia
também.
...E a Rorama nos
ajudou nos cenários.

FIM

As plateias

A pós assistir à peça apresentada num cenário próprio e particular, cabe refletirmos sobre as possibilidades de sua recriação em outros contextos de trabalho. Recriação que é feita a partir daquilo que nos marcou, isto é, do significado que conseguimos extrair daquilo que foi apresentado. No caso deste livro, cabe à plateia-leitor buscar a relação entre seus conhecimentos prévios e os conteúdos novos aqui expostos. Esta é a condição, como vimos, para realizar aprendizagens significativas.

Proponho-me nesse momento a levantar algumas questões e hipóteses que podem ser úteis para essa reflexão: Será que encontramos mais possibilidades de um trabalho baseado no diálogo e na reflexão criativa em determinados níveis de ensino e menos em outros? Quais seriam essas possibilidades? E quais as dificuldades?

No que se refere à educação infantil, já são bem conhecidas as experiências de Madalena Freire[1] ou das escolas da cidade de Reggio Emilia, no norte da Itália.[2] Destaco também a prática pedagógica de uma educadora de infância (como chamam os portugueses), documentada em detalhes pela pesquisa de Teresa Vasconcelos e publicada com o sugestivo título: "Ao redor da mesa grande."[3]

---

1. Freire, Madalena. *A paixão de conhecer o mundo*. São Paulo: Paz e Terra, 1983.

2. Rabitti, Giordana. *À procura da dimensão perdida – uma escola de infância de Reggio Emilia*. Porto Alegre: Artmed, 1999; Edwards, Caroly & Gandini, Lella & Forman, George. *As cem linguagens da criança – a abordagem de Reggio Emilia*. Porto Alegre: Artmed, 1999.

3. Vasconcelos, Teresa Maria Sena de. *Ao redor da mesa grande – a prática educativa de Ana*. Porto: Porto Editora, 1997.

Neste livro, mostro a possibilidade de tal prática nos anos iniciais do ensino fundamental, nos quais encontramos um professor responsável pela classe, que passa a maior parte do período escolar junto com os alunos, tendo, portanto, a possibilidade de entrar em sintonia com o grupo, organizando uma rotina de trabalho que atenda suas necessidades específicas. Já em *Rodas em Rede* trago exemplos de classes dos anos finais do ensino fundamental, nas quais atuam vários professores, especialistas nas disciplinas. As experiências ali relatadas mostram que os projetos interdisciplinares, com significados para cada grupo de alunos, foram possíveis graças ao trabalho coletivo dos professores, na Roda dos professores de Roda.

Em *Rodas em Rede*, conto também experiências desenvolvidas no ensino médio, no Cefam (Centro Específico de Formação e Aperfeiçoamento do Magistério), também estruturado por disciplinas e professores especialistas, que buscavam construir condições para trabalhos coletivos, tanto entre os alunos quanto o corpo docente. O Cefam tinha como objetivo a formação de professores de educação infantil e anos iniciais do ensino fundamental. Atualmente, essa formação é feita apenas em nível superior, devido à nova legislação, mas os desafios são os mesmos no que se refere à necessidade de um trabalho coletivo entre os professores, para favorecer projetos interdisciplinares e significativos para os alunos. Mas podem também ser realizadas dentro de uma disciplina, quando esta se estrutura pelo diálogo entre os alunos, que discutem seus projetos de formação e pesquisa, como tem feito há décadas Ivani Fazenda com suas turmas de graduação e pós-graduação na PUC-SP.

Mas devemos esperar que nos deem as condições para iniciarmos um trabalho em que acreditamos? Não estaria justamente aí a possibilidade de protagonismo e autoria da própria prática, construindo essas condições, buscando parceiros para refletir juntos e partilhar as dificuldades e as conquistas? Construir Rodas de Aprendizagem e formação. Rodas presenciais e virtuais. E Registros das histórias desses grupos e dos conhecimentos por eles construídos, que podem inspirar outros protagonistas e outros grupos, nos mais diferentes contextos. Dos mais singelos aos mais elaborados.

Contarei a seguir uma dessas conversas, vivida numa oficina pedagógica, que teve lugar em um encontro de professores alfabetizadores no interior de São Paulo.[4] O objetivo era justamente refletir sobre as possibilidades de recriação das experiências que tive com as classes de 4ª série em seus próprios contextos de trabalho.

Iniciei essa Oficina, que teve três horas de duração, expondo o que entendo por Roda e Registro através do relato dos caminhos percorridos com as classes de 4ª série, mostrando cartazes ilustrativos das atividades e situações mais marcantes. Nesse momento, os participantes puderam também observar e manipular os livros feitos pelos alunos, meus Diários dessas classes e a versão preliminar da dissertação de mestrado.

Após esse primeiro momento de exposição, passamos às vivências, buscando a prática do que tinham acabado de conhecer. A primeira vivência foi feita através de um resgate de memória das experiências anteriores com Rodas e Registros, ocorridas não necessariamente em contexto profissional. Essa lembrança foi registrada individualmente. Depois desse Registro, nos dispusemos em Roda para trocar experiências.

Finalizando a Roda, tivemos um segundo momento de Registro individual, enfocando desta vez as próprias conclusões acerca das possibilidades e dificuldades de utilização dessa metodologia em seus próprios contextos de trabalho.

Farei, a seguir, uma exposição de alguns aspectos levantados nessa Roda e destacados nos Registros que me foram entregues no final da oficina. Juntamente com essa exposição, vou inserindo minhas reflexões sobre esse material.

---

4. O II Encontro Regional de Alfabetizadores foi realizado pelo Departamento de Educação e Grupo Permanente de Estudos sobre Alfabetização da Faculdade de Ciências da Unesp – Campus de Bauru, de 4 a 6 de julho de 1991.

Inicialmente, nossa conversa girou em torno das relações da metodologia exposta com o trabalho de Freinet e Paulo Freire, assunto introduzido pelas próprias professoras. Também Montessori "entrou em nossa Roda", pois algumas professoras trabalhavam com as crianças em círculo, sobre a linha montessoriana (apesar de a utilizarem de forma diferente da proposta inicial).

Após comentários sobre as relações de minha exposição com o trabalho desses educadores e relatos de suas práticas, outro aspecto importante tornou-se o eixo da conversa: a viabilidade de recriação dessa metodologia com um grande número de alunos numa classe, já que eu atuara com classes muito pequenas. Essa questão era frequente em várias plateias, quando apresentava aquelas experiências, por associarem o pequeno número de alunos e a infraestrutura de escola particular à viabilidade de um trabalho nessa concepção de educação e metodologia.

Foi, inclusive, essa associação que mobilizou Madalena Freire a recriar sua própria metodologia de trabalho, desenvolvida com classes de 15-20 alunos numa escola particular de São Paulo.[5]

Madalena foi para a periferia de São Paulo, na Vila Helena, em Carapicuíba, onde trabalhou num espaço cedido pela Igreja com 35 crianças entre três e seis anos de idade (!). Ali, Madalena construiu a Roda, partindo dos referenciais significativos da clientela. Construção que se deu pouco a pouco:

> Nossa roda no início acontecia durante a atividade de brinquedos. Foi nela que o grupo foi se encontrando. Foi, portanto, a partir do trabalho real que o encontro foi acontecendo, e possibilitando assim a troca: o falar, o ouvir, e o meu devolver sistematizado em propostas de trabalho, que foram sendo explicitadas, antes de começarmos a trabalhar. Nasceu, assim, a "rodona".[6]

---

5. Seu livro *A paixão de conhecer o mundo*, já citado, relata este trabalho.

6. Mello, Sylvia Leser e Freire, Madalena. "Relatos da (con)vivência: crianças e mulheres na Vila

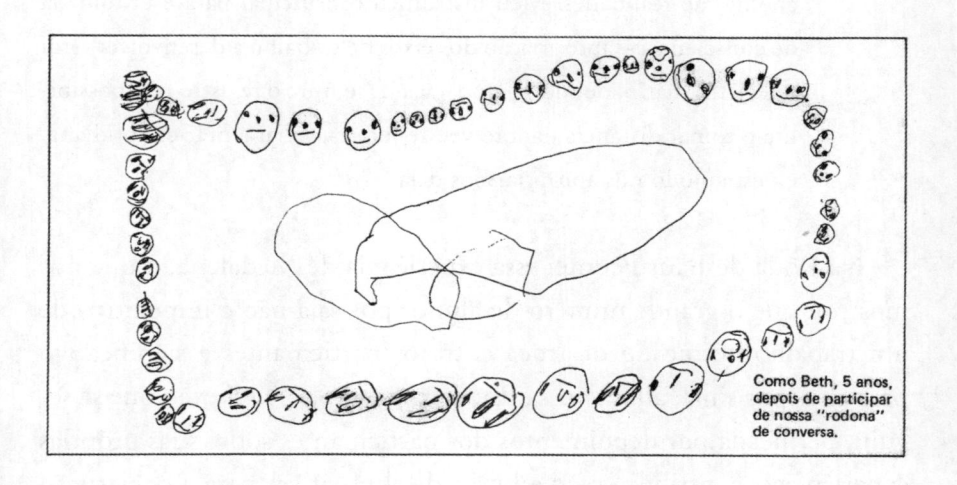

Como Beth, 5 anos,
depois de participar
de nossa "rodona"
de conversa.

Para a reconstrução da metodologia com classes populares, Madalena utilizou seu instrumento (inseparável) de trabalho: o Registro diário. Nesse caso, no início, Madalena registrava as observações também na hora, e não apenas no final do dia de trabalho. Esse Registro a ajudou a "ler" as necessidades das crianças e a estruturar suas primeiras propostas de trabalho, como a de construção de brinquedos:

> Fui começando "a aprender a ler" esta nova realidade. Um dia fundamental, foi num momento de muita "perdição", que decidi escrever tudo o que via e pensava, no ato, na hora. Refletindo sobre, depois, fiz muitas descobertas. Foi a partir daí que encontrei o eixo de ati-

---

Helena nas famílias e na escola". *Cadernos de Pesquisa*, nº 56, p. 88. Disponível em: <http://www.fcc.org.br/pesquisa/publicacoes/cp/arquivos/1485.pdf>. Acesso em 22 de abril de 2017.

vidade de construir brinquedos; foi a partir daí que comecei meu processo de "alfabetização" nesta realidade. Minha maior dificuldade neste primeiro período foi de tomar distância do envolvimento do choque de realidades. Meu instrumento principal para esta tomada de consciência – apropriação dos eixos de trabalho a desenvolver – foi o registro diário, de tudo o que vivia. É sempre o registro que possibilita o tomar distância para re-ver, re-ler, re-avaliar a prática cotidiana, e deste modo nos apropriarmos dela.[7]

Na Roda de Bauru contei essa experiência de Madalena, o que nos mostrou que o grande número de alunos por sala não é impeditivo de um trabalho permeado de troca entre os participantes e significativo para eles (por sinal, ali na nossa Roda éramos 45!). A reflexão que se seguiu, permeada por depoimentos dos participantes sobre suas próprias experiências, contribuiu para a busca de alternativas para a construção de um caminho que, mesmo passo a passo, pode nos levar a uma prática mais significativa em sala de aula.

Uma das participantes contou-nos que trabalhava com 4ª série numa fazenda com 11 alunos na classe e achava a dinâmica da classe mais difícil do que a de quando trabalhava com classes numerosas de ciclo básico.[8] Outra participante registrou:

> Sempre trabalhei com classes numerosas (de trinta a 42 alunos) onde fica difícil criar-se a Roda ou traçar a linha, porém sempre desenvolvi o "espírito" de diálogo circular (que também funciona) e, enquanto professora de pré, juntava as

---

7. *Idem*, p. 103.

8. O CB, ou ciclo básico, era um ciclo de aprendizagem que reunia os objetivos e atividades da 1ª e 2ª séries do ensino fundamental, existente na época desses depoimentos. O CB fazia parte de uma política educacional que visava dar mais tempo aos alunos para o domínio de processos de leitura, escrita e das operações matemáticas em seus aspectos fundamentais, de modo que não havia reprovação da 1ª série (CB1) para a 2ª (CB2).

mesinhas fazendo retângulos e promovendo a hora da novidade. Aqui no curso, ouvindo um relato, decidi encostar as mesas na parede e sentar em círculo com as crianças ao centro (e quando for ciclo básico, creio que será mais valioso ainda). Hoje irei para casa mais enriquecida com novas ideias e muitos projetos. Valeu!

Telma, 41 anos, pedagoga, 3ª série e auxiliar de CB1

Roseli, trinta anos, que trabalhava com 4ª série, referindo-se às reuniões de professores de sua escola, registrou:

Cada uma de nós relata fatos referentes ao dia a dia com os alunos. Nossas dificuldades, nossos progressos e nossas vitórias. Passamos experiências novas, atitudes que deram certo.

[...] É muito positivo, pois sentimos que não estamos sozinhas, partilhamos todas do mesmo desafio e nos integramos para uma formação unificada. Sinto que a troca de vivências nos fortalece e muitas vezes abre os nossos olhos para o outro lado do que enxergamos.

Depois, prossegue seu relato referindo-se ao trabalho com os alunos:

Percebi que posso avançar mais, ou seja, aproveitar muito mais o tempo que permito aos meus alunos passarem suas opiniões, seus conhecimentos. Acho isso importantíssimo, pois não existe nada que possamos falar que substitua a própria experiência, a participação, o interesse, a motivação do aluno.

Como mais um "alimento" para a nossa discussão na Oficina, contei sobre meu trabalho no Cefam, enfocando as alternativas que buscamos para recriar a metodologia que experimentara com as classes de 4ª série, mas num contexto de escola pública, e não mais com classes pequenas. Eram três turmas, chegando a trinta alunas por classe. Eu era professora de didática e prática de ensino, e minhas indagações na época eram: como poderia recriar a metodologia em que acreditava naquelas apertadas salas, dispondo de um tempo reduzido que mal dava para arrumar (e desarrumar!) as carteiras na forma circular? Como organizar os conteúdos a serem trabalhados e a necessária supervisão dos estágios que as alunas fariam, relacionando teoria e prática? Como organizar os tempos e espaços (e a minha cabeça!) para conhecer e ouvir as quase noventa alunas?

Contei que iniciamos aproveitando algumas das aulas para tentarmos a construção da Roda, buscando a melhor forma de nos organizarmos (no espaço apertado e no tempo curto...). Algumas vezes fizemos Roda somente com a metade da classe, enquanto a outra trabalhava com um texto ou outra atividade paralela. Na aula seguinte, invertíamos os grupos. Essa havia sido uma estratégia interessante, porém, refletindo, percebi que não nos permitia trabalhar com a integração do grupo-classe, foco de meu planejamento, pois seria a partir da integração (o respeito pelo outro e pelas diferenças individuais) que nosso trabalho coletivo poderia caminhar.

A estratégia seguinte foi a de fazermos dois círculos, somente com as cadeiras (carteiras encostadas nas paredes), sendo um círculo central e outro periférico, de modo que somente os participantes do centro falariam, e os do círculo de fora registrariam suas observações. Não fazíamos um círculo único devido às dificuldades de organização de todo o mobiliário no espaço reduzido, dispondo de um tempo curto (fizemos uma tentativa que se converteu num quebra-cabeça).

Essa estratégia havia possibilitado grandes aprendizados, por exemplo, no que se referia a falar e ouvir, pois cada uma foi percebendo suas dificuldades: tanto as mais quietas e tímidas, quando estavam no centro, quanto aquelas sempre falantes, quando estavam no círculo de fora e deviam observar e registrar, mas não falar.

Decorrente desse aprendizado do falar e ouvir como ações complementares e importantes, a Roda passou a ser um momento de grande significação para aquelas alunas (e não mais só para mim...). Dessa sintonia, foi possível conquistar um espaço no período da tarde, de uma hora e meia por semana. Aquela havia sido uma conquista suada, pois as atividades para esse período eram muitas, como os estágios e os projetos interdisciplinares. Com esse espaço, as atividades da Roda se diversificaram, ao mesmo tempo que aprofundávamos as discussões didáticas.

O relato da dinâmica de fazer duas Rodas, uma central e outra a seu redor, fez sentido para o grupo da oficina, que prosseguiu as discussões sugerindo alternativas, possibilidades, e contando as próprias experiências. Lendo o Registro de uma das participantes esse *sentido* é exposto. Ela relata uma experiência semelhante à minha com relação a duas Rodas, vivenciadas numa de suas aulas de didática, como aluna do curso de Pedagogia. Conta que a proposta dessa dinâmica era discutir um texto. O grupo do centro "comandava" fazendo as colocações, enquanto o de fora anotava o que ia observando:

> Eu, como não participei do grupo do centro, pude observar o seguinte: muitas meninas que estavam no centro não participavam, umas por nunca estarem interessadas em nada, outras por não terem lido o capítulo em casa e outras por terem "medo" de falar. Algumas se expressaram muito bem, deram exemplos, descontraíram a classe. Eu, particularmente, estava morrendo de vontade de falar, de dar exemplos, de questionar, enfim, até de comandar a discussão. No fim da aula, a professora pediu a opinião do grupo de fora, e eu, como sempre, pedi permissão e acrescentei que trabalhar em roda é muito bom para a relação professor-aluno (pelo fato de desmistificar o professor como centro de tudo), bom para a desinibição de algumas pessoas, pela discussão que envolve pontos de vista diferentes e pela oportunidade que todos têm de falar.
>
> **Lúcia, estudante de Pedagogia, substituta eventual**

Algumas também destacaram, por escrito, o sentido que o ato de registrar tinha em sua realidade de trabalho.

> Eu trabalhei somente com CB. A cada aula que passava, eu registrava os acontecimentos: como eu colocava o trabalho para as crianças, como elas recebiam a proposta, como se desenvolvia o trabalho e conclusão. Assim eu podia fazer um balanço no final de cada dia, e ter um melhor acompanhamento da classe. Isso também serviu para que se formasse um programa da matéria específica em que lecionei que é Educação Artística, a qual não tem um programa definido no ciclo básico.
>
> **Rachel, 23 anos, educação artística**

> Trabalhamos com registro dos alunos, sempre, seja de uma excursão, uma experiência, um fato do momento etc. Nunca pensei em elaborar livros, da mesma forma que a professora fez, às vezes elaboramos alguns livrinhos contendo textos das crianças, e o aluno os vendia aos pais, tios e amigos.
>
> **Marta, coordenadora de escola particular**

> A Roda não é difícil, pois as professoras usam-na como ponto de partida, diariamente, para seus trabalhos. O que está difícil é conseguir que se registrem os acontecimentos. Esse tipo de trabalho é importantíssimo, pois resgata a vida na escola e respeita-se a individualidade do aluno e toda a cultura que ele traz e vive. A dificuldade: não sei ainda como conseguir esse registro das professoras, mas sei que vou conseguir.
>
> **Luzia, diretora de escola municipal de educação infantil**

Este último depoimento fez com que eu me lembrasse de um aspecto importante a ser destacado: o perigo de uma utilização abusiva (porque controladora) do Registro. Conheci experiências em que tal prática foi utilizada como instrumento de controle do trabalho. Em vez de significar um crescimento, através da apropriação de seu fazer, de sua construção diária, o Diário, lido pela coordenação da escola, gerou policiamento da reflexão e o cerceamento da escrita do professor. Nessa tentativa de enquadrá-lo nas regras institucionais, sua escrita foi bloqueada (mesmo após a demissão!). Um bloqueio talvez similar àquele da criança que, após alguns anos de "aprendizados escolares", abandona seu desenho (seu projeto) e aprende uma escrita padronizada.

Por tudo isso, entendo que ser professor nessa concepção de educação é ter, também, a coragem de enxergar-se, às vezes, como um "mau funcionário da instituição", como destacou Rubem Alves[9] por não aceitar as regras do jogo da escola, aquele jogo alienante que rouba o direito de expressão de cada participante.

Na Oficina de Bauru houve também depoimentos que evidenciaram algumas dificuldades quanto à recriação da metodologia no contexto de trabalho dos professores, devido às regras do jogo ali presentes.

> Há dificuldades, porque ainda tem aquelas normas dentro da escola que estão enraizadas, de que o aluno deve ficar sentado, as carteiras bem enfileiradas e um silêncio total. Por isso, muitas vezes somos tolhidas em nossas vontades.
>
> **Ana, 24 anos, professora de CB1**

> As possibilidades são inúmeras e dependem do estímulo do professor em relação ao aluno e à sua criatividade. As dificuldades, geralmente, são as "regras" a serem seguidas na escola, onde a liberdade ainda é mal compreendida pela administração.
>
> **Neuza, 38 anos, coordenadora de ciclo básico e professora de 4ª série**

De fato, a organização do trabalho escolar (em geral fragmentado e alienante) não é convidativa para uma prática em sala de aula que promova a aproximação das pessoas e o resgate da própria voz, do próprio projeto do sonho e da escrita de cada um.

---

9. Alves, Rubem. *Conversas com quem gosta de ensinar*. São Paulo: Cortez, 1982, p. 14.

Mas, apesar das dificuldades, vimos que há caminhos possíveis a serem trilhados.[10] Com paciência para se avançar em direção a um trabalho coletivo. Com criatividade para a busca de alternativas. Com coragem para encarar a própria ansiedade na vivência do novo. E, também, como registrou Roselaine (professora de educação infantil, participante da Roda de Bauru): "A recriação que será feita vai depender do jogo de cintura de cada um."

---

10. Nos livros *Rodas em Rede: oportunidades formativas na escola e fora dela* e *Entre na Roda!: a formação humana nas escolas e nas organizações* apresento vários outros contextos de formação na escola e no mundo do trabalho, no qual a recriação se dá enquanto o caminho é trilhado.

Revisitando o cenário e o roteiro

*Um passeio
pelos bastidores*

Adentrar nos bastidores é procurar o que está por trás, isto é, caminhar na direção da gênese do projeto, seja de uma pesquisa, seja de uma peça teatral, ou mesmo da determinação de ser professora.

Tratando-se de qualquer um desses projetos, a visita atrás da cortina pode surpreender, pois o que encontramos é a própria procura. A procura dos significados escondidos nos bastidores do fazer diário.

Inicialmente, era uma procura ainda sem rumo e sem guia. Tinha apenas o desejo de desvendar o que vivera com as 4as séries, pois sentia haver não apenas ensinado, mas aprendido muito. E algo apaixonante estava por trás daqueles aprendizados. Mas o quê? Era essa a procura.

Foi na prova de seleção para a pós-graduação que tive a primeira resposta, pois o texto sobre o qual deveria escrever (o supracitado trecho de Popper) a explicava e confirmava que a profusão de emoções e a paixão que vivia com os alunos tinham uma importância especial. Não só Popper, mas também os gregos encontravam por trás dos métodos e técnicas aparentes uma realidade prioritária, somente perceptível através da sensibilidade e da paixão. A paixão daqueles que se assombram com os problemas, ou seja, com os desafios que encontram (ou procuram) na vida. Foi pelo menos essa a minha interpretação, influenciada, obviamente, pelos significados particulares que vivia.

E por assombro entendo não só o deslumbramento e a alegria como também o medo, às vezes aterrorizante, que sentimos ao nos defrontarmos com o novo. Por exemplo, quando encaramos nossa própria sombra, numa luta ambígua por escondê-la e conhecê-la. Pois assombrar não seria justamente desvelar a sombra? E há algo mais aterrorizante e, ao mesmo tempo, fascinante que isto? Somos mesmo contraditórios...

Jung explica não apenas a necessidade de integração desse nosso lado sombrio, o que evitaria as projeções, como também as sincronicidades. Talvez fosse mesmo uma sincronia ter-me caído nas mãos aquele pequeno texto, trazendo com ele a oportunidade de refletir e desenvolvê-lo na prova.

E o que escrevi naquela oportunidade constituiu-se no próprio projeto-guia da procura. Já sabia que não encontraria métodos nem técnicas que viessem a fundamentar aquelas vivências com os grupos de crianças. Mas como traduzi-las, então, em uma metodologia de trabalho? Havia uma contradição... E, além disso, como falar de vivências que tinham nos afetos e paixões seus alicerces, num meio acadêmico, onde imperava o racionalismo? Era outra contradição...

Mas, "coincidentemente", foi através de estudos e vivências num *grupo de pesquisadores* que consegui interpretar aquelas vivências com os *grupos de crianças*. Pois não estaria justamente nessa sincronia a explicação?

Segundo Jung, os acontecimentos sincrônicos estão ligados através dos significados comuns. A pergunta sobre os significados e implicações da Roda vivida com as crianças teve sua resposta ao experimentar-me como participante daquela "Roda de pesquisadores". E não teria sido justamente o desejo de desvendar esses significados que me levara a participar daquele grupo de pesquisadores? De forma semelhante ao vivido com as crianças, aquele grupo tinha na troca de experiências e estudos o fundamento de sua rotina. Discutíamos as dissertações e teses que iam sendo elaboradas pelos seus integrantes, além de trocarmos experiências pessoais e afetos...

Se por um lado deparava-me com contradições, por outro, vivia sincronias e coerências. Por exemplo, durante todo o processo de elaboração da dissertação, em que acabei por destacar a Roda e o Registro como molas da construção dos conhecimentos, participava daquela Roda e também utilizava um Registro: o *Diário da dissertação*, ou seja, um caderno onde anotava as ideias, as dúvidas, as reflexões e decepções que ia encontrando pelo caminho, durante os três anos e meio do mestrado. E esse instrumento serviu de ligação entre os aprendizados nas disciplinas cursadas, as leituras e meus próprios desejos.

Portanto, a Roda e o Registro representaram os eixos tanto das pesquisas e estudos junto às crianças, quanto deste livro. Esta "coincidência" leva-me a concluir a relevância e o potencial que estes dois instrumentos têm na construção dos conhecimentos. Porém, isto não quer dizer que sejam fins em si, nem que devam ser "institucionalizados" nas escolas, pois isto poderia prejudicar sua vitalidade e restringir a variabilidade de formas que podem assumir. A Roda e o Registro são caminhos. Muito mais importante é a atitude por trás deles. Atitude diante dos conhecimentos e das pessoas. Atitude diante de nós mesmos e de nossa incompletude.

E o que esteve por trás, nos bastidores dessa atitude, durante os anos de trabalhos em grupos (de crianças e adultos) e dos vários Diários?

Novamente, a resposta é uma busca. Nesse caso, de lidar com minha própria solidão. A solidão da criação, a solidão da busca dos significados e da compreensão do assombro da vida. Apesar da inevitabilidade dessa solidão (que colabora para o encontro consigo mesmo), a união de parceiros que vivem esta mesma busca é reconfortante, ao mesmo tempo que alimenta a busca de cada um. Não se trata de fugir da própria solidão, mas de solidarizar-se com o outro em seu enfrentamento. Ou, como disse Madalena: "Eu não sou você, você não é eu, mas foi vivendo minha solidão que conversei com você e você conversou comigo na sua solidão, ou fugiu dela e de mim?"

Outra procura, presente nas diversas experiências, foi a de buscar coerência entre o falar e o agir, tanto na escola de ensino fundamental, nos grupos de educadores ou pesquisadores, mas também na elaboração deste livro. Portanto, se eu defendia a necessidade do resgate pelo professor de seu próprio projeto, de seu desenho abandonado na infância, deveria empreender eu mesma esse resgate. Assim ousei na forma deste trabalho, exercitando meu desenho e projetando uma ligação entre o ser professora e a realidade acadêmica, entre o artístico e o científico, entre a objetividade e a subjetividade.

Estes esforços de coerência entre o pensar e o agir têm aberto portas para uma forma sensível de ver o mundo e convidar parceiros no esforço conjunto de construir conhecimentos.

De fato, o trabalho em parceria tem sido uma constante nas diversas experiências, tanto das classes de 4ª série como nos grupos de Madalena e Ivani. Mas também para a concretização da forma desta dissertação convidei parceiros. Foi o caso de um aluno da classe de 1987, o Jiddu Pinheiro,[1] que quando estava na 8ª série, aceitou o meu convite para criar a capa dos capítulos deste livro. Outro parceiro foi um engenheiro, o Celso González, que possibilitou o diálogo entre o artesanato dos desenhos e a informática, ainda rudimentar naquela época (estamos falando de 1990).

Não só a intenção de buscar uma maior coerência entre o pensar e o agir, mas também o próprio exercício de refletir no Diário ajudou no aprofundamento da experiência de vida. Esta forma de reflexão, exerci-

---

1. E por falar em acontecimentos sincrônicos, não poderia deixar de assinalar aqui uma, muito especial. Hoje, 06/03/2017, exatamente no dia em que finalizo a revisão deste livro, para sua 5ª edição, vou à pré-estreia do primeiro filme no qual Jiddu tem participação como diretor e roteirista (já era consagrado como ator), além de ser sua a ideia original: o *La vingança*, uma coprodução argentina. Desta vez, fui eu a aceitar seu convite, e com imensa alegria, reencontrar aquele aluno, hoje com quarenta anos.

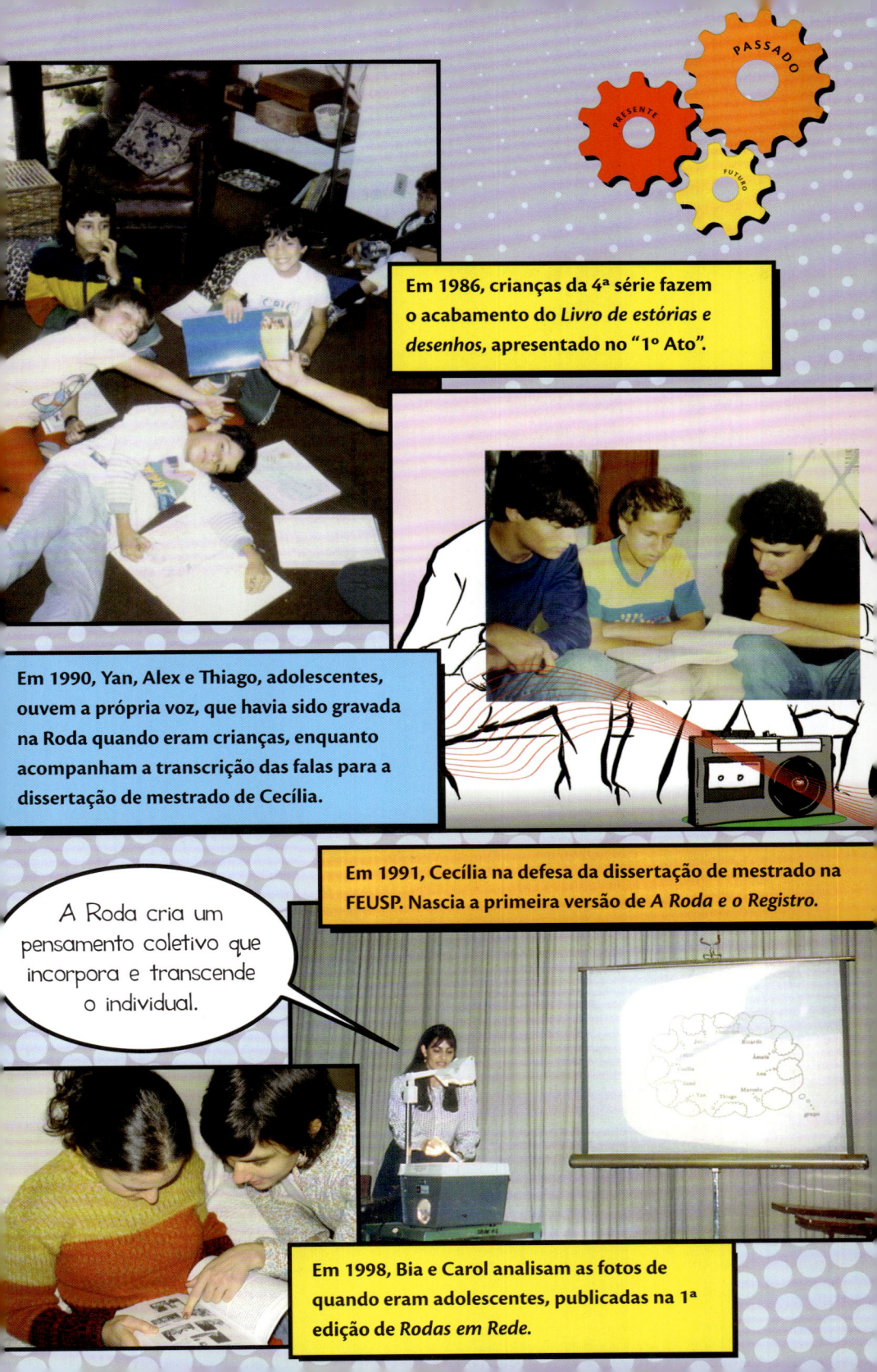

PASSADO
PRESENTE
FUTURO

Em 1986, crianças da 4ª série fazem o acabamento do *Livro de estórias e desenhos*, apresentado no "1º Ato".

Em 1990, Yan, Alex e Thiago, adolescentes, ouvem a própria voz, que havia sido gravada na Roda quando eram crianças, enquanto acompanham a transcrição das falas para a dissertação de mestrado de Cecília.

Em 1991, Cecília na defesa da dissertação de mestrado na FEUSP. Nascia a primeira versão de *A Roda e o Registro*.

A Roda cria um pensamento coletivo que incorpora e transcende o individual.

Em 1998, Bia e Carol analisam as fotos de quando eram adolescentes, publicadas na 1ª edição de *Rodas em Rede*.

Em 2014, Bia, Carol M., Luana, Isabella, Ricardo, Otto e Carol P., da 4ª série de 1985, compartilham histórias de vida na Roda do reencontro.

O Yan sugeriu fazermos uma Roda de verdade, com pauta e tudo. A ideia é cada um pensar sobre qual foi a influência da 4ª série na sua vida... Vocês topam?

Em 2017, Marcello, Érika, Felipe, Adriano, Rodrigo e Ricardo analisam os registros da 4ª série de 1987, durante reencontro que contou com a pequena Lis e Maíra como convidadas especiais.

Lembro do respeito que a Cecília nos ensinou a ter com as mulheres. Cecília mostrava que elas também têm direitos. A Roda me ajudou a ouvir e a entender o lado do outro. Hoje trago isso comigo, na minha clínica, com onze massoterapeutas. Sentamos para conversar, cada um conta quais problemas teve e faço a mediação dos conflitos.

Para mim foram o carinho e a acolhida que eu sentia, porque passava por um momento difícil em casa.

A consciência de grupo. Eu terminava as lições e bagunçava, e a Cecília falava que eu devia ajudar os outros em vez de bagunçar. Essa responsabilidade pelo grupo me marcou, uso isso para o meu trabalho com jovens e hip hop. Havia *bullying* com relação a quem não jogava futebol. E discutíamos isso na Roda.

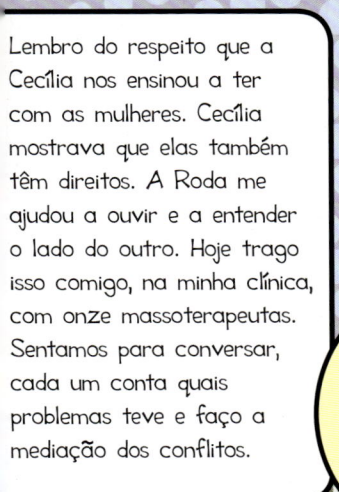

Em 2017, Yan, Marcelo, Âmata, Alexandre e Sami, da 4ª série de 1986, registram reflexões sobre como a Roda influenciou a vida de cada um.

Entrei na 4ª série e encontrei um grupo constituído, quando deixei os meus amigos em Belém; então a Roda me ajudou a lidar com as perdas e com o fato de eu ser "zoado". Na época, eu desenhava para fazer amigos, hoje trabalho com ilustração. Ver os meus desenhos em *A Roda e o Registro* me ajudou a resgatar meu traço e construir uma identidade mais sólida como artista.

A Roda era uma educação para a gente se posicionar e se expor. E para isso era preciso um ambiente favorável. Isso faz parte da minha vida hoje, do meu trabalho como juiz, no direito sistêmico.

Em 2008, Manuela, com 1 ano e meio, folheia *A Roda e o Registro*, logo após ele ter sido tema de conversa entre a mãe e as amigas.

Alguém poderia me explicar por que aceitou o convite da "professora do primário", 30 anos depois?

Em 2017, os filhos daqueles que, ainda crianças, participaram de *A Roda e o Registro* foram ao lança mento do terceiro livro de Cecília, o *Entre na Roda!*. Manuela, com 10 anos, aparece de pé, junto com Daniel, Francisco, Gabriela e Clari

Em 2017, a pequena Lis, na Roda com os colegas do pai, já imitava o movimento circular que Cecília fazia com os braços.

Oba! Agora é nossa vez de fazer as Rodas girar!

tada anos antes de dedicar-me à educação, encontrou reforço quando conheci Madalena, que a utilizava em sua prática pedagógica. E somente quando finalizava a redação deste livro encontrei uma possível explicação para a relação entre a escrita do Diário e as sincronicidades, as "coincidências significativas" que já vinham me intrigando há muito tempo.

Foi também "coincidentemente" que encontrei numa livraria o livro de Ira Progoff[2] que falava de Jung e da sincronicidade(!). Até então, dispunha apenas de uma referência a respeito de seu trabalho com o Diário Intensivo, portanto, foi com grande surpresa (e alegria) que conheci suas hipóteses sobre o relacionamento da prática do Diário, o pensamento de Jung e a sincronicidade.

Segundo Ira Progoff, a escrita do Diário trabalha no sentido de um aprofundamento da qualidade da experiência vivida, o que ajuda, na ativação dos arquétipos,[3] no desenvolvimento pessoal de modo criativo e na abertura do indivíduo para relacionar-se com a sincronicidade. Isto não quer dizer de maneira alguma que a ocorrência da sincronicidade se restrinja àqueles que busquem um aprofundamento de sua experiência, nem que este tenha que ser feito obrigatoriamente através da escrita do Diário, pois "onde quer que haja seres humanos, sempre ocorrem eventos sincronísticos e, de fato, é bem provável que, uma vez que saibamos o que procurar, venhamos a descobrir que o número desses eventos é muito maior do que supúnhamos".[4]

Portanto, a escrita do Diário contribui na medida em que promove um clareamento e um maior entendimento da realidade vivida, o que

---

2. Progoff, Ira. *Jung, sincronicidade e destino humano*. São Paulo: Cultrix, 1989.

3. Segundo Nise da Silveira, Jung diz que "arquétipos são possibilidades herdadas para representar imagens similares, são formas instintivas de imaginar. São matrizes arcaicas onde configurações análogas ou semelhantes tomam forma. Jung compara o arquétipo ao sistema axial dos cristais que determina a estrutura cristalina na solução saturada sem possuir, contudo, existência própria". *In* Silveira, Nise da. *Jung – vida e obra*. Rio de Janeiro: José Álvaro editor, 1968, p. 77.

4. Progoff, Ira. *Op. cit.*, p. 111.

abre nossa visão para que percebamos a ocorrência da sincronicidade. A relação da escrita do Diário com uma ampliação do sentido (simbólico) da visão já havia sido registrada em algumas passagens do Diário.

Trecho do Diário de 1986:

07/10/86

Tenho sentido nitidamente a diferença no trabalho por não escrever todos os dias.

O Registro faz falta para tomar uma distância, *ver* o grupo e *ver* cada criança. [grifos posteriores]

Trecho do Diário de 1987:

21/04/87

Acho que estou achando o prazer, é só começar a escrever que me vêm ideias, que relaciono uma coisa com a outra, que o trabalho toma corpo, ganha significado e vida...

Vejo o trabalho e me *vejo*... [grifos posteriores]

Quando registro, me busco. Quando me busco, registro.

(O segredo é não deixar de escrever, nem que seja para registrar a não vontade de fazê-lo. É a maneira de entender o que ocorre comigo.)

No trecho do dia 19/03/1987, transcrito no capítulo "Segundo ato", refiro-me à "falta (muita falta) dos **olhos** que a reflexão me possibilita".

A amplificação da visão é também uma característica da atitude interdisciplinar que, como diz Japiassu, é uma atitude "de intuição das relações existentes entre as coisas e que escapam à observação comum".[5]

---

5. Texto do prefácio de Hilton Japiassu ao livro de Ivani Fazenda: *Integração e interdisciplinaridade no ensino brasileiro: efetividade ou ideologia*, São Paulo: Loyola, 1979, p. 15.

O pensamento sistêmico e "uma inteligência sistêmica", como se refere Peter Senge,[6] também propõem uma ampliação da visão para a análise das experiências, seja enxergando cenários mais amplos, vendo a partir do todo e compreendendo a interdependência dos sistemas, seja "vendo com o coração".[7]

No que se refere ao acesso a camadas mais profundas da experiência, a psicologia junguiana recomenda o registro de sonhos, como caminho para acessar camadas inconscientes. Iniciei essa prática com dezoito anos, quando iniciava uma psicoterapia. Minha procura, na época, era vocacional. Registrar os sonhos, suas interpretações e as reflexões sobre o que vivia em estado de vigília, no Diário, foi ajudando-me no processo. Pude identificar, aos poucos, o sentido (ou a falta dele) nas experiências cotidianas e no que elas repercutiam em mim. Sabia que procurava algo que fizesse sentido, mas não sabia em que direção. A cada semestre, mudava de curso universitário: trancava a matrícula em um, partia para outro, retornava para um já iniciado, ou procurava outras possibilidades. O leque era grande. Cheguei a frequentar, por exemplo, os de Administração Pública e de Biologia, até encontrar o que me emocionava e fazia os "olhos brilharem": o campo da Educação. E nesse movimento de olhar para dentro o Diário auxiliava, como uma bússola.

O próprio Jung utilizava registros para olhar para dentro e procurar pistas sobre o que vivia internamente. Ele conta que em uma época, durante a Primeira Guerra, fez registros sistemáticos em forma de imagens, mesmo sem compreendê-las:

---

6. Senge, Peter. "Compreendendo o mundo mais amplo: pensamento sistêmico & inteligência sistêmica". *In* Goleman, Daniel & Senge, Peter. *O foco triplo – uma nova abordagem para a educação*. Rio de Janeiro: Objetiva, 2105, pp. 59-86.

7. Há vários capítulos dedicados a esse "Aprendendo a ver" em Senge, Peter & Scharmer, Claus Otto & Jaworski, Joseph & Flowers, Betty Sue. *Presença – propósito humano e campo do futuro*. São Paulo: Cultrix, 2007, pp. 33-74.

Em 1918-1919, eu estava em Château-d'Œx, na função de comandante da Região Inglesa dos Internatos de Guerra. Todas as manhãs, esboçava num livro de notas um pequeno desenho de forma redonda, uma mandala, que parecia corresponder à minha situação interior. À base dessas imagens podia observar, dia após dia, as transformações psíquicas que se operavam em mim.[8]

Ler os registros de Jung sobre suas questões, suas angústias e como foi descobrindo suas respostas, muito particulares, ajudaram-me também nas minhas. Foi naquela época que li pela primeira vez seu livro *Memórias, sonhos e reflexões*. E que muito me estimulou a prosseguir o caminho dos Diários e dos sonhos (tanto os durante o sono quanto os em estado de vigília).

Numa passagem do livro de memórias, Jung fala de sua dor emocional, causada pela decisão de largar sua carreira universitária.

Às vezes me irritava e sentia uma revolta contra o destino, lamentando sob muitos pontos de vista o fato de não poder limitar-me ao que era geralmente compreensível. Mas as emoções dessa natureza são passageiras. No fundo, nada significam. O outro lado da questão é o que realmente importa e se nós nos concentrarmos naquilo que a personalidade interior diz e quer, a dor é logo superada. Sempre constatei esse fato e não só quando renunciei à minha carreira universitária.[9]

Mas para "concentrar-se naquilo que a personalidade interior diz", é preciso método e treino. E o Diário é um método, utilizado e ensinado por Ira Progoff. "O Diário Intensivo pretende fornecer um instrumento e uma técnica através dos quais as pessoas possam descobrir no seu inte-

---

8. Jung, Carl Gustav. *Memórias, sonhos e reflexões*. Rio de Janeiro: Nova Fronteira, 2005, p. 173.
9. *Idem*, p. 172.

rior os recursos que elas próprias ignoravam."[10] E, enquanto vivem esse processo de escrita e descobertas, ficam mais atentas às sincronicidades, por acessar o significado das situações que vivem e ligarem-se a elas de maneira mais profunda. "A essência não se encontra nos fatos da vida, nem nas coisas que nos acontecem, mas na relação profunda que temos com esses acontecimentos."[11]

Como já havia mencionado, percebi várias sincronicidades ocorrendo, tanto durante o trabalho com as crianças, quanto nas pesquisas para a escrita deste livro. Citarei mais alguns exemplos:

1. Madalena e Ivani não se conheciam e trabalhavam de forma semelhante. Ambas viviam Rodas e Registros e partilhavam uma concepção de educação também semelhante, em que a inquietude no buscar, o gosto e o prazer pelo conhecer, a conquista do espaço da fala individual num grupo de trabalho e a conquista gradual de autonomia eram alguns de seus pilares.[12]

2. A carta de uma aluna da 4ª série de 1985, a mim endereçada em julho daquele ano, da Bahia, dando-me o referencial do quanto estava rendendo frutos o árduo trabalho com aquela classe, justamente quando eu planejava sair da escola pelas dificuldades encontradas.[13]

---

10. Progoff, Ira. *At a Journal Workshop. Apud* Nin, Anaïs. *Em busca de um homem sensível*. São Paulo: Brasiliense, 1980, p. 98.

11. *Ibidem.*

12. Ao lado destas semelhanças básicas (que poderíamos também atribuir a raízes comuns, em Paulo Freire), Madalena e Ivani tinham rumos próprios. Madalena voltava-se ao universo das escolas, quanto à educação de crianças e à formação de seus educadores, tendo concebido os termos Roda e Registro. Ivani dirigia-se à formação do professor-pesquisador na academia, tendo também o diálogo como centro da atitude interdisciplinar [ver Fazenda, Ivani. *Integração e interdisciplinaridade no ensino brasileiro: efetividade ou ideologia*. São Paulo: Loyola, 1979] e a importância do exercício contínuo da escrita [ver Fazenda, Ivani. "Dificuldades comuns entre os que pesquisam educação", *In* Fazenda, Ivani (org.). *Metodologia da pesquisa educacional*. São Paulo: Cortez, 1989].

13. Cf. seção "Os primeiros ensaios no ensino fundamental", no capítulo "Elaborando o roteiro" deste livro.

3. A "coincidência" da proposta de trabalho que eu "pensara" no Diário com a proposta dada pelos alunos da classe de 1986, referente ao encaminhamento das avaliações do dia.[14]

4. A "coincidência" do trabalho com o Diário como instrumento de utilidade profissional entre a proposta de Madalena e Ira Progoff e, ao mesmo tempo, a "coincidência" entre a fundamentação do trabalho de Madalena sobre o diálogo e o nome da instituição dirigida por Progoff nos EUA, onde desenvolve seu método com o Diário: *Dialogue House*.

Outra característica comum entre as diferentes experiências que gostaria de destacar foi o esforço para lidar com as contradições e polarizações. Na escola de ensino fundamental, entre os conteúdos obrigatórios e os projetos cheios de vida, entre a autonomia do professor e a padronização da estrutura escolar, entre a Cecília e a Cedibra, entre a fada e a bruxa. Na academia, entre abordagens positivistas e qualitativas, entre fazer pesquisa seguindo os padrões acadêmicos ou buscar o conhecimento por caminhos novos, correndo o risco de ir contra aqueles padrões.

Porém, o que tenho aprendido é que não se trata de optar por um ou outro padrão. Descobri várias possibilidades de diálogo entre os conteúdos e as atividades significativas em sala de aula, encontrei espaço para a criatividade, apesar das padronizações, e verifiquei que Cecília e Cedibra se completavam, assim como a fada e a bruxa que antes disputavam territórios. Da mesma forma, na academia, percebia que não se tratava de substituir padrões, mas somar os novos conhecimentos aos tradicionais.

A fenomenologia, as neurociências, as teses do paradigma pós-moderno, a interdisciplinaridade e a transdisciplinaridade parecem caminhar nessa direção, na medida em que abrem espaço para uma valorização da afetividade, das emoções, da subjetividade e do diálogo.

---

14. Cf. seção "Avaliação – novas formas para cada novo momento", no capítulo "Primeiro ato" deste livro.

O que tenho chamado de Roda pode ser um caminho para as parcerias promotoras de uma visão global e integradora, rompendo as cadeias de alienação que vivemos nas escolas, formando indivíduos mais participativos e abertos para o esforço comum, necessário aos novos tempos. E não só com as crianças, mas também com os professores, nas escolas, entre pesquisadores no meio científico, ou profissionais em vários campos de trabalho, como mostrei em *Entre na Roda!*. A troca de experiências e a socialização dos conhecimentos nas Rodas são incrementadas pelos vários tipos de Registro. Por exemplo, ao resultar na divulgação e/ou publicação das experiências individuais (e coletivas), de modo que, também através da escrita, a troca possa se efetivar.

Porém, estas sugestões estão atreladas a algumas condições. Em primeiro lugar, que tenhamos não só a coragem de expor o próprio trabalho, como também a humildade de aceitar críticas e a nossa incompletude. Acredito que esta atitude poderia possibilitar uma maior compreensão do outro ao ouvirmos o seu relato, criando empatia e, possivelmente, construindo com ele uma parceria.

Conseguir ser parceiro talvez seja um dos maiores desafios dos novos tempos, pois representa abrir mão da luta pelo poder, tão indiscriminado atualmente. Jung refere-se à responsabilidade ética que deve acompanhar o processo de compreensão das imagens do inconsciente.

> Aquele que adquire uma certa compreensão das imagens do inconsciente, acreditando porém que é suficiente ater-se a tal saber, torna-se vítima de um erro perigoso. Pois quem não sente a responsabilidade ética que seus conhecimentos comportam, sucumbirá ao princípio do poder. Disso poderão resultar efeitos destruidores não só para os outros como também para a própria pessoa que sabe. As imagens do inconsciente impõem ao homem uma pesada obrigação. Sua incompreensão, assim como a falta de sentido da responsabilidade ética privam a

existência de sua totalidade e conferem a muitas vidas individuais um cunho de penosa fragmentação.[15]

Ser parceiro não significa anular a própria individualidade. Pelo contrário, a individualidade caminha para se diferenciar plenamente. Jung entendia a individuação como o processo de tornar-se um ser único, alcançando sua singularidade profunda. Entendo que é através dessa diferenciação e do processo de individuação que o indivíduo torna-se capaz de considerar a posição do outro, a ponto de poder se relacionar com ele dentro da parceria.

A valorização dos relatos das experiências particulares, aprofundando em sua singularidade, não significa um fechamento em nível individual. Mas, pelo contrário, está aí uma oportunidade de encontro e participação no projeto humano comum. Vejo na imagem do poço, utilizada por Ira Progoff,[16] uma interessante analogia deste fenômeno: ao penetrar profundamente no poço interior, não nos desligamos do mundo, mas encontramos o lençol d'água que alimenta todos os poços.

A analogia, como salientei no primeiro capítulo, é uma forma de relacionar as partes com o todo, o particular com o geral, numa direção semelhante à proposta pelas teses da ciência pós-moderna, como descritas por Boaventura Santos.[17] E o pensamento imaginativo é sua forma de expressão. O pensar imaginativamente não é tecer elucubrações fantásticas a respeito de mundos imaginários, mas ampliar a percepção consciente do mundo em que vivemos, ampliando nossa capacidade de conceber novas ideias. Por isso, a imaginação é a "mola" da criativi-

---

15. Jung, Carl Gustav. *Memórias, sonhos e reflexões.* Rio de Janeiro: Nova Fronteira, 2005, p. 171.

16. *Apud* Nin, Anaïs. *Em busca de um homem sensível.* São Paulo: Brasiliense, 1980, p. 100.

17. Santos, Boaventura de Sousa. "Um discurso sobre as ciências na transição para uma ciência pós-moderna", *Estudos Avançados,* nº 2, vol. 2, 1988.

dade e também dos progressos científicos, pois a essência da descoberta científica é o encontro criativo com o desconhecido. O princípio da causalidade, que rege a ciência moderna, pode ser até mesmo prejudicial para esse encontro, na medida em que se fundamenta nas deduções e induções, propiciando o surgimento do novo já logicamente encadeado ao antigo e, por isso, limitado quanto à sua "novidade".

A escrita do Diário de Classe foi, em vários momentos, um exercício desse pensamento imaginativo, quando me desligava das regras e rotinas institucionais e partia para sonhar com outras possibilidades. Foi desse exercício livre do imaginar "como seria se..." que acabei esboçando a Dona Virgília, que veio a se transformar na Cedibra, personagem que teve grande importância em vários sentidos junto à classe de 1987, inclusive na conquista da parceria com os alunos, como relatei no "Segundo ato".

Por isso, o Diário foi também um estímulo, um suporte e um depositário das imagens e sonhos, alimentando a criatividade. Constituiu-se num treino e aprendizado desse tipo de pensamento, ainda pouco incentivado nas escolas e no meio científico.

Foi também sob este "espírito imaginativo" que criei a Roda fictícia no capítulo "Elaborando o roteiro", falando da Roda através de uma Roda, e usei, na forma deste livro, a analogia com o teatro, aproveitando o significado que as vivências teatrais tiveram no trabalho com as crianças e no meu desenvolvimento pessoal e profissional, afinal,

> O jogo pressupõe um palco,
> o palco exercita-se com um texto
> e o texto é a autobiografia do seu autor.[18]

---

18. *Idem*, p. 64.

Agradecimentos

Este livro é o resultado de alguns encontros especiais com pessoas que cruzaram o meu caminho e contribuíram na elaboração da primeira versão de *A Roda e o Registro*. E com outras, que conheci depois, e comigo colaboraram para continuar recriando as Rodas e Registros, levando-as a novos contextos. Essas experiências me ajudaram na preparação desta 5ª edição ampliada. Agradeço a todos vocês!

Madalena Freire, que me trouxe para o universo das Rodas. Primeiro, no estágio em sua classe de Pré, quando generosamente me deixava ler o seu Diário e respondia a meus questionamentos; depois, na condução do grupo de formação de educadores, no qual vivíamos a Roda, enquanto refletíamos sobre nossas práticas em sala de aula. Este livro deve muito às reflexões e vivências no "grupo da Madá" e à sua condução firme e amorosa.

Ivani Catarina Arantes Fazenda é a madrinha "da academia", pois foi em seu grupo na pós-graduação que encontrei o caminho, os subsídios e a coragem para ousar na dissertação de mestrado. Presença marcante também na banca de defesa, levando àquele momento precisão, rigor e afetividade.

Nympha Aparecida Alvarenga Sipavicius, orientadora do mestrado, que acreditou e me incentivou desde o início, marcando nossa convivência pela disponibilidade, confiança e simplicidade, tão raras quanto preciosas.

Maria Felisminda de Rezende e Fusari, presente em três momentos fundamentais de minha formação: na graduação, no exame de qualificação e na banca de defesa do mestrado, deixando sempre as marcas de sua personalidade luminosa, aberta e agregadora.

Celso González Lima, autor do projeto gráfico da dissertação de mestrado, cuja generosidade possibilitou a coerência entre o conteúdo e a forma de sua apresentação, quando a tecnologia ainda engatinhava. Paciência infinita nos vários domingos de criações no computador, viabilizando o que parecia impossível.

Lídia Lágua, pelo convite para ser professora da 4ª série e pelo imenso suporte que me deu nos primeiros anos. Foi daquelas coordenadoras raras, que apoiam a professora inexperiente, refletem e sonham junto.

Marisa Moreno, papel fundamental em minha formação, dando o apoio, a segurança e o carinho nos anos de maior indefinição e dúvidas.

Jorge e Marta Guiti, amizade forte, marcada pela partilha de nossas histórias, em diversas fases. Nossas conversas pela madrugada eram também debates sobre práticas educativas, inclusive as que narro neste livro.

Teobaldo Boldarim Neto mostrou novos caminhos e possibilidades de ser. Incentivo, coragem e carinho.

À equipe de educadores da Escola CRIE, que forjava a cada dia um projeto de educação que permanece inovador mesmo após décadas.

Aos meus alunos das 4ªs séries. As histórias que conto neste livro são o resultado da entrega e confiança que depositaram em mim, e também nos colegas, com quem por vezes tinham partilhas turbulentas, mas sempre estimulantes. Obrigada pela autenticidade e energia que levavam todos os dias às Rodas, desafiando-me a aprender mais sobre mim; pela alegria de reencontrá-los trinta anos depois e testemunhar que os pedacinhos de alma que trocamos naquela época continuam vibrando em cada um, e fazendo sentido.

Um agradecimento especial a Jiddu Pinheiro, que quatro anos depois de nosso convívio na 4ª série, já cursando a 8ª, mantinha vivo o seu desenho, paciência e disponibilidade para, apesar das suas várias tarefas escolares, dedicar-se à ilustração da primeira página de cada capítulo. E também a Yan Pinheiro, que trinta anos depois, já psicanalista e ilustrador profissional, aceitou o convite para construir comigo o caderno de fotos do livro, para o qual fez ilustrações especiais. Obrigada, Yan, pelo seu jogo de cintura para driblar a agenda profissional e partilhar comigo mais esse desafio.

Colegas e alunos do CEFAM da EEPG Experimental Dr. Edmundo de Carvalho (alguns leram nas férias a versão da qualificação do mestrado) e tantas outras pessoas com quem pude conversar e refletir até concretizar este livro: Zilá Moura e Silva, Stela Bertholo Piconez, Zilpa e Francisco Folco, colegas do "grupo da Ivani" e tantos outros.

Luis Carlos de Menezes é um dos que a vida me presenteou mais tarde, estendendo meus horizontes, como professor, orientador do doutorado e amigo. Esta edição ampliada também se nutre do que aprendi naqueles anos. E nos seguintes.

Suzana Ribeiro, que confiou o filho às mãos de uma professora inexperiente, porque também acreditava que o caminho se faz ao caminhar. E caminhou junto.

Aos meus irmãos, às vezes juntos, às vezes separados. Como nos movimentos da vida, dos quais fazem parte expansão e retração, inspiração e expiração. Rodas de vida.

Minha mãe, Aurora, pelo ritual das histórias antes de dormir: *O pequeno príncipe, O menino do dedo verde,* as histórias do Erico Verissimo. Uma guerreira para dar conta de cuidar dos quatro filhos, dando o melhor de si. O balé, a flauta, os acampamentos, as aulas de inglês e de pintura, o tricô, as gincanas nas festas de aniversário. Este trabalho é também fruto dessa formação interdisciplinar.

Meu pai, Claus, foi um modelo de professor com sua visão holística, criatividade e humanidade. Seu incentivo foi determinante para que eu levasse para a academia os registros do que vivera com as crianças e resultasse neste livro. Tive o privilégio de tê-lo por perto bastante tempo, podendo conversar sobre tudo. Seu idealismo, curiosidade e abertura estão nas páginas deste livro. Obrigada, pai!

A 5ª edição revista e atualizada de *A Roda e o Registro* foi impressa em 2017,
ano em que se completam: o 24º aniversário da publicação da 1ª edição;
o 26º da defesa da dissertação de mestrado que deu origem a este livro;
e 20 anos da morte de Paulo Freire, Patrono da Educação brasileira.
Este livro foi composto com tipologias Adobe Garamond, Caecilia e
Avenir e impresso em papel off-white na gráfica Stamppa.